Marina Marcout
Inès Matsika

ORGANISER SON MARIAGE

C'est facile !

Deuxième édition

EYROLLES

Groupe Eyrolles
61, bd Saint-Germain
75240 Paris cedex 05
www.editions-eyrolles.com

Comment visionner les vidéos de cet ouvrage ?

Repérez tout d'abord les codes QR.
Un code QR est un code-barres à deux dimensions permettant d'accéder à une vidéo via votre Smartphone, simplement en le photographiant. Vous trouverez les codes QR dans cet ouvrage sous cette forme :

À cette fin, il vous sera nécessaire de télécharger une application dédiée, telle que MobileTag, sur votre téléphone portable. Cette application est compatible avec la plupart des Smartphones actuels (iPhone, Androïd, BlackBerry, Windows Phone, Nokia).
Pour la télécharger, vous pouvez passer par le portail d'application de votre Smartphone ou vous rendre à l'adresse suivante :
http://mobiletag.com/telecharger-fr.html
Une fois l'application installée, lancez-la et passez simplement votre téléphone sur un code QR. Vous serez alors automatiquement redirigé vers la vidéo choisie.

Mise en pages : Facompo

Ce titre a fait l'objet d'un relookage à l'occasion de sa deuxième édition (nouveau titre et nouvelle couverture), le texte reste inchangé par rapport à l'édition précédente.

ISBN : 978-2-212-56806-6

Impression & brochage SEPEC - France
Numéro d'impression : 02672170698 - Dépôt légal : juin 2017

PEFC 10-31-1470 / Certifié PEFC / Ce produit est issu de forêts gérées durablement et de sources contrôlées. / pefc-france.org

À Shelley, the one and only.

À Paco et Solal, mes fils, mes chances.

Une application pour devenir votre propre *wedding planner* !

En achetant cet ouvrage, vous avez accès à une application que vous pouvez télécharger gratuitement sur l'AppStore ou sur Google Play en tapant « Le Grand Livre du mariage ». Complément essentiel de cet ouvrage, cette application vous servira de carnet de bord. Vous y trouverez :

- Des idées de créations à faire vous-même (décoration, maquillage, coiffure...) : vous pourrez télécharger sous forme de pdf des pas-à-pas réalisés par des professionnels ou être redirigé vers des vidéos sur YouTube.
- Un outil pour gérer votre planning et toutes les grandes étapes de l'organisation du jour J.
- Un outil pour gérer votre budget et vérifier que vos dépenses coïncident avec vos prévisions.
- Un outil pour gérer vos invitations, depuis l'envoi des faire-part à la gestion des réponses et des remerciements.

Entre l'application et tous les précieux conseils de ce livre, nul doute que votre mariage sera organisé d'une main de maître !

Un mot de passe vous sera demandé pour accéder à la totalité de l'application. Vous le trouverez dans ce livre en vous rendant au chapitre indiqué dans l'application. En cas de difficulté, n'hésitez pas à nous écrire : numerique@eyrolles.com

SOMMAIRE

Annexes

AVANT-PROPOS

Les contes de fées se terminent généralement par un beau mariage entre un prince et une princesse, pourtant l'histoire ne raconte jamais l'organisation de la fête : aux oubliettes le stress de la mariée, disparu le choix délicat du traiteur et envolés la belle-mère et ses *desiderata*... Aujourd'hui, vous vous apprêtez à dire « oui » à l'homme de votre vie, mais vous réaliserez rapidement que la mise en place d'un tel événement nécessite davantage qu'un coup de baguette magique ! Mais pas de panique.

Habituées à accompagner avec tendresse les futures mariées jusqu'au jour J, nous avons choisi de nous transformer en bonnes marraines, dignes des fables de votre enfance, et de rendre ces préparatifs les plus agréables possible.

Et parce que vous êtes une femme active, moderne, unique et souvent pressée, nous avons imaginé un guide rassemblant toutes les informations nécessaires à la réussite de cette journée. Des conseils pratiques à un carnet d'adresses, en passant par des astuces budget et des idées à réaliser vous-même. Sans oublier de nombreux témoignages de mariées qui calmeront vos éventuelles angoisses. Tout, vous saurez tout pour organiser votre mariage. Bref, à chaque question une réponse !

Ainsi, par enchantement, ou presque, votre rêve de princesse du XXIe siècle pourra devenir réalité...

Nous vous souhaitons beaucoup de bonheur : avant, pendant et après.

PLANNING

J-1 an	Organiser des fiançailles Dresser la liste des invités au mariage Trouver la salle de réception Déterminer le budget Choisir la date du mariage civil et/ou religieux
J-10 mois	Sélectionner le traiteur Déterminer le style de la réception Choisir l'officiant Choisir son *wedding planner*
J-8 mois	Préparer la cérémonie religieuse Confirmer le traiteur Repérer le photographe et les animateurs Faire le tour des salons de mariage
J-6 mois	Choisir le régime matrimonial Choisir les tenues des mariés et du cortège Choisir ses témoins Valider le menu avec le traiteur
J-5 mois	Déposer la liste de mariage Planifier le voyage de noces
J-4 mois	Confirmer le photographe/vidéaste, les animateurs musicaux et la décoration florale Commander le véhicule des mariés Commander les faire-part et les cartons de remerciements

J-3 mois	Déposer son dossier de mariage à la mairie Commander les alliances Envoyer les faire-part Choisir les petits cadeaux pour les invités Acheter les éléments de décoration Réserver l'hôtel pour la nuit de noces
J-2 mois	Vérifier les tenues de cortège Mettre en place son planning beauté (coiffeur et maquillage) Réserver une baby-sitter Faire les derniers essayages de tenues Contracter éventuellement une assurance de mariage Réserver les chambres d'hôtel pour les invités Vérifier que les faire-part ont bien été reçus par les invités Commander le gâteau de mariage
J-1 mois	Faire un nouvel essayage de la robe de mariée Faire une visite chez le dentiste Acheter des cadeaux pour les témoins Nommer des responsables pour le déroulement de la journée de mariage
J-2 semaines	Rappeler les invités qui n'ont pas répondu à l'invitation Refaire le compte des invités Confirmer tous les fournisseurs Dresser le plan de table Tenir à jour les remerciements pour les cadeaux Vérifier si les alliances sont à la taille et si elles ont été correctement gravées Nommer un responsable des alliances Organiser une réunion avec les témoins
J-1 semaine	Réaliser les dernières retouches des tenues Porter ses chaussures de mariage Enterrer sa vie de célibataire Lister les dernières tâches à accomplir et déléguer
J-1	Préparer les tenues de mariage Réunir les divers documents Ne pas oublier les alliances Nettoyer la voiture de la mariée Se laver les cheveux et ses soins beauté
Jour J	Se faire coiffer et maquiller Se forcer à manger et à s'hydrater Respirer et rester zen
Après le jour J	Clôturer la liste de mariage Régler les factures Remercier les invités Récupérer et choisir les photos

CHAPITRE 1

MARIAGES HISTORIQUES... À COPIER

On a écouté nos grands-mères en parler, on a vu des photos dans de vieux magazines, on s'est imaginé à leur place devant son écran de télé, on les a commentés sur les réseaux sociaux, on en a discuté entre copines ou entre collègues... Mais de quoi ? Les mariages de célébrités ! D'hier et d'aujourd'hui. Pour le meilleur et parfois pour le pire. Nous, nous avons décidé de ne garder que le meilleur pour nous en inspirer, même si certaines unions n'ont pas perduré. Des cérémonies princières diffusées dans le monde entier à la réception très intime dans un château pour stars hollywoodiennes en passant par un festival bucolichic en Angleterre, on a fait notre sélection.

1

Et ce n'est pas parce qu'on ne possède pas le budget de la famille royale britannique ni celui de la planète *People* qu'on n'a pas le droit de passer du rêve à la réalité. La preuve par six.

Le mariage de la reine Victoria et du prince Albert

• Le pitch

En 1840, la souveraine britannique dit « oui » à son bien-aimé cousin (à l'époque, ça se faisait sans que quiconque lève un sourcil !), le prince Albert de Saxe-Cobourg-Gotha. La cérémonie religieuse se déroule en la Chapelle Royale du palais Saint James, à Londres. L'événement est évidemment célébré avec le faste que l'on peut imaginer et marque à la fois l'Histoire... et celle de la robe de mariée. En effet, Victoria est l'une des premières figures emblématiques de l'époque à abandonner la couleur pour adopter une tenue blanche. Grâce à son journal intime[1], tenu scrupuleusement, il est possible de connaître aujourd'hui le déroulé de cette journée pas comme les autres.

• Les idées à copier

- Oublier la tiare (désormais un peu kitch !) pour une couronne de fleurs d'oranger ou piquer son voile de quelques boutons, symboles de fertilité.
- Opter pour un patron de robe vintage (déjà au XIXe siècle, la reine avait osé) et choisir des tissus de confection locale pour encourager les entreprises de sa région. Victoria portait un large volant en dentelle de Honiton, à motifs végétaux, et relança ainsi l'économie du comté de Devon, dans le sud-ouest de l'Angleterre.
- Prendre un copieux petit-déjeuner avant la cérémonie pour se donner de l'énergie et ne pas tomber dans les pommes. Désolée, nous n'avons pas pu obtenir le menu de celui de la reine ! Tout ce que l'on sait c'est qu'elle l'a pris à 9 h 30 avant une dernière entrevue en tête-à-tête avec son « précieux Albert ».
- Tenir un journal intime pour y noter tous les détails de votre jour J. Vos enfants et petits-enfants s'en délecteront plus tard.

2

REPÈRES

Le saviez-vous ?

À l'époque, la photographie n'était pas à son top. Frustrée par le résultat et soucieuse de garder un souvenir visuel de son mariage, la reine Victoria revêtit bien des années plus tard sa tenue nuptiale et posa pour un peintre. Elle offrit le portrait à son très aimé époux.

Le mariage de Grace Kelly et Rainier

• Le pitch

Cette histoire est considérée comme *the* conte de fée du XXe siècle. Il était une fois une jeune fille issue d'une famille nombreuse de Philadelphie (États-Unis) qui devint une actrice, une icône d'élégance puis une légende en épousant un prince européen. Le 19 avril 1956, Grace Kelly et Rainier III de Monaco s'unissent devant les caméras et font rêver plus de trois millions de téléspectateurs à travers le monde. Un record pour l'époque. Les amateurs de *people* sont servis ; parmi les invités ils peuvent apercevoir des membres du gotha international, des dirigeants politiques et bien évidemment de nombreuses stars hollywoodiennes. La presse qualifie unanimement l'événement de « mariage du siècle »… jusqu'au suivant !

1 Sources : archives du site officiel de la monarchie britannique : www.royal.gov.uk

• Les idées à copier

- Acheter, louer, faire reprendre ou s'inspirer d'une tenue de théâtre ou de tournage. La robe que portait la princesse est un cadeau des studios MGM et a été dessinée par Helen Rose, une costumière de cinéma de renom. Elle est aujourd'hui exposée au Philadelphia Museum of Art et a été offerte par la princesse Grace à sa ville d'origine.
- Ouvrir la cérémonie religieuse ou civile sur le *Uxor Tua* de Jean-Sébastien Bach. Frissons garantis dans l'assemblée.
- Traverser la ville en décapotable. Rien de telle qu'une petite virée le voile au vent pour saluer les invités et les badauds qui adorent admirer les tenues et le sourire des mariés.
- Servir du canard de Challans au repas de noces. Considéré comme un fleuron de la haute gastronomie, cette volaille à la chair et à la saveur uniques ravira tous les palais… princiers ou non !

REPÈRES

Le saviez-vous ?

Lors du tournage de *Haute Société*, son dernier film, Grace Kelly campe une jeune femme sur le point de se marier. Elle vient alors elle-même de se fiancer à Rainier. Les studios lui fabriquent une bague de fiançailles en toc pour le rôle. Le hasard veut qu'elle ressemble étonnamment à la véritable bague de la future princesse. Celle-ci préfèrera d'ailleurs arborer le véritable bijou (loin d'être en toc !) pour certaines scènes.

Le mariage de Kate Middleton et William

• Le pitch

Elle s'appelle Kate et il s'appelle William. Elle est issue de la « *middle class* » anglaise et il est deuxième dans l'ordre de succession à la couronne britannique. En 2002, ils sont tous les deux étudiants à l'université de Saint Andrews, en Écosse. Ils sont amis avant de tomber amoureux. Neuf ans plus tard, ils se marient… devant 2,5 milliards de téléspectateurs ! Qui ne se souvient pas des fastes déployés ce 29 avril 2011 ? La planète entière a les yeux rivés sur la robe recouverte de dentelle dessinée par Sarah Burton pour Alexander McQueen et sur le baiser échangé entre les jeunes mariés depuis le balcon du palais de Buckingham (sans compter le derrière de Pippa, la sœur de Kate !). Une princesse est née.

• Les idées à copier

- Une mise en beauté « *home made* » : très étonnamment, Kate s'est maquillée elle-même le jour de son mariage. Elle avait peur de paraître trop fardée et de ne pas se reconnaître. En revanche, elle n'a pas laissé les choses au hasard et a suivi scrupuleusement les conseils d'une maquilleuse professionnelle. On prend donc un cours, quelques semaines avant le jour J, avec un expert pour connaître tous les tuyaux.
- Une coiffure naturelle : adieu chignon, choucroute ou autres torsades, Kate a opté pour une solution plus simple en laissant ses longs cheveux retomber sur ses épaules. On joue aux copieuses en arborant aussi une crinière soignée et brillante qui sera sublimée par un voile traditionnel.
- Partager le blanc : comme la reine Victoria, Kate a encouragé ses demoiselles d'honneur, grande (sa sœur) et petites, à porter une tenue immaculée. Cela a choqué certains mais on peut aussi apprécier l'harmonie des teintes sur les photos. Notre conseil : le demander uniquement aux enfants du cortège et suggérer, voire imposer, une autre couleur aux témoins adultes pour éviter toute confusion avec la mariée !
- Adopter la simplicité : après la solennité de la cérémonie et du dîner officiel, Kate et William ont convié leurs amis à une soirée dansante beaucoup plus relax. Une ambiance disco avec DJ, boules à facettes (oui, oui sous les ors du palais de Buckingham !) et surtout pyramides de petits sandwiches *so British*. On n'oublie donc pas de prévoir une collation pour nos invités affamés qui se défouleront sur le *dance floor*. On opte pour de la *finger food*, des mets faciles à déguster : mini sandwiches, petits fours, crudités, brochettes de bonbons et quelques litres de café pour tenir toute la nuit !

REPÈRES

Le saviez-vous ?

L'organisation de fêtes, c'est la spécialité de la famille Middleton ! Les parents de Kate ont fait fortune en lançant en 1987 (donc bien avant le *Royal Wedding*) un site de vente en ligne d'accessoires pour petits et grands événements. Pippa y a longtemps travaillé avant de rédiger quelques articles pour la presse américaine, et James, le frère, a créé une société de gâteaux à thèmes et d'ustensiles pour pâtisserie. Malheureusement, elle a fermé quatre ans après le mariage de sa sœur aînée.

Le mariage de Kate Moss et James Hince

• Le pitch

Un top model et un rocker, une idylle dans un univers *green* chic. On pouvait donc compter sur le chanteur-guitariste de *The Kills* et le mannequin superstar pour organiser un mariage qui allait nous inspirer. Contrairement à ce que beaucoup auraient pu imaginer, Kate Moss n'a pas choisi un endroit hyper *trendy* de la capitale britannique pour convier ses nombreux amis *people*. Quelques mois après le mariage princier d'une autre célèbre Kate, elle a choisi de s'unir chez elle, dans sa charmante maison de campagne des Cotswolds. Fan de musique et épicurien, le couple a recréé une ambiance de festival : animations par de nombreux musiciens (très, très connus), déco champêtre, chapiteaux dressés dans le grand jardin, loupiottes suspendues aux arbres... Le thème « Rock'n'roll & Great Gatsby » est parfaitement décliné avec de nombreuses touches rétro : un boudoir très Années folles a même été installé sous une tente pour permettre aux invités de se changer ou de se pomponner, des canapés Chesterfield encadrent la piste de danse... La fête a duré plusieurs jours !

• Les idées à copier

- Recevoir chez soi : cela demande bien évidemment beaucoup de travail et d'espace. Mais avec l'aide de ses proches et éventuellement d'un *wedding planner*, on peut y arriver. (Voir chapitre 7 « Recevoir à la maison ».)
- Détournement de déco : Kate n'a pas hésité à utiliser des pots de confiture vides pour y placer des bougies chauffe-plats et les suspendre aux branches des arbres.
- Porter plusieurs robes : on sait qu'il est difficile de faire un choix alors on fait comme le top model. Elle a troqué sa robe dessinée pour la cérémonie par son ami John Galliano pour une autre tenue pour ouvrir le bal. Puis une minirobe très sexy l'a habillée pour envahir le *dance floor*.
- Une cascade de champagne : une pyramide de plus de 300 coupes de champagne a été montée pour l'occasion et un « cocktail signature » a même été imaginé pour le grand jour. Prenez des cours de mixologie pour faire de même !
- Un mini mariage : les enfants ne sont pas en reste. Pour que sa fille Lili Grace et ses autres petits camarades s'amusent, Kate a fait monter un chapiteau de cirque, une petite scène avec un DJ spécialisé dans la musique pour kids et quelques tentes d'indiens pour qu'ils puissent dormir.

REPÈRES

Le saviez-vous ?

Personne ne semble échapper au stress du mariage et à la tendance à devenir une *bridezilla* ! Même Kate Moss a un peu perdu le contrôle quelques semaines avant le jour J. Comme elle le confiait à *Vogue* US : « Je suis devenue hystérique. Jamie [son mari] pense que je suis folle. Il m'a demandé "Tu vas t'en sortir, ça va aller ? J'espère vraiment qu'après le mariage tu seras de nouveau normale !" » Lisez vite tous nos conseils dans le chapitre 10 « Belle et Zen » pour ne pas perdre la raison !

Le mariage d'Angelina Jolie et Brad Pitt

• Le pitch

Avant même d'être unis officiellement, les méga stars hollywoodiennes l'étaient depuis bien longtemps par leurs fans qui ne les appelaient plus que par un seul nom : Brangelina ! Neuf ans après leur coup de foudre et six enfants plus tard, le 23 août 2014, ils se marient… en France. C'est dans leur château de Miraval, dans le Var, que seulement vingt-deux invités ont assisté à la cérémonie laïque. Même le chat Marlow qui vit sur le domaine était de la partie. Après avoir obtenu une licence de mariage en Californie, un officiant, dépêché pour l'occasion, a reçu l'échange des consentements écrits par les mariés eux-mêmes. Ils ont réaffirmé leur amour de couple et leur bonheur d'avoir fondé une telle famille. Très intimiste, la célébration s'est terminée par un repas typiquement provençal. On est bien loin des mariages à plusieurs millions de dollars auxquels nous ont habitués les célébrités…

• Les idées à copier

- Être en accord avec soi-même : en froid avec son père, Angelina ne l'a pas convié à son mariage. Seuls les membres très proches de leurs familles ont été invités. Faites pareil ! Ne vous forcez pas à recevoir des personnes avec lesquelles vous ne vous entendez pas.
- Bousculer les habitudes : vraie maman poule, Angelina a demandé à Maddox et à Pax, ses deux fils aînés, de lui donner le bras pour l'accompagner jusqu'à Brad. On suit l'exemple de cette femme libre d'esprit en choisissant une personne (homme ou femme ou ses deux parents) qui nous est chère pour cet instant symbolique.
- Fredonner : qui l'eut cru ? En guise de musique d'entrée de la mariée, c'est Brad Pitt lui-même qui a fredonné l'air de *Here comes the bride* (la marche nuptiale). Vous pouvez donc demander à l'assistance de chanter a capella un morceau qui vous touche particulièrement.
- Exploiter son environnement : Zahara et Vivienne, deux de leurs filles, ont ramassé des pétales de fleurs dans leur jardin pour pouvoir les envoyer en guise de confetti.
- Un voile customisé : pour habiller sa superbe robe de soie ivoire signée Atelier Versace, Angelina a demandé à ses six enfants de dessiner ce qu'ils souhaitaient puis a fait broder leurs créations sur son voile. On adore cette idée ! Si vous avez un peu peur du résultat, pourquoi ne pas demander à vos invités tout au long de la journée d'écrire de leur plus belle plume quelques mots sur votre voile ? Un livre d'or original, non ?

- Un gâteau *home made* : c'est Pax, leur fils de 11 ans, qui s'est chargé de fabriquer le gâteau de mariage. On peut donc imaginer une pyramide de pâtisseries fabriquées par nos proches. On les servira lorsque la fête battra son plein.

REPÈRES

Le saviez-vous ?

Au lieu de partir en lune de miel, Brad et Angelina se sont envolés pour Malte afin de tourner By The Sea, un film qu'ils ont produit, réalisé et dans lequel ils interprètent un couple dont le mariage connaît quelques tourments. Pas trop superstitieux, apparemment, les Pitt-Jolie !

Le mariage de George Clooney et Amal Allamudin

• Le pitch

Venise, « la plus romantique des villes au monde », selon George Clooney, en *guest star* pour l'union la plus glamour de ces dernières années. Les superlatifs manquent pour décrire ces trois jours de fiesta qui ont ponctué l'union la plus attendue (et désespérante pour des milliers de femmes !) entre l'acteur américain et Amal, une avocate libano-britannique spécialiste des droits de l'homme. Allures de *fashion show*, prestigieux *red carpet*, paparazzi poursuivant le bateau des jeunes mariés, invités ultra connus… Peut-être un peu *too much* pour certains ! En tous cas, ce mariage dans un somptueux palais de la cité des Doges avait tout d'un conte de fées, voire d'un *happy end* d'une méga production hollywoodienne.

• Les idées à copier

- Se marier à Venise : il n'y a pas que les stars qui ont le droit de s'embrasser sous le Pont des Soupirs ! Envolez-vous seuls, en petit comité ou avec tous vos amis, si votre budget le permet, pour la Sérénissime. De nombreuses agences se sont spécialisées dans l'organisation de mariages là-bas.
- Oser l'inattendu : Amal a ébloui le monde entier en arborant, entre autres sublimes tenues, une combinaison pantalon immaculée signée Stella McCartney et une capeline coordonnée. La mariée était magnifique ! On n'hésite pas à piquer son idée avec un smoking blanc ou un modèle semblable au sien.
- Perpétuer la tradition : pour habiller musicalement la cérémonie, les deux amoureux ont choisi un morceau superbement rétro, *Always* d'Irving Berlin. C'était cette même chanson qui avait ouvert le bal du mariage des parents de George.
- Offrir de la musique : si Monsieur et Madame Clooney ont pu offrir à chacun de leurs invités un iPod avec leurs tubes préférés, on se contente de concocter une playlist de ses morceaux chouchous qu'on mettra sur une clé USB personnalisée en guise de cadeau souvenir.

REPÈRES

Le saviez-vous ?

Pour faire sa demande en mariage, George a joué le jeu à 100 %. Invitation à dîner dans sa maison californienne, un genou à terre et en bande-son la musique très rétro-romantique de Rosemary Clooney, une chanteuse très connue des années 1950 et surtout la tante de l'acteur ! Amal aurait mis 28 minutes avant de dire « oui »… On en connaît d'autres qui auraient attendu moins longtemps !

CARNET D'ADRESSES

COMME LA REINE VICTORIA…

Lily Griffiths
Fabriquées à la main et dans son atelier parisien, les fleurs de Lily s'invitent dans les coiffures. À vous la traditionnelle couronne de fleurs d'orangers ou le *headband* fait sur mesure pour s'adapter à votre style. Pour le jour J et le reste de l'année, c'est certain, vous allez foncer vers cette adresse pour en ressortir avec une création unique.
www.lilygriffiths.com

Noyon Boutique Dentelle
Le bon plan pour celles qui recherchent des dentelles de grande qualité, notamment celle de Calais à un prix très, très intéressant. Les surplus d'usine ou commandés par les grands couturiers se vendent ici et sont parfaitement organisés selon les envies et les besoins.
www.noyonboutique.com

Folie Vintage
Ce site est une mine d'or pour les fans de vintage et surtout de couture vintage ! Les couturières y trouveront des conseils pratiques pour comprendre les subtilités de langage ou de mesures d'antan, des adresses pour commander des patrons et même des tissus anciens.
www.folievintage.fr

Livraison de petits déjeuners à domicile
www.petitdejroyal.fr
www.allopetitdejeuner.com
www.matingourmand.fr
http://bonreveil.com
www.sophielaparisienne.com

COMME GRACE KELLY…

Canards de Challans
Pour en savoir plus sur cette volaille fine et luxueuse.
www.volailles-challans.fr

Location ou achat de costumes de cinéma

AFCCA
Sur le site de l'Association française des costumiers du cinéma et de

l'audiovisuel, on trouve la liste de leurs fournisseurs. Le graal pour ceux qui souhaiteraient louer une tenue ayant ce petit je-ne-sais-quoi en plus. Ah si, cela s'appelle la magie !
www.afcca.fr

L'Atelier des Vertugadins
Depuis bientôt quinze ans, on y imagine, fabrique sur mesure et loue des costumes pour des représentations artistiques ou pour les événements de particuliers. Ne serait-ce pas l'occasion de jeter un œil à l'impressionnante penderie ?
www.vertugadins.com

Studios Harcourt
Qui n'a jamais vu un portrait de Grace Kelly signé Studio Harcourt ? Un grain si particulier, une mise en lumière exceptionnelle et un rendu glamour au possible. Offrez-vous ainsi qu'à vos invités le professionnalisme et la magie de ce grand nom en louant pour votre mariage une cabine pour des tirages photos minute. Ce jour-là, la star c'est vous !
www.studio-harcourt.eu

COMME KATE MIDDLETON…

Un *make up home made*
On clique sur ce tutoriel en vidéo. Efficace et simple à suivre si l'on veut recréer le mariage de Kate.

Pour prendre des cours de maquillage
www.yves-rocher.fr
www.nocibe.fr
www.sephora.fr
Pour plus d'adresses : voir chapitre 10 « Belle et zen ».

Party Pieces
En plus d'être le site fondé par les parents de Kate Middleton, cette boutique en ligne propose une multitude d'accessoires pour le grand jour. D'assiettes en carton vintage aux lanternes en papier en passant par des faire-part victoriens ou des ballons gonflables de toutes les formes… Il y a tout ! Livraison en France prévue.
www.partypieces.com

Des mugs couronnées
Un petit clin d'œil à l'humour *british* en offrant à ses invités des mugs à l'effigie des mariés. Mais attention : on ne se contente pas d'une simple photo imprimée sur une tasse ! On choisit un modèle royal avec des armoiries, un carrosse, des couronnes…
www.photobox.co.uk/shop/home-gifts/photo-mug/royal-wedding-mug
www.designmemygift.co.uk/product/royal-crest-wedding-mug

London Bus
Un bus à impériale pour apporter une touche royale à son mariage. Une manière originale de véhiculer ainsi ses invités où on se la joue en plus *Swinging London* en organisant le cocktail ou la soirée dansante dans le car anglais.
www.londonbus.eu/index.php?p=soiree

COMME KATE MOSS…

Flower Jugs
D'origine britannique, Amy s'est installée en France pour le plus grand bonheur de tous ceux qui adorent l'esprit « *English Rose* ». Fleuriste de formation, elle imagine des arrangements végétaux poético-vintage qu'elle sublime dans des réceptacles inattendus : d'anciennes céramiques, de vieilles valises, des bouteilles soufflées, des services à thé en porcelaine anglaise… Un matériel chiné dans les brocantes françaises et outre-Manche. Comptez sur elle pour une scénographie *green* chic avec un brin de rétro. Faites vite un tour sur son site, vous allez avoir plein d'idées !
www.flowerjugs.com

100 % Réception
Pour épater la galerie, on installe une cascade ou une pyramide de champagne. Proposé à la location, l'ingénieux système évitera toute casse. Pourquoi s'en priver ?
http://location.centpourcent-reception.com

Haut de forme
On s'inscrit pour assister en privé ou en groupe à des ateliers de dégustations de vins, de champagne, de cocktails et pour apprendre à mixer différentes liqueurs et créer ainsi une boisson personnalisée. Qu'on nommera comme on le souhaite !
www.hautdeforme.fr

Des tentes pour les enfants
www.hebergements-atypiques.com
www.dessinemoiuneyourte.com
www.loutafete.com

COMME ANGELINA…

Miraval Provence
À défaut de vous marier dans le même château que les stars, servez au cours du repas le vin produit sur leur domaine. Rosé, blanc ou rouge (plus rare), faites votre choix pour apporter une touche hollywoodienne à votre réception. À commander sur :
http://miraval-provence.com

Personnaliser son voile de mariée

Wedding veils direct
Sur ce site britannique, on sélectionne point par point les détails de son voile de mariée : de la longueur à la couleur en passant par la broderie.
www.weddingveilsdirect.co.uk

Creavea
Dans cette caverne d'Ali Baba en ligne, on trouve tout le matériel pour dessiner et peindre sur des textiles. Si on hésite à transformer son voile officiel ou de famille, on peut en acheter un moins cher et le proposer comme toile pour amuser les enfants pendant la réception.
www.creavea.com

COMME AMAL…

Se marier à Venise
Nul besoin de paniquer en pensant à la difficulté que peut représenter l'organisation d'un mariage dans la ville de vos rêves. On laisse les professionnels s'en charger pour ne profiter que du meilleur.
www.myitalianweddingplanner.com/fr
http://serenissima-weddings.com
www.mariage-evasion.com

Formalités
Le site de l'ambassade de France en Italie :
www.ambafrance-it.org/Mariage

Une capeline blanche
Point de voile à l'horizon, Amal a opté pour une spectaculaire capeline blanche avec un ruban assorti au liseré bleu marine de son ensemble pantalon immaculé. On fait appel à nos modistes coups de cœur pour arborer (à peu près) la même.
http://clotildetoussaint.com
www.chapeaux-sur-mesure-paris.fr
http://chapeau.bon-clic-bon-genre.fr

Clés USB personnalisées
Comme Monsieur et Madame Clooney, offrez vos morceaux de musique préférés et quelques photos souvenirs à vos invités en les téléchargeant sur des clés USB personnalisées : à votre effigie, sous la forme d'un couple de mariés, un bijou avec la date du grand jour gravée…
www.clesusb-personnalisees.fr

CHAPITRE 2

LA BAGUE AU DOIGT

C'est officiel, vous avez définitivement quitté le club des « célibattantes ». Même si vous filiez le parfait amour avec votre cher et tendre, la crainte de devoir retourner à la case départ ne vous avait jamais quittée. Aujourd'hui, c'est un club autrement plus convoité qui vous ouvre ses portes : celui des promises. En cadeau de bienvenue, vous recevrez une jolie bague de fiançailles, si vous adoptez cette célébration pour déclarer votre amour. Sinon, vous ferez le choix avec votre futur époux de l'anneau du bonheur. Un moment unique, chargé d'émotion. Mais avant de passer à l'acte, découvrez l'histoire et les rites qui se cachent derrière ces bagues. Et suivez ces quelques conseils qui vous guideront dans vos choix.

Les fiançailles

J-1 an

Pour parler de leurs amoureux, les anglophones emploient souvent le mot « fiancé » avec un certain plaisir. En France, ce terme n'est plus aussi glamour. Les fiançailles ont perdu la cote auprès des jeunes couples qui préfèrent sauter cette étape pour directement se marier. Ces dernières années, on remarque cependant un retour en force de la célébration. On se fiance pour officialiser une relation, se faire offrir un gros caillou ou se donner l'occasion de faire la fête. Mais la raison profonde est évidemment l'envie de s'engager auprès de l'autre et de lui faire une promesse de mariage, même si parfois, elle restera en l'air. Parce qu'il peut être si doux à 30, 50, ou 70 ans, de se considérer comme des fiancés.

• Histoire des fiançailles

Les fiançailles sont une vieille tradition qui n'a cessé d'évoluer dans le temps. Bref rappel de ce à quoi vous avez échappé ou, pour les nostalgiques, de ce que vous avez manqué.

Hier

1re étape, l'Empire romain. Vous porteriez le doux prénom de Scribonia, et votre jules, celui d'Octavius. Les fiançailles étaient alors une cérémonie préalable au mariage qui se déroulait devant témoins. Le fiancé passait un anneau en fer à l'annulaire gauche de sa promise. Cet engagement marquait surtout l'alliance économique et politique de deux familles.

2e étape, le Moyen Âge. Les fiançailles revêtent un caractère religieux et se concrétisent par la signature d'un registre à l'Église devant le curé.

3e étape, la Révolution de 1789 balaie tout sur son passage et retire le cadre légal et religieux des fiançailles.

4e étape, le XIXe siècle. On date plus ou moins à cette époque une vieille tradition : il incombait au père du jeune homme de présenter la demande de fiançailles à la jeune fille. Le détail qui fait mouche : il devait porter des gants couleur « beurre frais ». Allez trouver ça de nos jours…

REPÈRES

Coutumes de fiançailles

En Provence, on avait coutume de demander en mariage la jeune fille lors des fêtes de Noël ou à la fin des moissons. À cette période, des fêtes et des danses étaient organisées. Elles étaient propices aux grandes déclarations d'amour.

Une coutume concernant la date du mariage persiste encore aujourd'hui. On ne le célèbre jamais au mois de mai consacré à Marie.

Aujourd'hui

« *Elle est passée par là*

« C'était un soir de décembre. Nous sortions d'un restaurant où nous avions passé une excellente soirée, un peu arrosée. Comme ça dans la rue, sans trop réfléchir, je me suis agenouillée et je lui ai demandé sa main. Mettez ça sur le compte de l'alcool ou non, ce soir-là j'étais prête à toutes les audaces. »

CLARA »

L'exemple de Clara est révélateur de notre époque. Aujourd'hui, les fiançailles ne sont plus solennelles. Exit le protocole de la demande en mariage. Place à la liberté du jeune homme comme de la jeune femme (même si c'est moins fréquent) de déclarer son amour. Le sens des fiançailles a aussi perdu en substance. Même si elles représentent toujours un engagement vis-à-vis de l'autre, elles ne sont plus cette période charnière durant laquelle les fiancés apprenaient à se connaître et se préparaient à une vie commune. La plupart des couples d'aujourd'hui vivent ensemble avant de se fiancer. Les fiançailles sont donc plus une marque d'amour. Elles symbolisent un désir d'union entre deux personnes qui ne se concrétise pas forcément par un mariage. Certaines personnes restent fiancées à vie !

Elle est passée par là

« Je ne l'ai jamais dit à personne, mais je garde un meilleur souvenir de mes fiançailles que de mon mariage. On avait fait une réception très intime avec nos parents, nos frères et sœurs ainsi que nos meilleurs amis. C'est ce soir-là, devant ces témoins si chers à mon cœur, que je me suis vraiment liée à mon mari pour la vie. »

LUCIE

• Et les lendemains qui déchantent…

Incompatibilité d'humeur, nuisance sonore (ronflement et autres), perte d'amour soudain, coup de foudre non programmé, peur de se tromper… Les causes de rupture de fiançailles sont infinies et propres à l'histoire de chacun. Une décision lourde et douloureuse qui n'est pas sans conséquence.

Sachez d'abord que vous avez parfaitement le droit de rompre les fiançailles. Contrairement au mariage, elles ne sont pas un acte juridique. Vous pouvez donc revenir librement sur votre engagement. En revanche, certaines choses devront être restituées. À commencer par la bague de fiançailles, si elle était familiale ainsi que les cadeaux d'une certaine importance reçus en vue du mariage. Pour vous consoler, sachez que vous évitez un probable divorce dans les années à venir. Certainement plus long et difficile à supporter…

REPÈRES

Rupture abusive

Recevoir des dommages et intérêts quand on s'est fait plaquer, c'est possible. Si et seulement si, la rupture des fiançailles est abusive, c'est-à-dire brutale, fautive et sans motif. Dans ce cas, vous devrez prouver le préjudice pécuniaire (ex. : les frais engagés pour le mariage) ou moral (ex. : humiliation). Quelques exemples de rupture abusive reconnus par les tribunaux : fiancée enceinte, absence du fiancé le jour de la cérémonie ou départ quelques jours avant, soudain obstacle dû à la différence de milieu social…

Petit conseil : conservez toutes les factures en rapport avec la préparation du mariage. Même si sur le moment vous vous trouvez mesquine, elles pourront s'avérer très utiles.

Ils sont passés par là

« Nous nous sommes fiancés à 28 ans. Si vous faites le compte, ça fait douze ans que ça dure. Et l'on n'envisage toujours pas le mariage. On vit une espèce de parenthèse enchantée et l'on a peur de rompre le charme. Ça fait un peu adolescents attardés, mais cette situation nous convient parfaitement. »

Virginie et Lucas

• Demandes en mariage originales

On l'a imaginée au moins 258 fois, cette demande en mariage. Le prince charmant, un genou à terre, une rose rouge entre les dents et un gros caillou caché dans la poche, devant une fontaine et des flamants roses. Plus tard, on a espéré que Brad Pitt, lors de la cérémonie des Oscars, regarderait droit devant la caméra et nous demanderait : « Josette, will you marry me ? » Et puis, elle est arrivée, cette proposition d'unir nos deux vies à jamais, elle s'est déroulée d'une tout autre manière. Décevante, étonnante, bouleversante ou prévisible, elle restera inoubliable et l'on ne se lassera jamais de la raconter.

Ils sont passés par là

« Après huit ans d'amour exalté sur tous les continents, c'est au Kenya que Lucas a finalement fait sa demande. Nous séjournions dans un Lodge du parc Tsavo Est et nous étions occupés à regarder les éléphants venus s'abreuver à quelques pas de notre table. Lorsque je me suis assise, j'ai découvert une petite boîte posée sur mon assiette. J'ai cru que c'était le serveur qui nous offrait un petit cadeau. Pas du tout ! L'écrin abritait une splendide bague, celle que j'avais repérée des années auparavant. Et j'ai compris… Il me demandait ma main de la manière la plus romantique du monde et dans un pays fascinant. »

Gwendoline et Lucas

Ils sont passés par là

« Nous nous sommes rencontrés à l'école primaire. On a fait les quatre cent coups ensemble et l'on a traversé la vie en étant meilleurs amis. Nous avons multiplié les rencontres, chacun de notre côté, mais nous n'avons jamais rencontré l'âme sœur. Normal, nous étions faits l'un pour l'autre. Un jour, Pierre m'a donné rendez-vous dans l'école de notre enfance. Il m'a entraînée dans une classe (avec la complicité de l'une de nos anciennes maîtresses !) et j'ai découvert sur le tableau noir, la formule magique : "Vous me copierez 100 fois : veux-tu m'épouser ?". Sans réfléchir, j'ai pris la craie et j'ai écrit une dizaine de fois : "Oui." »

Diane et Pierre

• La session d'engagement

Quoi ? C'est une séance de photographie qui met en scène le couple fraîchement fiancé. Tout droit venue des States, cette nouvelle tendance fait fureur.

Pourquoi ? L'idée est de graver dans le marbre ce moment magique où l'on s'engage l'un envers l'autre. Mais pas devant une foule d'invités : de manière intime, naturelle et spontanée ! Ces photos représenteront votre couple tel qu'il est réellement, en dehors de tout artifice propre à une cérémonie de mariage. La session permet aussi de faire connaissance avec le photographe qui sera présent le jour J (vous aurez compris l'intérêt de choisir le même prestataire !). Vous appréhenderez sa manière de travailler, écouterez ses conseils pour vous détendre face à l'objectif. Fini les bras ballants, les sourires timides et la crainte de ne pas être photogénique. Le jour J, vous serez au top grâce à ce petit entraînement.

Quand ? À vous de choisir. Vous pouvez organiser la session d'engagement quelques jours avant le mariage. Elle vous permettra de vous détendre en pleins préparatifs, de rire un bon coup, et de vous retrouver en tête à tête. Mais elle peut aussi être réalisée plusieurs mois avant le jour J.

Où ? Dans un endroit qui vous ressemble. Le lieu choisi doit refléter vos goûts et vos personnalités. À la maison (si le cadre s'y prête), sur un pont, sur un quai, en forêt, dans un entrepôt *arty*, dans un parc… Le mieux étant de ne rien improviser et de faire des repérages avant la séance.

Comment ? Préparez un minimum la session avec le photographe et mettez-vous d'accord sur son déroulé. Ce petit échange lui permettra de mieux cerner vos attentes et les choses à proscrire. Côté tenue, faut-il préciser que le blanc est à éviter ? Réservez uniquement cette couleur pour la cérémonie de mariage. Sinon, n'en faites qu'à votre tête. Soyez vous-même et amusez-vous. Si vous avez prévu des photos statiques, vous pouvez intégrer quelques accessoires en résonance avec le lieu ou avec votre histoire, voire même prévoir un thème. Tout est possible ! La seule limite est de ne pas tomber dans la séance gadget. Ces clichés doivent aussi bien vous plaire aujourd'hui que dans vingt ans. Privilégiez les ambiances intemporelles. Une fois que vous aurez vos superbes photos, ne vous contentez pas de les disposer sur votre cheminée. Utilisez-les pour préparer le mariage. Avec, vous pourrez illustrer les faire-part, les invitations, les cartes de remerciement, votre site de mariage, votre page Facebook®, etc.

• Petites questions de savoir-vivre

Bien sûr, quand on vous parle de fiançailles, vous pensez automatiquement à « BAGUE ». On vous pardonne. Quelle femme peut garder son sang-froid quand un bijou se profile à l'horizon ? Aucune. Mais les fiançailles ne se résument pas à cela. Vous allez célébrer votre engagement avec vos proches. Et cette célébration se doit de respecter certaines règles de savoir-vivre. Posez-vous dès maintenant les bonnes questions.

Comment annoncer ses fiançailles ?

On oublie les SMS, les mails ou les messages laconiques sur le répondeur. Il est préférable d'annoncer de vive voix vos fiançailles à vos parents, lors d'un dîner ou d'une visite spéciale. Procédez de même avec vos grands-parents respectifs puis prévenez vos amis et les proches de la famille. Si possible en même temps pour ménager les susceptibilités des uns et des autres.

Où les célébrer et avec qui ?

À deux, à dix ou à cent. Dans une salle, sur un pont ou dans un champ. À vous d'inventer la fête qui vous ressemble ! Si vous souhaitez suivre les usages, sachez que les fiançailles se déroulent traditionnellement au domicile des parents de la fiancée. Et c'est à la mère de tout organiser. Conviez vos familles respectives (frères, sœurs, oncles, tantes, grands-parents…) et vos amis proches à l'aide d'un carton d'invitation classique, un mois à l'avance. Soirée fastueuse ou bien modeste ? À vous de le décider. Ne videz quand même pas les caisses du mariage. C'est cette soirée-là qui doit rester dans les annales.

Comment placer les invités ?

Autant qu'ils commencent à s'habituer dès maintenant. Vous ne formez plus qu'une seule et même famille. Alors, on mélange les membres des deux clans. Au centre de la table seront placés le père et la mère de la fiancée, en face l'un de l'autre. À leur droite et à leur gauche, on trouve les parents et les grands-parents du fiancé. Le couple sera placé en bout de table, côte à côte. Les autres tables accueilleront les invités disposés en fonction de leurs affinités.

Qui paie quoi ?

De la délicate question du coût des fiançailles. Pour qu'aucune des familles ne se sente lésée, autant que les choses soient claires dès le départ. Il existe des règles que vous allez appliquer, sauf s'il y a une évidente différence de moyens entre vos deux familles. Inutile dès lors de vous accrocher à la convention. Il vous appartiendra de réinventer vos propres règles. La bague de fiançailles est traditionnellement offerte par le fiancé ou sa famille.

Le repas de fiançailles est lui offert par la famille de la fiancée. Le matin de la réception, le jeune homme doit livrer une corbeille de fleurs blanches à sa belle qui sera placée à la table d'honneur. Une délicate attention. On ne s'en lasse jamais.

Peut-on refuser une bague familiale ?

On vous voit déjà faire la grimace. Seulement une bague familiale n'est pas forcément une parure de dinosaure. C'est même assez touchant de porter le bijou de l'arrière-grand-mère. Et si elle est vraiment laide, vous pouvez au moins sauver la pierre. Alors avant de provoquer un incident diplomatique, raisonnez-vous. Vous pourrez la refaçonner à votre goût. Mais ne foncez pas chez le bijoutier sans avoir prévenu vos futurs beaux-parents. Il vous faut leur approbation. Vous pourrez ensuite choisir la monture et la taille qui vous conviennent.

Petite astuce pour celles qui n'en démordent pas : vous pouvez refuser la bague en avançant qu'elle a déjà été portée par une ancienne fiancée. Et ça, on vous l'assure, ça porte malheur.

Qu'offrir à son homme ?

Tout sauf un anneau. Collez à son goût, il s'agit de lui faire réellement plaisir avec un cadeau qu'il pourra garder longtemps en souvenir de cette journée. Montre, boutons de manchette, gourmette, chaîne… Mais encore, un assistant personnel, le dernier appareil numérique sur le marché, des leçons pour apprendre à piloter si c'est son rêve, un instrument de musique pour révéler son talent… La liste est infinie. Surprenez-le.

Et après, on fait quoi ?

Les parents du fiancé doivent organiser à leur tour un dîner de fiançailles, un mois après la réception. Une occasion pour les deux familles de se retrouver et, éventuellement, de commencer à préparer l'étape suivante : votre mariage.

Qui remercier ?

Ses beaux-parents, si la bague de fiançailles est un bijou de famille, il faut les remercier de vive voix ou par écrit. Ses invités : il n'est pas d'usage de recevoir des cadeaux lors des fiançailles mais plutôt des fleurs. Cependant, si vous en recevez, remerciez-les avec une carte personnalisée en mentionnant le cadeau. Procédez de même pour les fleurs.

REPÈRES

Les fiançailles *New Age*

Cette mode venue du Canada séduit les couples qui trouvent le mariage trop contraignant mais souhaitent quand même officialiser leur union. Les fiançailles sont orchestrées par un célébrant, en famille et avec les proches. Le célébrant est une personne choisie pour son degré de spiritualité dans le cercle du couple. Comme dans un mariage traditionnel, les fiancés échangent leurs vœux et des alliances. Les fiançailles se déroulent de préférence en pleine nature, pour communier avec elle. Musique planante et tenues blanches de rigueur.

La délicate question de la bague

Parfois, on nous l'impose et parfois on a la chance de pouvoir la choisir. À moins d'être la sœur jumelle de Paris Hilton, il est possible que vos connaissances en matière de gros-cailloux-qui-brillent soient quelque peu limitées... Leçon de rattrapage pour jeter son dévolu sur la pierre qui rendra vertes (émeraude forcément !) toutes vos copines !

• Mémento

On compte quatre pierres précieuses (diamant, rubis, saphir, émeraude), qu'il ne faut pas confondre avec les pierres semi-précieuses.

Une pierre n'est pas une acquisition comme les autres. Elle se prépare et mérite réflexion.

Réclamez un certificat d'authenticité au moment de l'achat.

Les fiançailles sont souvent l'occasion de jeter son dévolu sur un bijou de valeur qu'on chérira toute sa vie.

Vous allez porter votre bague toute votre vie. Une monture à la mode aujourd'hui pourra paraître datée dans vingt ans...

Essayez plusieurs modèles totalement différents pour prendre conscience du poids, de la couleur et de la forme de chacune. Vous devez oublier que vous la portez.

N'oubliez pas que vos doigts peuvent enfler ou rétrécir selon la température. Essayez-la plutôt en fin de journée.

Pensez à inclure votre bague dans votre contrat d'assurance maison. Une photo et le certificat d'authenticité faciliteront les démarches en cas de cambriolage !

• Les pierres précieuses

Le diamant

Le diamant est considéré comme la plus dure, la plus brillante et la plus onéreuse des gemmes. Il est capable de couper le verre et peut se vanter de mille et une autres qualités, notamment celle d'être « le meilleur ami des femmes » (*Diamonds are a girl's best friends*), comme le chantait Marilyn Monroe dans le film *Les hommes préfèrent les blondes*. Le plus souvent blanc ou translucide, il peut, plus rarement, se parer de rose, de rouge, de bleu et de jaune.

Le diamant se marie parfaitement à toutes les couleurs d'or. Sachez seulement que sur certaines mains claires, il peut paraître un peu plus fade sur une monture en or gris ou en platine. Il reste l'un des favoris de ces dames au moment du choix de la bague.

Son symbole : l'éternité.

REPÈRES

Les 4 C ou l'évaluation d'un diamant

Ces 4 critères permettent de déterminer la valeur d'un diamant. À défaut d'obtenir un sans-faute, vous pouvez toujours privilégier l'un de ces éléments. Certaines préfèrent avoir une grosse pierre, d'autres une plus petite mais très brillante. À vous de voir. Ces critères permettent également d'évaluer les autres pierres.

C comme Carat
Le carat = le poids. Un carat équivaut à 0,20 gramme. Pour une fois, on recherche le poids le plus élevé pour la plus grande valeur !

C comme Colour (couleur)
Sa teinte varie forcément puisque chaque pierre est unique. Un blanc exceptionnel ou une couleur très rare font grimper le prix.

C comme Clarity (pureté)
Le degré de pureté se mesure à la présence d'inclusions (en général invisibles à l'œil nu). On appelle « crapaud » une inclusion naturelle.

C comme Cut (taille)
Le travail de la taille et des proportions permet à votre joyau de refléter la lumière et de briller de mille feux.

Pour en savoir plus, allez sur www.diamants-infos.com. Un site complet qui vous guidera avant l'achat de votre pierre.

Le saphir

Le saphir fait partie de la famille des corindons (comme le rubis dont il se rapproche par sa dureté et sa composition). Le saphir bleu est le plus connu et a la plus grande valeur. Son nuancier s'étend du bleu très clair, quasi translucide (le plus cher) au bleu quasi noir, en passant par le bleu roi et le bleu nuit.

Contrairement aux idées reçues, sa palette de couleurs ne se limite pas aux bleus. Le saphir peut, en effet, être rose, jaune, orange, vert... Mais ces derniers sont considérés davantage comme des pierres fantaisie et sont souvent utilisés pour orner une autre pierre plus précieuse. Les plus rares (et, bien entendu, les plus chers !) présentent ce qu'on appelle un « astérisme » (sorte d'étoile à six branches), qu'on mettra en évidence par une taille Cabochon.

Jeter son dévolu sur un saphir est un choix classique qui s'allie parfaitement à une monture en or jaune ou en or blanc, même si cette combinaison peut paraître froide à certaines.

Son symbole : la sincérité et la fidélité.

Le rubis

Le rubis est très proche du saphir dans sa composition (famille des corindons) mais se distingue par sa couleur rouge. Sa rareté lui octroie la première place du podium : il est la plus chère des pierres.

C'est sa couleur qui détermine sa valeur. Sa teinte parfaite est le « rouge sang de pigeon » ou le « rouge birman », profond, vif aux légers reflets bleus.

Si la limpidité d'une pierre est un élément essentiel de sa valeur, elle apparaît, dans le cas du rubis, moins importante (toutes proportions gardées !). Et ses inclusions naturelles peuvent parfois être des témoins de sa provenance et de son authenticité.

Choisir un rubis pour orner sa bague de fiançailles est un choix qui exprime un réel désir de se démarquer.

Une monture en or rose adoucira le feu de votre rubis. En revanche, une monture platine mettra en valeur le contraste entre froid et chaud.

Son symbole : la passion et la victoire.

L'émeraude

L'émeraude fait partie de la famille des béryls, sa fragilité la rend également plus difficile à tailler. Contrairement aux autres pierres, elle n'a qu'une couleur : le vert. Attachez-vous à son nuancier pour en déterminer la préciosité.

Une émeraude sans inclusions est extrêmement rare et il ne faut donc pas s'attendre à en trouver une parfaite ! Il faut seulement veiller à ce qu'elle ne présente pas de fissures.

Elle est également la plus controversée des gemmes. On l'aime ou on l'évite. Cela est certainement lié à sa couleur. Les superstitions ont la vie dure. Pour certains, elle évoque le diable et la duperie alors que pour d'autres, elle porte bonheur. Une fois de plus, c'est une question de culture et de goûts !

Elle révèlera sa magnifique robe aux reflets verts si fascinants sur n'importe quelle monture.

Son symbole : l'espoir et la jeunesse éternelle.

Taille et monture de la bague

Ces lignes sont pour les chanceuses qui disposent d'un bijou de famille à monter ou qui souhaitent réaliser sur mesure leur bague de fiançailles.

Une fois que vous aurez choisi la pierre, il sera capital de déterminer la taille. En joaillerie, il s'agit de la forme que l'on souhaite donner à la pierre. Carrée, ronde, triangulaire, ovale... Les possibilités sont multiples. Inspirez-vous de ces croquis qui représentent les formes les plus appréciées. Ce choix fait, il restera à définir avec le bijoutier la monture de la bague, c'est-à-dire sa structure. Sachez que pour le diamant, la monture en or blanc ou en platine remporte tous les suffrages. À la moindre difficulté au niveau des termes, reportez-vous au petit lexique (ci-dessous). Et vous verrez, tout s'éclairera.

• Les étapes de la taille

Le lapidaire procède au sciage de la pierre gemme en la coupant en deux parties (ou au clivage s'il s'agit d'un diamant). Puis, c'est le façonnage qui consiste à donner une première forme à la pierre. Le lapidaire taille ensuite la pierre pour y créer des facettes à l'aide d'une meule. La taille se termine par le polissage de la pierre.

REPÈRES

Petit lexique

Facette : une pierre gemme se compose de plusieurs facettes. C'est une surface plane obtenue par le lapidaire en travaillant la pierre sur une meule.

Gemme : pierre précieuse ou pierre fine transparente. Pour recevoir le nom de gemme, un minéral doit répondre à plusieurs critères de dureté, d'éclat, de transparence, mais aussi de couleur et de rareté. Ex : aigues-marines, topazes, chrysobéryls, tourmalines, améthystes, zircons, opales... Les pierres précieuses sont le diamant, le rubis, le saphir et l'émeraude.

Lapidaire : nom de la personne qui taille les pierres ou gemmes.

Meule : objet circulaire qui agit par frottement.

Monture : métal employé pour assembler, réunir, encadrer les différentes pièces qui forment une bague. Cet ouvrage de joaillerie est destiné à recevoir des pierres ou des perles.

Polissage : dernière opération de taille permettant de donner l'éclat final aux facettes taillées d'une pierre précieuse.

Sciage : opération qui consiste à dégrossir la pierre brute avant de passer aux étapes suivantes.

Taille : opération qui consiste à donner des facettes à une pierre précieuse. La taille se divise en quatre étapes : le sciage, le façonnage, le meulage et le polissage.

• Les différents styles

La taille brillant

C'est la taille par excellence du diamant. Elle compte en général cinquante-sept facettes et est d'une forme assez arrondie. On parle de « taille brillant rond » qui est la forme la plus répandue. La taille brillant est aussi la taille plus ancienne, initialement utilisée pour améliorer les formes irrégulières des pierres.

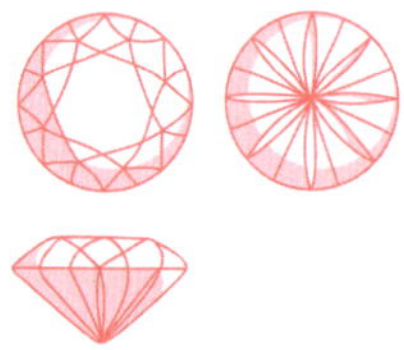

Les tailles à facettes

Ce sont des dérivés de la taille brillant mais avec des formes plus fantaisistes.

La taille ovale : sa forme allongée lui donne un éclat incomparable. Elle convient très bien au saphir et au rubis.

La taille marquise (ou navette) : oblongue et fine. Ses pointes ont la particularité de briller avec intensité.

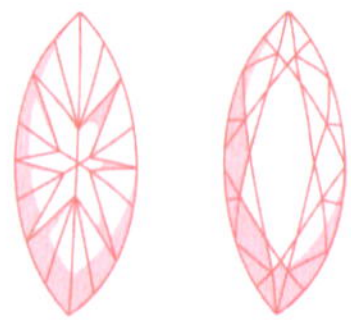

La taille pendeloque : en forme de poire ou de goutte d'eau. Originale par sa dissymétrie.

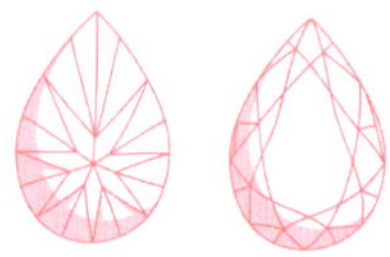

Les tailles à degrés

La taille émeraude : forme rectangulaire dont les coins ont été tronqués. Parfaite pour l'émeraude comme son nom l'indique.

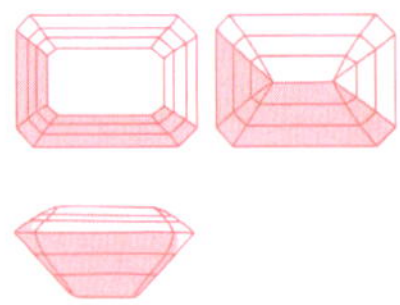

La taille baguette : forme rectangulaire dont les angles n'ont pas été tronqués.

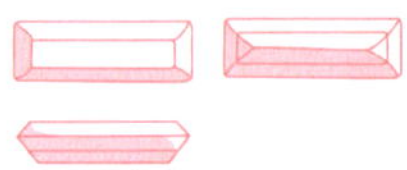

La taille cabochon

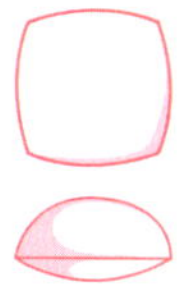

La partie supérieure de la pierre est une surface arrondie convexe. Elle est surtout utilisée pour les pierres opaques.

La taille cœur

L'une des formes de taille les plus romantiques.

Des goûts et des couleurs…

Pour les superstitieuses ou pour celles qui n'arrivent pas à se décider, vous pouvez aussi choisir la pierre correspondant au mois de votre naissance.

SI VOUS ÊTES NÉE EN…	VOUS CRAQUEREZ PEUT-ÊTRE POUR…
Janvier	Un grenat ou du quartz rose
Février	Une améthyste ou de l'onyx
Mars	Une aigue-marine ou du jaspe
Avril	Un diamant ou du quartz
Mai	Une émeraude ou une chrysoprase
Juin	Une perle ou une pierre de lune
Juillet	Un rubis ou une cornaline
Août	Une olivine ou une sardoine
Septembre	Un saphir ou un lapis-lazuli
Octobre	Une tourmaline ou une opale
Novembre	Une topaze ou une citrine
Décembre	Une turquoise ou du zircon

(Voir Carnet d'adresses en fin de chapitre.)

TROIS QUESTIONS À ANTOINE CHAPOUTOT, CRÉATEUR JOAILLIER

La forme de la main impose-t-elle le choix de la bague ?

Non. Ma réponse risque de vous étonner, mais la forme de la main n'est pas déterminante. Tout dépend de l'attitude de la femme et de sa façon d'assumer ses mains. Certaines femmes aux doigts potelés s'accordent toutes les fantaisies alors que d'autres aux mains fines sont beaucoup plus prudentes. Avant de choisir la forme d'une bague (carrée, ronde, plate, volumineuse…), il faut avant tout sonder la personnalité de la cliente et essayer de savoir à quel point elle est à l'aise avec ses mains.

Cela veut-il dire que l'on peut tout se permettre ?

Pas vraiment. Il existe certaines règles incontournables. Les bagues plates ou très fines ne conviennent pas aux mains petites et potelées. Il leur faut absolument du relief. De même que les bagues trop serrées. Elles accentuent le côté boudiné des doigts. Les mains longues et fines peuvent évidemment tout se permettre. Quand les doigts sont longs et charnus, il faut à tout prix éviter les bagues étroites. On habillera la main d'une bague large et volumineuse, avec une monture plus recherchée.

Le travail sur mesure donne-t-il plus de liberté ?

Bien sûr, il permet d'adapter les désirs de la cliente à la forme de sa main et de contourner ainsi certaines règles. Tout n'est plus qu'une question de proportion et d'équilibre à trouver.

Pour en savoir plus : www.chapoutot.fr
Antoine Chapoutot, 76, rue de Seine, 75006 Paris. Sur rendez-vous. 01 75 50 54 81

Les alliances

J-2 mois

• Histoire des alliances

L'échange d'alliances existe depuis l'Antiquité. À cette époque, les futurs époux s'offraient un anneau en fer en signe d'engagement. Il représentait le cercle de la vie et l'éternité.

Au Moyen Âge, l'Église introduit la notion de sacrement. L'alliance devient alors un symbole particulier pour les chrétiens. En l'échangeant, le couple se jure amour et fidélité, et rend cette union indissoluble, jusqu'à la mort.

L'alliance se porte à l'annulaire gauche. Deux croyances sont invoquées pour expliquer cet emplacement. D'abord l'égyptienne selon laquelle le doigt de l'alliance suit la *vena amoris*, c'est-à-dire la veine de l'amour qui conduit directement au cœur. Puis la religieuse qui fait référence à un mariage chrétien du XVIIe siècle au cours duquel le prêtre après avoir touché les trois premiers doigts en récitant « Au nom du Père, du Fils et du Saint-Esprit » arrivait au quatrième, c'est-à-dire l'annulaire, et y plaçait l'alliance.

Le caractère simple et sobre de l'anneau perdura au fil des temps même si à la place du fer, on lui préféra progressivement l'or ou l'argent, voire le diamant.

REPÈRES

Croyances et superstitions autour de l'alliance

Chez le bijoutier, les futurs époux doivent se contenter de donner leurs mesures. Ils ne doivent pas essayer l'alliance sinon le mariage risquerait de ne pas avoir lieu.

Faire tomber les alliances au cours de la cérémonie serait un mauvais présage. Cela signifierait que le bonheur du couple est menacé.

Il serait bon pour le mari de marcher sur la traîne de son épouse durant la bénédiction des alliances. Cela lui assurera de garder l'autorité dans le ménage !

Si par malheur après le mariage l'un des époux perd ou casse son alliance, il faut la racheter et prêter à nouveau serment pour conjurer le mauvais sort.

• L'alliance en dix questions

L'homme et la femme doivent-ils porter la même alliance ?

Traditionnellement, oui. Mais il n'est pas rare que les goûts diffèrent et que monsieur préfère un autre modèle que celui de madame. Vous pouvez également jouer sur la différence d'épaisseur entre les deux anneaux.

Je ne porte pas de bague de fiançailles. Puis je choisir une alliance avec des pierres ?

Bien sûr ! C'est même l'occasion de porter un bijou plus ornementé. Vous trouverez très facilement des alliances serties de diamants, de saphirs ou de pierres colorées.

Porte-t-on son alliance au même doigt que sa bague de fiançailles ?

Oui. Sauf le jour du mariage. Vous ôterez votre bague de fiançailles ou vous la porterez au doigt de votre main droite le jour de la cérémonie. Ensuite, vous les porterez au même doigt. C'est pourquoi il est conseillé de les choisir dans le même métal afin de ne pas altérer la beauté de chacun.

Que fait-on graver au creux de son alliance ?

Généralement, les prénoms des deux époux et la date du mariage. D'autres préfèrent faire graver un proverbe ou une déclaration d'amour. Lorsque vous récupérerez vos alliances chez le bijoutier, vérifiez toujours la gravure, l'orthographe et les noms. Des erreurs sont déjà arrivées !

Quels métaux choisir pour une alliance ?

L'or jaune 18 carats est le plus classique. Mais aujourd'hui vous avez le choix entre l'or rose, l'or brun, l'or blanc (aussi appelé or gris) qui peuvent être lissés, martelés ou frappés selon vos goûts.

D'autres lui préfèrent le platine, plus rare et plus cher mais plus résistant. L'argent connaît également un certain succès, mais il présente l'inconvénient d'être plus fragile et de marquer plus facilement les traces du temps qui passe.

Depuis quelques années, les alliances en titane et en acier sont de plus en plus demandées. Les lignes sont plus design et ces matériaux sont considérés comme plus modernes et plus masculins. Le titane est aussi solide que l'acier mais plus léger.

Vous hésitez ? Les trois anneaux d'ors différents et entrelacés ont été inventés pour vous !

Qu'appelle-t-on Palladium® et Orlanium® ?

Une monture en platine Palladium® assure une qualité optimale du blanc du métal précieux.

Une monture en or blanc Orlanium® est une bonne assurance contre le ternissement de la teinte de votre bague.

Comment les entretenir ?

Attention, certains produits sont nocifs pour vos bijoux : produits ménagers, soins pour cheveux (comme la laque !), maquillage, dissolvants… Mais il est très simple d'en prendre soin. Régulièrement, nettoyez-les avec une brosse à dents à poils souples et un peu d'eau chaude savonneuse. Vous pouvez également demander à votre bijoutier de s'en charger tous les trois ou quatre ans. Souvent ce nettoyage se fait à base de vapeur.

Comment présente-t-on les alliances le jour J ?

Ce symbole de l'union éternelle de vos deux cœurs pourra être présenté sur un coussinet, dans un joli panier, dans une coupe à champagne, dans un nénuphar… Ou tout simplement sorti de la poche de vos témoins !

La porte-t-on forcément à l'annulaire de la main gauche ?

Traditionnellement oui. Mais selon les religions (juive et orthodoxe), elle se porte à la main droite. Dans les pays anglo-saxons, il n'est pas rare de la voir autour d'une chaîne, portée autour du cou, tel un pendentif.

Je souhaite choisir un anneau plus original qu'une simple alliance…

Vous pouvez choisir la bague traditionnelle celte : la *claddagh ring*. Souvent en argent et parfois en or, elle représente un cœur (symbole de l'amour) entouré de deux mains (symboles de l'amitié) et surmonté d'une couronne (symbole de la loyauté). Cette bague est un bon indicateur du statut de la jeune femme.

Portée à la main droite, la couronne pointée vers l'intérieur et le cœur vers l'extérieur : vous êtes célibataire.

Portée à la main droite, la couronne pointée vers l'extérieur et le cœur vers l'intérieur : vous êtes fiancée.

Portée à la main gauche, le cœur vers l'intérieur et la couronne vers l'extérieur : vous êtes mariée.

CARNET D'ADRESSES

LA BAGUE DE FIANÇAILLES

Les grands noms

Boucheron
26, place Vendôme, 75001.
01 42 61 58 16
www.boucheron.com

Chaumet
12, place Vendôme, 75008 Paris.
www.chaumet.com
Liste des dépositaires Chaumet : 01 44 77 26 26

Cartier
23, place Vendôme, 75001 Paris.
01 44 55 32 20
www.cartier.com
Liste des autres points de vente en France : 01 42 18 43 83

Des créations sur mesure

Frédéric Lardon
Un joaillier créateur qui façonne de belles bagues de fiançailles en pièces uniques. Grand choix de pierres naturelles de couleur. Sur rendez-vous.
01 44 53 91 77
www.flcreation.com

Antoine Chapoutot
Ce créateur se distingue des autres grâce à un concept évolutif du bijou. Les bagues réalisées sur mesure sont modifiées au fil du temps, au gré des envies de la cliente. Sur rendez-vous.
76, rue de Seine, 75006 Paris.
01 75 50 54 81
www.chapoutot.fr

Murial
Muriel Thévenet réalise sur mesure vos bagues de fiançailles et alliances. La créatrice travaille en duo avec ses clients et les incite à suivre toutes les étapes de la fabrication. Elle travaille sans intermédiaire, ce qui vous assure des prix attractifs.
6, rue Servient, 69003 Lyon.
04 72 61 98 51
www.murial.fr

Rouxel Frères
Ces jeunes créateurs dynamiques sauront dénicher la pierre de vos rêves

et trouver une idée de monture qui correspond à votre style.
66, avenue de Breteuil, 75007 Paris.
01 47 83 68 05
www.rouxelfreres.fr

Les petits prix

Le Manège à Bijoux, E. Leclerc
Sur les 2 000 références que compte la collection, 10 % sont consacrés aux modèles de mariage. Les bijoux classiques ou de tradition côtoient les modèles tendance ou de création.
www.lemanegeabijoux.com

Carrefour
La grande surface réserve de belles surprises sur ses comptoirs bijoux. Un lieu à ne pas négliger pour les petits budgets.
Liste des points de vente : www.carrefour.fr

Ponce'Or
Une belle collection d'alliances et de bagues de fiançailles pour tous les goûts et à des prix abordables.
Liste des points de vente : 0800 880 860
www.ponce-or.com

LES BONS PLANS

Les bijoux d'occasion

Société Audéon et Durand
De la création à la reproduction de bijoux anciens, vous trouverez certainement votre bonheur dans cet atelier. Vaste choix de bijoux et de diamants d'occasion.
11, rue de Copernic, 44000 Nantes.
02 40 69 55 19
www.audeon-durand.fr

Cresus
Les plus grands noms de la haute joaillerie se croisent dans cette boutique réelle et *on-line*. Les bijoux sont d'occasion et en très bon état. Vous pouvez faire de belles affaires. Boutiques à Lyon, Paris, Cannes, Aix-en-Provence et au Luxembourg.
29, rue Gasparin, 69002 Lyon.
04 72 32 20 00
www.cresus.fr

Le bon coin
Un site désormais incontournable pour acheter à des prix très attractifs des objets neufs ou d'occasion. De bons deals à portée de clics.
www.leboncoin.fr

Les ventes aux enchères

Partout en France
Renseignez-vous auprès de l'hôtel des ventes de votre ville, vous serez surpris des affaires qu'on peut y faire, en toute quiétude : le commissaire-priseur engage sa responsabilité sur ce qu'il vend pendant dix ans !
Liste complète des sociétés de ventes aux enchères :
www.conseildesventes.com

Ebay
Ce site de courtage présente des montres de grandes marques ainsi que de magnifiques bagues d'occasion ou de grands joailliers à des prix très intéressants... Attention, méfiez-vous des copies ! Ces enchères n'ont pas la garantie d'authenticité !
www.ebay.fr

L'ALLIANCE

La Maison de l'alliance
Comme son nom l'indique, elle a fait de l'anneau de mariage sa spécialité. Or, platine, sertie de diamants ou de pierres précieuses avec ou sans gravure, vous trouverez forcément la bague qui vous correspond. Promotions régulières.
104, boulevard Haussmann, 75008 Paris.
01 45 22 60 54
www.maisondelalliance.com

Jean-Marc Garel
L'amour du diamant est ce qui porte Jean-Marc Garel depuis plusieurs années. Le créateur réalise des alliances serties de pierres précieuses. Sa touche personnelle : concevoir des lignes modernes qu'il confronte à la noblesse du diamant. Un pari gagnant pour ce créatif qui jongle avec les codes de la haute joaillerie.
17, rue de la Paix, 75002 Paris.
01 42 61 40 04
www.garel.fr

Atelier du soleil fou et de la lune amoureuse
Pour tous ceux qui souhaitent un anneau hors du commun, digne de leur amour. L'artiste s'est spécialisé dans la création d'alliances originales sculptées dans des matériaux insolites (cuir, bois, textiles...).
Lieu-dit de la magie ordinaire
Au bout du chemin des sages
09350 Daumazan-sur-Arize.
05 61 67 10 79
www.soleilfou.com

Maty
Des alliances à prix tout doux que vous choisirez simples ou pavées de diamants. Si vous avez un modèle en tête, remettez vos désirs dans les mains de l'atelier de création. Les stylistes interprèteront vos souhaits à la perfection.
Liste des points de vente : 0892 892 500
www.maty.com

CHAPITRE 3

FORMALITÉS

L'organisation d'un mariage ressemble beaucoup à une partie de Monopoly. Certaines cases sont inévitables, notamment celle des formalités. Loin d'être la plus joyeuse et la plus glamour, elle peut pourtant être traversée avec plus de sérénité que vous ne l'imaginez. Il suffit d'être discipliné, efficace et surtout de savoir gérer son temps. N'hésitez pas à faire une liste des choses auxquelles vous devez penser et cochez les cases au fur et à mesure de leur exécution. Vous verrez, c'est un réel soulagement ! Alors, inspirez, expirez, suivez pas à pas les différentes étapes et, vous verrez, tout se passera bien…

La paperasse

J-4 mois

• Le mariage civil

C'est le seul mariage que la loi française reconnaît. Il précède toujours le mariage religieux. Certaines formalités sont à remplir. Elles ont toutes leur importance. Suivez ce récapitulatif et respectez scrupuleusement les différents délais.

• Les conditions pour se marier

Avant de convoler en juste noce, vérifiez que vous pouvez légalement le faire ! Confrontez vos convictions à ce petit quiz. Vous risquez d'être étonnée…

Seules les personnes de nationalité française peuvent se marier en France.

Faux. La loi reconnaît aux Français comme aux étrangers le droit de se marier sur le sol français.

L'âge légal pour se marier est le même pour l'homme et la femme ?

Vrai. Depuis la loi du 5 avril 2006, l'âge légal du mariage des femmes a été aligné sur celui des hommes. Ce n'est donc qu'à compter de 18 ans qu'une femme sera libre de se marier. Une exception est prévue en cas de grossesse.

Dans ce cas, le couple doit s'adresser au procureur de la République et lui remettre un certificat de grossesse. Les mineurs peuvent aussi déroger à cette règle. Le consentement d'un seul de leur parent suffit.

Le mariage forcé est illégal.

Vrai. Les deux futurs époux doivent s'engager en toute liberté. Ils échangent un consentement libre et éclairé. Ce qui exclut tout mensonge ou pression.

Le mariage entre personnes du même sexe est autorisé.

Vrai. La loi du 17 mai 2013 ouvre le mariage aux couples du même sexe. Le premier mariage homosexuel a été célébré en France le mercredi 29 mai 2013, à Montpellier.

On peut se marier avec un parent proche.

Faux. Pour des raisons que l'on n'a pas besoin de rappeler, il est interdit de se marier entre parents et enfants (naturels ou adoptifs), entre frères et sœurs, avec le conjoint d'un descendant si ce dernier est en vie. Des dispenses peuvent être accordées aux frères et sœurs adoptifs et pour les mariages avec un oncle, une tante, un neveu ou une nièce.

REPÈRES

Le saviez-vous ?

Depuis 2005, il est possible de se remarier dès que la procédure du divorce est terminée. Il faut simplement attendre la transcription du jugement dans les registres de l'état civil.

• Quand doit-on annuler le mariage ?

- Quand l'une des personnes ne dispose pas de toutes ses facultés mentales et n'a donc pu donner un consentement libre.
- Quand l'homme ou la femme est bigame.
- Quand le mariage est blanc et qu'il n'existe pas de lien affectif entre les deux personnes.

• Obligations et avantages du mariage

Si le mariage est un droit, il s'assortit aussi d'obligations. Aux yeux de la loi, vous avez certains devoirs à respecter. Mais rassurez-vous, rien d'extraordinaire, que des choses qui tombent sous le sens quand on est amoureux. Et pour rétablir l'équilibre, sachez que le mariage apporte aussi son lot d'avantages. Petit tableau récapitulatif de vos privilèges et de vos obligations.

OBLIGATIONS	AVANTAGES
Les époux se doivent mutuellement fidélité. Ils s'engagent à apporter assistance et secours à l'autre. Sur le plan financier, c'est la participation de chacun aux frais du ménage en fonction de ses moyens. Et sur le plan moral, c'est un soutien affectif. Les époux ont un devoir de cohabitation et de vie commune. Ils doivent partager une certaine intimité, matérielle comme physique. Quel que soit le contrat de mariage, les dettes relatives aux dépenses courantes sont communes (entendre par là les dettes nécessaires au fonctionnement du ménage). Une fois mariés, les époux forment un seul et même foyer fiscal et sont co-responsables du paiement de l'impôt.	Le fisc s'est longtemps montré généreux avec les jeunes mariés en leur permettant de faire trois déclarations (deux individuelles et une commune à compter de la date du mariage jusqu'à la fin de l'année). Ce montage leur permettait d'obtenir des abattements intéressants, surtout en se mariant au milieu de l'année. Depuis la loi de finance de 2011, la situation est moins favorable. Les couples doivent faire une déclaration commune pour l'ensemble de leurs revenus. Cependant, ils pourront opter pour deux déclarations distinctes. Une solution intéressante s'ils bénéficient de réductions d'impôt plafonnées. Les entreprises accordent souvent des avantages aux futurs époux (primes ou autres). Renseignez-vous auprès du service du personnel pour les connaître. Certaines conventions collectives prévoient plus de 4 jours de congés pour le mariage. Vous pouvez aussi, si vous bénéficiez de l'intéressement ou de la participation, les débloquer tout ou partie.

• Le dossier de mariage

Vous ne pourrez pas y échapper. Mais rassurez-vous, il a été simplifié et nécessite juste un minimum d'organisation. Le dossier se retire à la mairie où sera célébré le mariage. Sachez qu'il se déroule à la mairie du lieu de résidence de l'un ou l'autre des futurs époux, à condition qu'il y réside continuellement depuis au moins un mois. Retirez le dossier assez tôt pour choisir sans trop de contrainte la date du mariage. Consultez dès maintenant la liste des documents à fournir et vous aurez une chance d'échapper à la réflexion « Revenez plus tard, il vous manque un papier ! » :

- Un acte de naissance délivré en France depuis moins de 3 mois avant la date du mariage, et moins de 6 mois s'il a été délivré outre-mer ou dans un consulat.
- Une pièce d'identité.
- Un justificatif de domicile.
- Un certificat du notaire si le couple a conclu un contrat de mariage.

REPÈRES

Quelques démarches à connaître

Si vous êtes né à l'étranger, votre acte de naissance est délivré à Nantes par le ministère des Affaires étrangères.

Si vous êtes né dans les territoires d'outre-mer, vous devez le demander au département de naissance ou au ministère chargé des DOM-TOM.

Vous pouvez vous marier dans la mairie du lieu de votre résidence secondaire. Vous devrez justifier de votre propriété avec un avis d'impôt, une facture d'électricité ou de gaz…

Selon le bon vouloir du maire, vous pourrez vous marier dans la mairie du lieu de résidence de vos parents.

• Les cas particuliers

Un mariage est mixte quand il est contracté entre un Français et un étranger. Les formalités à accomplir sont les mêmes mais certaines pièces doivent être rajoutées. Elles dépendent du pays de provenance. En général, on demande au futur conjoint étranger de produire un acte de naissance accompagné de sa traduction, un certificat de célibat, un certificat de coutume ou de capacité matrimoniale. Cet acte reproduit les dispositions de la loi étrangère relative au mariage auquel est soumis le futur époux. Tous ces documents sont délivrés par le consulat.

Pour le mariage entre étrangers, les papiers à fournir dépendront du pays d'origine. Les étrangers restent soumis à la loi de leur pays. Certains actes devront être authentifiés par leur ambassade ou consulat.

Les veufs doivent produire l'acte de décès de leur conjoint.

Les divorcés présenteront une copie de l'acte de mariage faisant mention du divorce.

Les militaires, depuis la loi du 24 mars 2005, peuvent, sans autorisation, se marier librement avec un conjoint étranger. À l'exception des militaires de la légion étrangère qui doivent continuer à demander une autorisation. Ils devront compléter leur dossier de mariage avec cet acte.

• La publication des bans

Elle se fait automatiquement par la mairie après l'ouverture du dossier. Elle a pour but de faire connaître à autrui le projet de mariage et de permettre à toute personne qui souhaite s'y opposer de s'exprimer. Les bans sont publiés pendant dix jours, dans les deux mairies si les futurs époux ont des résidences différentes. Passé ce délai, s'il n'y a aucun squelette dans vos placards, vous pourrez librement vous marier.

• L'audition commune

En cas de doute sérieux sur la véritable intention des futurs époux, l'officier d'état civil peut demander à les entendre, ensemble ou séparément. Il fera part de ses conclusions au Procureur de la République qui décidera d'autoriser ou non le mariage.

ON RÉCAPITULE	
3 à 4 mois...	avant la date du mariage, on retire le dossier à la mairie où se déroulera la cérémonie.
2 mois...	avant la date du mariage, des pièces spécifiques pour les personnes de nationalité étrangère peuvent être demandées. Se renseigner auprès de sa mairie ou de son consulat.
15 jours...	avant l'ouverture du dossier[1], on demande un acte de naissance. Prévoyez plus de temps si vous devez faire des démarches à l'étranger, en outre-mer ou auprès des consulats.
15 jours...	avant le mariage, on communique à la mairie la liste de ses témoins avec leurs noms et prénoms, leurs adresses et leur profession. Ce délai varie en fonction des mairies. Renseignez-vous auprès de la vôtre.

Les contrats de mariage

J-4 mois

Il y a des sujets qui fâchent et qu'on cherche à éviter à tout prix. Mais ici point de tabou ! Mieux vaut partir du principe qu'une mariée avertie en vaut deux. Et attention, qui dit « contrat de mariage » ne dit pas forcément « divorce ». On parle de protection de soi, de son époux, de son couple et de sa famille. Bref, on pense à l'avenir.

• Ce qu'il faut savoir

- Un contrat de mariage concerne l'ensemble des règles juridiques applicables aux époux et à leurs biens : comptes bancaires, meubles, appartement ou maison, fonds de commerce...
- Il n'est pas obligatoire de signer un contrat de mariage. Dans ce cas, votre mariage sera automatiquement régi par le régime de « la communauté réduite aux acquêts ».
- Vous êtes libre de choisir votre notaire.

1 Entendre par « ouverture du dossier », la remise complète du dossier avec toutes ses pièces.

- Tout passage chez le notaire est tarifé. Les frais et émoluments pour la signature d'un contrat de mariage varient entre 300 et 400 €.
- Aucun contrat n'est figé et des aménagements peuvent lui être apportés.
- Il est possible de changer de contrat de mariage ou d'en faire établir un plus tard mais sous certaines conditions :
  - deux ans ont dû s'écouler depuis votre mariage ou la signature du précédent régime ;
  - ce changement ne doit pas être fait au détriment de la famille, ne doit pas constituer une fraude aux droits de tiers et de créanciers ;
  - cette décision revient au Tribunal de Grande Instance ;
  - ce changement engendre des frais et des honoraires. La consultation d'un notaire et d'un avocat est incontournable.
- La procédure de changement peut être longue. C'est pourquoi il est nécessaire de bien choisir son régime avant son mariage.
- Il existe un contrat adapté aux besoins de chacun. Il est nécessaire de se renseigner auprès d'un notaire. Vous pouvez également vous procurer une brochure très claire et détaillée auprès du Conseil Supérieur du Notariat (3,50 €).
- Prévoir un rendez-vous suffisamment tôt chez son notaire. Parfois un inventaire des biens de chacun doit être établi, ce qui prend du temps.
- Afin de choisir le contrat le mieux adapté à votre ménage, vous devez prendre en compte la fortune personnelle et les biens de chacun, les éventuels enfants nés d'une précédente union, vos âges, les professions et les projets professionnels de chacun.
- Quel que soit le contrat choisi, la donation est possible entre époux.

• Un contrat pour tous et gratuit : la communauté réduite aux acquêts

Depuis le 1er février 1966, c'est le régime légal sous lequel sont mariées toutes les personnes françaises n'ayant pas signé de contrat chez le notaire. Il est donc gratuit et automatique. Aucun document écrit ne vous sera remis. Les différents articles se trouvent dans le Code civil.

Ce qu'il implique :

- Les biens (meubles, immobiliers ou fruits d'une activité professionnelle) acquis par les époux, au cours de leur union qu'ils aient été payés par Madame ou par Monsieur sont communs.
- Les biens acquis avant le mariage ou reçus par donation ou lors d'une succession (avant ou pendant l'union) ne rentrent pas dans la communauté.
- En cas de divorce ou de décès, les biens dits communs sont partagés pour moitié. Les autres demeurent personnels.

- En cas de dettes contractées par l'un des conjoints, même dans le cadre de son activité professionnelle, l'autre est solidaire.

Ce contrat n'est pas figé et certains aménagements peuvent lui être apportés. Mais pour cela, il faudra passer par la case notaire.

• Les contrats devant notaire

La séparation de biens

C'est un régime matrimonial très clair et qui implique une indépendance totale. Chaque époux est propriétaire de ce qu'il possédait avant le mariage et de ce qu'il acquiert pendant le mariage et peut en disposer comme il le souhaite sans avoir à consulter l'autre.

Le logement familial ne pourra être vendu sans l'accord des deux époux, qu'il appartienne ou non à l'un des deux.

Les biens achetés en commun appartiennent logiquement aux deux ou en proportion, selon l'apport de chacun.

Les époux ne sont pas solidaires des dettes de l'autre (sauf arriérés fiscaux et ménagers).

En cas de divorce, chacun récupère ses biens sans partage. Sauf pour les biens achetés en commun. Dans ce cas, ils seront divisés selon l'apport de chacun. Si l'appartenance d'un bien ne pouvait être prouvée, il serait partagé à 50 %.

En cas de décès, les héritiers reçoivent les biens propres du défunt. Le survivant ne récupère que ses biens propres, son apport dans les biens communs et 50 % de ceux dont l'appartenance n'a pu être prouvée.

La participation aux acquêts

Ce régime mixte est assez peu choisi en France et pourtant privilégié dans de nombreux pays nordiques. Il associe les avantages de la séparation de biens et ceux de la communauté.

Tout au long de l'union, ce contrat fonctionne comme celui de la séparation de biens : chacun dispose comme il l'entend de ses biens, acquis, reçus en donation ou en héritage avant ou pendant le mariage.

En cas de divorce ou de décès, il se transforme en régime communautaire. C'est-à-dire que chaque époux est en droit de réclamer la moitié de l'enrichissement de l'autre lors du mariage. En revanche, les biens acquis ou apportés avant le mariage restent personnels.

La communauté universelle

Avant 1966, il était le régime qui s'appliquait automatiquement aux unions contractées en France. Aujourd'hui, sa signature nécessite un passage chez le notaire. Sa mansuétude peut déstabiliser les plus pragmatiques d'entre nous, mais peut également ravir les plus romantiques...

Tous les biens des époux sont mis en commun. Qu'ils aient été acquis, reçus en donation ou en héritage, avant ou pendant le mariage. Cela signifie aussi que les époux sont solidaires des dettes contractées par l'autre.

En cas de divorce, les biens seront équitablement partagés : moitié-moitié.

En cas de décès et à condition d'avoir fait inscrire la clause « d'attribution intégrale de la communauté au survivant », le survivant aura le droit de conserver tout le patrimoine du couple, sans verser de droits de succession.

• Changer de nom

Légalement, une femme garde toujours son nom de jeune fille. Prendre le nom de son époux relève donc d'un choix et non d'une obligation. Si vous en décidez ainsi, il s'agira d'un nom d'usage.

Vous pouvez également choisir d'accoler votre patronyme à celui de votre époux. Attention, si vous avez déjà un nom composé, cela peut se transformer en patronyme à tiroirs...

Dans les deux cas, n'oubliez pas de prévenir les différentes administrations.

REPÈRES

Le saviez-vous ?

Depuis janvier 2005, la loi du 4 mars 2002 est applicable. Elle permet aux enfants de porter le nom de leur père ou celui de leur mère ou les deux accolés. Attention ! Le premier enfant donne le ton. Les enfants suivants devront porter le même nom que le premier.

Les témoins

J-4 mois

Le choix peut s'avérer évident ou délicat. Attention, il ne s'agit pas seulement de faire plaisir, il s'agit surtout de nommer des personnes en qui vous avez confiance, qui vous connaissent et dans l'idéal qui ont suivi votre histoire avec l'élu de votre cœur. Comme son nom l'indique, le témoin témoigne de votre amour, de votre loyauté.

• Les conditions pour être témoin

Chacun des futurs époux a droit à deux témoins maximum. Les personnes choisies doivent être majeures, elles ne sont pas obligées d'avoir un lien de parenté avec vous. Elles fourniront une photocopie de leur carte d'identité et donneront tout renseignement nécessaire à l'élaboration du dossier (nom, prénoms, date et lieu de naissance, adresse et profession).

Si vous n'étiez pas dans la possibilité de présenter deux témoins personnels, le personnel de la mairie pourrait faire office de témoins.

• Le rôle des témoins

Ils sont passés par là

« Nous sommes tous les deux de parfaits jumeaux. L'un de nous était témoin à l'église et l'autre à la mairie. Manque de chance, Christophe, qui devait être témoin civil a raté son avion et n'a pas pu arriver à l'heure à la mairie. J'ai pris sa place sans aucun problème ! Les officiels n'y ont vu que du feu et les mariés étaient soulagés de ne pas avoir à retarder leur cérémonie ! »

Philippe et Christophe

Les futurs témoins ne devront pas se contenter de porter une jolie robe ou un beau costume et de faire risette au premier rang des photos :

- ils témoignent de la sincérité de l'union des deux futurs époux ;
- ils signent le registre après l'échange des consentements.

Ils doivent s'attendre à remplir un rôle plus actif dans l'organisation du mariage : conserver les alliances avant le jour J, mettre en place l'enterrement de vie de célibataire, faire un discours...

FOCUS

Enterrer sa vie de célibataire

C'est avant tout une fête qui clôt la vie de célibataire des mariés (chacun le célèbre de son côté), une soirée pleine de surprises orchestrée par les témoins et les meilleurs amis. C'est aussi l'occasion pour les futurs mariés de réaliser leurs vieux rêves ou bien tout simplement de répondre à leurs plaisirs habituels.

Ce n'est surtout pas :

– Un bizutage. Vous devez passer un moment agréable. Inutile de vous laisser imposer des épreuves que vous n'appréciez pas. Attention donc aux déguisements et aux gages qui peuvent être mal vécus.

.../...

…/…
- Une beuverie. On associe souvent l'enterrement de vie de célibataire à une consommation effrénée d'alcool. Aucune règle ne l'impose. À vous de fixer vos limites. Un conseil : évitez cette soirée la veille du mariage. En plus du stress, vous n'aurez pas à gérer une gueule de bois.
- La « débauche ». Une idée tenace voudrait qu'on se fasse plaisir avec un nouveau partenaire avant de jurer fidélité à son conjoint. Ce serait une sorte de lot de consolation. Est-ce bien nécessaire ? À vous d'en juger !

Quelques idées en vrac : une séance de hammam entre copines suivi d'un repas gastronomique marocain, un voyage surprise dans un pays que vous aimez, un baptême de saut à l'élastique, un tour en montgolfière, une balade en limousine dans la ville…

(Voir le chapitre 6 « L'enterrement de vie de célibataire ».)

La cérémonie civile

Jour J ou pas forcément !

• Petit aide-mémoire aussi expéditif que la célébration !

Elle est très rapide et ne dure qu'une quinzaine de minutes.

Les invités, déjà installés, attendent l'arrivée des deux futurs époux.

Ils s'installent face à l'officier civil, qui porte l'écharpe tricolore, et sont dos à l'assemblée. La mariée est à gauche du marié. Leurs témoins sont de chaque côté mais un peu en retrait.

L'officier (le maire de la commune mais de plus en plus souvent l'adjoint au maire dans les grandes villes) fait un petit discours de bienvenue. Il décline ensuite l'identité des deux futurs époux avant de leur rappeler leurs devoirs mutuels. Il énumère ainsi les différents articles du Code civil.

Il leur demande si un contrat de mariage a été signé. Si oui, il se contente de préciser le type de contrat.

Il invite alors les futurs mariés à se lever et procède à l'échange de consentement. Après avoir entendu bien distinctement le « oui » des deux amoureux, il prononce la fameuse phrase tant attendue : « Au nom de la Loi, je vous déclare mari et femme. »

Ouf ! Les invités peuvent se lâcher et enfin applaudir les nouveaux mariés !

Si vous avez choisi de ne vous marier que civilement, vous échangerez vos alliances à ce moment-là.

L'officier vous remettra le Livret de famille, que vous conserverez toute votre vie, et pourra conclure par un discours. On ne vous remettra pas d'acte de mariage à moins que vous n'en fassiez la demande.

Les témoins, dont l'état civil sera aussi décliné, signent le registre.

On l'oublie souvent, mais une collecte peut être organisée à la fin de la cérémonie. À moins que les époux aient précisé au préalable le nom de l'organisation auquel les fonds récoltés étaient destinés, ils serviront aux œuvres de la commune.

Le détail qui peut faire sourire, mais on ne sait jamais... La porte de la salle reste ouverte tout au long de la célébration. Cela permet ainsi à quiconque (de bien informé !) de faire opposition à cette union. Sachez aussi que n'importe qui peut assister à la cérémonie. Par définition, la mairie est un lieu public.

• Personnaliser la cérémonie civile

Le passage à la mairie, qu'il soit votre unique cérémonie de mariage ou non, se doit d'être mémorable. Ne vous laissez pas impressionner par les ors de la République et apportez votre petite touche personnelle. Les officiels seront ravis et cela les changera des mariages anonymes célébrés à la file.

Renseignez-vous : d'autres mariages sont-ils prévus le même jour que le vôtre ? Prévenez vos invités afin qu'ils ne soient pas en retard et qu'ils ne vous obligent pas à hâter le pas.

Préférez peut-être le vendredi au samedi. Vous aurez ainsi davantage de temps pour profiter de ce moment sans croiser d'autres robes blanches dans les couloirs de la mairie !

Au moment de rencontrer l'officier civil qui célèbrera votre union, n'hésitez pas à lui parler de votre vie, de votre rencontre et de vos voyages. Demandez-lui ou confiez-lui un petit texte qu'il pourra ainsi lire le jour J.

« *Ils sont passés par là*

« Nous avons pris le temps de rencontrer longuement l'adjointe au maire avant la cérémonie civile. Nous lui avons raconté nos voyages, nos voies parallèles (même lycée, même ville, même école de commerce) sans jamais nous croiser. Jusqu'au jour où nous nous sommes enfin retrouvés à New York. Luc était allé effectuer un stage dans la société où je travaillais ! L'officier civil a ainsi pu faire un petit discours dans ce sens. Pour entrer dans la salle, nous avions choisi une musique originale d'Elvis Presley : *It's now or never* (Maintenant ou jamais). L'assemblée a éclaté de rire et l'officier civil aussi. »

KARINE ET LUC »

Repérez les lieux pour indiquer au photographe les meilleurs angles de prise de vue.

Sélectionnez et apportez sur le support adéquat vos musiques préférées pour l'entrée et la sortie de la cérémonie. Vous devrez peut-être apporter le matériel. Il est également possible de faire venir des musiciens, des chanteurs... Mais n'oubliez pas de demander l'accord au personnel de la mairie !

Pensez à apporter des fleurs, des guirlandes ou autres ornements de décoration pour les disposer dans la salle.

Organisez l'entrée du cortège : les invités suivent les deux futurs époux ou les invités sont déjà installés, le marié entre au bras de sa maman, puis la mariée au bras de son papa. Les enfants d'honneur peuvent aussi vous précéder ou vous suivre.

Pour la sortie, prévoyez un lancer de pétales, de ballons avec des messages ou de deux pigeons voyageurs ! Quel que soit votre choix, demandez l'autorisation à la mairie et demandez à l'un de vos proches de balayer ensuite.

REPÈRES

Le saviez-vous ?

Il est désormais interdit de lancer du riz, indigeste pour les oiseaux. Ce n'était donc pas la fête pour eux ! Vous pouvez choisir de lancer des graines pour nos amis les bêtes. Une manière originale et écolo...

FOCUS

Pour ou contre les cérémonies civile et religieuse le même jour ?

Pour

À condition d'avoir réservé suffisamment à l'avance les deux officiants.

À condition que votre commune de résidence (pour la cérémonie civile) soit la même ou proche de celle qui accueillera votre célébration religieuse.

À condition d'avoir parfaitement chronométré les plages horaires entre la cérémonie civile - les photos - la cérémonie religieuse - les photos et le début de la réception.

Vos invités partagent ainsi toutes vos émotions en une seule journée.

L'ambiance à la mairie est meilleure... si la salle est assez grande pour recevoir tout le monde.

Cela évite d'organiser plusieurs réceptions et vous faites ainsi des économies.

Vos invités ne sont pas obligés de faire plusieurs allers-retours.

Vous ne devez pas chercher une autre tenue.

.../...

.../...

Contre

À condition d'avoir un budget assez important pour organiser deux réceptions.

C'est un véritable marathon, vous garderez l'œil en permanence sur votre montre.

Il va falloir faire preuve d'imagination pour occuper les invités entre les deux cérémonies si elles sont trop espacées.

Organiser deux journées permet de multiplier les plaisirs.

La cérémonie civile est moins émouvante que la religieuse, vous estimez pouvoir faire l'impasse sur la totalité de vos invités à la mairie.

Vous pouvez choisir deux tenues !

Le mariage religieux

J-1 an

Quelle que soit votre confession religieuse, vous avez décidé de vous marier pieusement et de placer votre union sous la protection divine. Sachez avant toute chose, qu'en France, seul le mariage civil compte et qu'un passage par la case « Mairie » est donc obligatoire avant d'imaginer une autre forme de célébration. Un officiant religieux qui célèbrerait un mariage sans l'acte de mariage civil encourt une sanction pénale.

Chaque cérémonie est différente et demande une préparation plus ou moins longue. Voici un inventaire des différents rites de mariage.

• Le mariage catholique

J-1 an

Il est l'un des sept sacrements de l'Église catholique : celui de l'union entre un homme et une femme. Il est régi par quatre fondements :

- la fidélité ;
- l'indissolubilité : « Ce que Dieu a uni, nul ne peut le séparer » (Matthieu 19,3-9 ; Marc 10,2-12). C'est un engagement pris à deux et jusqu'à ce que la mort vous sépare ;
- la liberté de s'engager en toute sincérité, sans pression ;
- la fécondité : un principe qui implique non seulement le don de la vie mais la responsabilité de faire baptiser ses enfants et de les élever dans la foi chrétienne.

Qui ? Au moins l'un des conjoints doit être catholique. Aucun des conjoints ne doit être lié par un mariage religieux antérieur valide. Les personnes divorcées ont le droit de se marier à l'église si leur première union n'avait été que civile. Les deux futurs époux doivent s'engager à respecter les quatre fondements du mariage chrétien.

Et les mariages mixtes ? Les catholiques ont le droit d'épouser des non catholiques, à condition de faire auprès de l'évêché une demande de « dispense de disparité de culte ». Ils ont le droit d'épouser des chrétiens non catholiques à condition de faire une demande auprès de l'évêché d'une « dispense de religion mixte ». Ces dispenses sont généralement accordées et la personne non baptisée ou d'une autre confession doit également s'engager à respecter les quatre principes du mariage catholique et la foi de son époux/épouse.

REPÈRES

Le saviez-vous ?

Les personnes ne souhaitant pas ou ne répondant pas aux conditions pour recevoir le sacrement du mariage peuvent également demander une messe de bénédiction (sans l'Eucharistie).

Et les témoins ? Comme pour la cérémonie civile, vous devez choisir des témoins pour la cérémonie religieuse. Ils ne sont pas forcément les mêmes qu'à la mairie. Vous avez en théorie le droit d'en choisir autant que vous le souhaitez mais sachez qu'il n'y a de la place que pour deux ou trois noms sur le registre ! Ils ne doivent pas obligatoirement être majeurs ni baptisés.

Quand ? Après le mariage civil. En France, il est possible de se marier à l'église tous les jours de la semaine. Même le dimanche ou les jours de grandes fêtes. En revanche, on ne peut pas se marier le Samedi saint. Autrefois, il était impossible de se marier au mois de mai (consacré à la Vierge Marie) ou pendant le carême. Ce n'est plus le cas aujourd'hui.

Où ? À l'église. Il est quasiment impossible de se marier selon le rite catholique à l'extérieur d'une église. On choisit généralement la paroisse la plus proche de son lieu d'habitation ou de son lieu de naissance. Il est cependant possible en rencontrant le prêtre ou le diacre de se marier dans une autre paroisse.

Comment ? Après avoir rencontré le diacre ou le prêtre, vous organiserez avec lui le choix des chants et des lectures.

Avant le jour J, vous aurez au préalable suivi une préparation au mariage.

Combien donner au prêtre ? Il est à la discrétion de chacun de remettre une enveloppe au prêtre. Prévoyez davantage si vous avez fait appel à la chorale ou à l'organiste de la paroisse.

Déroulement de la messe de mariage

Arrivée dans l'église sur de la musique ou sur des chants : généralement les fidèles sont déjà installés, le marié arrive au bras de sa maman. Enfin la mariée, conduite par son papa, traverse la nef pour rejoindre son fiancé devant l'autel.

Accueil par l'officiant : quelques mots de bienvenue sont prononcés. Vous pouvez également choisir de personnaliser votre messe en demandant au prêtre de prononcer un petit texte écrit par vos soins.

Première lecture : vous aurez choisi avec soin ce texte qui vous ressemble ou qui parle d'un sujet ou de valeurs qui vous tiennent à cœur. Il sera lu par un témoin, un parent ou par une personne à l'aise à l'oral.

Lecture du psaume ou célébration par un chant : repris par l'assemblée.

Lecture de l'Évangile par le prêtre.

Échange des consentements : point d'orgue de la cérémonie. Le prêtre reçoit devant Dieu la promesse d'amour éternel des deux époux. Ils s'acceptent devant l'assemblée en tant que mari et femme. Vous pouvez rédiger vous-mêmes vos textes, si vous le souhaitez.

Bénédiction et échange des alliances. Le prêtre déclare : « Désormais, vous êtes unis par Dieu par le sacrement du mariage. »

Prière des époux : vous l'aurez rédigée avec l'aide ou non du prêtre pendant la préparation au mariage et vous pourrez la réciter ensemble (ce qui peut nuire parfois à la compréhension du texte...). Si l'inspiration ne vient pas, utilisez les mots de la liturgie ou empruntez ceux d'un de vos auteurs préférés.

Prière universelle : faites appel à vos témoins pour qu'ils lisent vos différentes intentions (pour les personnes malades, les disparues, celles qui recherchent l'amour, celles qui souffrent de la solitude...).

Collecte et présentation des dons : demandez aux enfants d'honneur de faire passer de petits paniers décorés ou fleuris.

Prière eucharistique.

Le Notre Père est chanté ou récité par l'assemblée.

Communion sur musique ou chant doux.

Bénédiction nuptiale par le prêtre.

Signature des registres avec les témoins.

Sortie de l'église : traditionnellement, les mariés sortaient les premiers, suivis des parents (père de la mariée avec mère du marié, mère de la mariée avec père du marié), puis des convives. Mais de plus en plus souvent, l'assemblée sort avant afin de mieux accueillir les mariés sur le parvis de l'église avec un lancer de pétales de roses, de confettis, lâcher de papillons ou de colombes.

Vous risquez d'être déçus… En France, les mariés ne s'embrassent pas après l'échange des consentements et la déclaration du prêtre n'est pas non plus saluée par une salve d'applaudissements. La joie est plus contenue !

Personnaliser la cérémonie

Préparez les livrets de messe et demandez aux témoins de les distribuer sur les bancs de l'église. En dernière page, n'oubliez pas de remercier le prêtre, vos parents et vos témoins.

Si vous ne souhaitez pas entendre la Marche nuptiale, demandez à une chorale de gospel d'animer votre cérémonie.

Chargez vos témoins de placer les invités dans l'église : face à l'autel, la famille de la mariée à droite et celle du marié à gauche.

Pensez à décorer les bancs de l'église ou les chaises. Des branches de lierre ou des mini-bouquets feront très bien l'affaire.

• Le mariage protestant

J-6 mois (J-1 an dans les grandes villes)

Contrairement au mariage catholique, l'union protestante n'est pas un sacrement mais un « acte de responsabilités ». La cérémonie au temple est avant tout considérée comme une bénédiction. Une grande importance est consacrée au mariage civil ; il répond à la dimension sociale d'une union protestante. Les textes tirés de la Bible sont les fils conducteurs de cette célébration.

Qui ? Aucun acte de baptême ne vous sera demandé. Seul l'acte de mariage civil est réclamé. Une personne protestante peut épouser une personne catholique ou orthodoxe. Des cérémonies œcuméniques sont très fréquentes et il est également permis d'épouser une personne musulmane ou juive. Les personnes divorcées peuvent également se marier religieusement au temple.

Quand ? On rencontre le pasteur 3 mois avant la date de mariage (6 mois dans les grandes villes où les demandes peuvent être plus nombreuses) afin de mettre en place la préparation religieuse (quatre entretiens). Il est possible de se marier n'importe quel jour, en accord avec le pasteur.

Où ? Dans le temple ou l'église réformée de votre ville de résidence. Il est toujours possible de discuter avec le pasteur. Exceptionnellement et avec son accord, vous pouvez également choisir de vous marier à l'extérieur.

Comment ? La cérémonie est assez simple et courte (45 minutes). L'accueil se fait sur des chants religieux ou sur la musique de votre choix. Des textes bibliques sont lus et une bible est remise aux jeunes époux. L'échange des promesses des deux époux est entendu par le pasteur et l'assemblée. Les anneaux, qui ne sont pas bénis, sont passés au doigt de chacun. Le couple est ensuite placé sous la bénédiction de Dieu. La Sainte Cène peut être célébrée mais cela est de plus en plus rare. Les époux et leurs témoins signent le registre. Il leur arrive de le signer avant la cérémonie.

Combien ? C'est un service offert par le temple. Il est cependant conseillé de prévoir une petite enveloppe et évidemment de prendre à votre charge la décoration des lieux et les services de l'organiste.

• Le mariage orthodoxe

J-1 an

Les orthodoxes considèrent le mariage comme un sacrement. La cérémonie se déroule de façon très solennelle, avec faste et joie.

Qui ? Il faut être baptisé pour avoir droit au mariage orthodoxe. Par conséquent, un orthodoxe peut se marier avec un catholique ou un protestant, mais malheureusement pas avec un juif ou un musulman en l'absence de conversion. Pour se marier à l'église orthodoxe, le catholique comme le protestant devra demander à l'évêque (le plus souvent en passant par le prêtre officiant) une dispense de religion mixte ainsi qu'une dispense de forme canonique qui lui permettent de prêter serment devant un prêtre orthodoxe.

L'église orthodoxe autorise les personnes divorcées à se marier religieusement.

Quand ? Les futurs époux doivent contacter le pope suffisamment à l'avance car une préparation religieuse est nécessaire. Ils le rencontreront le nombre de fois qu'il le jugera utile (deux à trois fois en général). Lors du premier entretien, ils lui remettront leur acte de baptême et l'acte de mariage civil. Ce moment particulier permet au couple d'exprimer ses doutes, son engagement et de débattre de sa foi.

Où ? Les futurs époux choisissent l'église de leur choix.

Comment ? La célébration commence par l'office des fiançailles au fond de l'église, au cours de laquelle les époux s'échangent les alliances. Elle se poursuit avec le couronnement des jeunes mariés. Ils sont conduits près de l'autel et portent chacun un cierge allumé, reliés l'un à l'autre par un ruban. Le pope tient la couronne au-dessus de leur tête et les époux prononcent leur engagement. Après avoir bu la coupe de vin sacré, ils tournent trois fois autour du lutrin où sont disposés les évangiles.

Combien ? Traditionnellement, la famille du marié remet une somme laissée à discrétion au pope pour son église.

Symboles

Le couronnement des mariés est hautement symbolique. D'une part, c'est à ce moment précis que le pope bénit les alliances. D'autre part, le couronnement se fait en souvenir des martyrs et des témoins du Christ. Pour les mariés, la couronne symbolise leur récompense future au paradis.

Calendrier du mariage orthodoxe

Il y a des jours plus propices au mariage orthodoxe. Ainsi, il sera souvent célébré le dimanche après-midi. Sont exclus les mercredis, vendredis et les veilles de fêtes. Certaines dates doivent aussi être évitées. C'est le cas du carême et de la période entre Noël et l'Épiphanie.

• Le mariage juif

J-1 an

Le mariage juif est une célébration de l'union existant entre un mari et sa femme et elle rappelle non seulement les obligations qu'ils ont l'un envers l'autre mais aussi envers le peuple juif. Le mariage juif implique une réflexion sur les différents aspects physiques et moraux de la vie de couple : la construction matérielle, la spiritualité et la religion.

Qui ? Le *hatan* (le marié) et la *kala* (la mariée) doivent tous les deux êtres juifs. Ils le prouveront en fournissant au rabbin le certificat de mariage religieux de leurs parents (la *Ketuba*). Il est impossible de se marier à la synagogue avec un non juif ou une non juive. La conversion est toujours envisageable, mais elle demande beaucoup de temps et de motivation.

Quand ? Tous les jours de la semaine sont possibles sauf le samedi (shabbat), un jour de fête ou pendant la période de l'Omer.

Où ? À la synagogue de votre choix après avoir rencontré le rabbin.

Comment ? La veille de la célébration, la future mariée prendra un bain rituel de purification (le *Mikve*). Elle fournira un certificat au rabbin afin qu'il procède à la cérémonie. Avant, la cérémonie se déroulait en deux parties : les fiançailles et le mariage. Aujourd'hui, elles sont rassemblées en une seule journée. Le jour J : la cérémonie se déroule sous la *Houpa* (un dais nuptial). Le fiancé passe l'alliance à sa future femme et enfile lui-même la sienne. Ils partagent un verre de vin. Le rabbin lit l'acte de mariage religieux (la fameuse *Ketuba*). Il sera signé par les deux témoins et par le marié. Le rabbin récitera ensuite les sept bénédictions. Les mariés partagent une seconde coupe de vin. Pour clore la cérémonie, le marié brise de son pied droit un verre (symbole de la destruction du temple de Jérusalem et de la précarité du bonheur terrestre).

Combien ? Il revient au marié ou à sa famille de remettre une enveloppe au rabbin. La somme est laissée à discrétion.

REPÈRES

Le saviez-vous ?

Les personnes non juives peuvent participer à la cérémonie religieuse. Les hommes devront porter la kippa.

• Le mariage musulman

J-1 an

Le mariage musulman n'est pas un acte religieux mais un acte civil. C'est un contrat par lequel deux personnes vont librement échanger leurs consentements.

Qui ? Les musulmans ne peuvent se marier avec les païens. Tout homme d'une autre confession souhaitant épouser une musulmane doit se convertir à l'islam. En revanche, un homme peut se marier avec une non musulmane. Leurs enfants seront élevés selon cette religion. En cas de décès de l'époux ou de divorce, et si la mère a gardé sa confession initiale, la garde des enfants reviendra à une parente musulmane.

REPÈRES

La polygamie

L'homme musulman peut avoir jusqu'à quatre femmes. Mais pas au-delà pour ne pas dépasser le nombre de femmes épousées par le Prophète. Cependant, la première femme doit donner son accord. Lors du mariage, elle peut demander d'inscrire dans le contrat que son mari sera tenu à la monogamie.

Pour rappel, la polygamie est interdite par la loi française.

Quand ? Un mois avant la célébration, le couple rencontre l'imam et lui remet le certificat de mariage civil. Il faut préciser qu'il n'existe pas d'obligation à ce que le mariage soit célébré par un imam. Il peut l'être par tout musulman.

Où ? La cérémonie se déroule au domicile de la fiancée ou dans une mosquée. Traditionnellement, les hommes et les femmes sont séparés.

Comment ? Il y a d'abord une phase de préparation au cours de laquelle les deux familles se rencontrent pour déterminer la dot dont doit s'acquitter le fiancé. Seule une partie sera versée à la future épouse, le reste l'étant à la dissolution du mariage. Un contrat de mariage est conclu entre le fiancé (ou son représentant) et le « wali » (le tuteur) de la fiancée qui aura préalablement recueilli son consentement. Les deux hommes procèdent alors à l'échange de consentements devant deux témoins de confession musulmane, connus pour leurs bonnes mœurs.

La seconde phase est la célébration du mariage par l'imam au domicile de la fiancée ou à la mosquée, devant famille et amis. Il consacre l'union du couple en lisant des versets du Coran. Il procède à l'échange des alliances et demande aux deux futurs époux d'échanger leurs consentements. Il est coutume de dire que la femme consent quand elle rit, chante ou pleure.

Les rites de la célébration varient d'un pays à un autre. En général, on retrouve ces cinq temps : l'échange des consentements, la pose du henné, les préparatifs de la fête, le jour et le lendemain des noces. La célébration dure de trois à sept jours.

REPÈRES

La cérémonie du henné

Au Maghreb, la cérémonie du henné a lieu la veille du mariage. Tout en chantant, une femme applique le henné sur les mains et sur les pieds de la future mariée. Elle dessine avec la pâte des symboles complexes. Le henné est synonyme de fertilité et représente un souhait de bonheur conjugal. Il est aussi censé chasser le mauvais œil.

Combien ? Il est d'usage de donner une enveloppe à l'imam dont le montant reste à la discrétion des familles.

• Le mariage bouddhiste

J-1 an

Le bouddhisme qui se compose de plusieurs disciplines (Theravada, tibétaine, zen…) règle peu la question du mariage et de sa célébration. Elle relève en grande partie des coutumes des différents pays bouddhistes. Cependant, certains préceptes se dégagent de cette religion. À commencer par le fait que le mariage n'est pas un contrat mais un engagement volontaire entre deux individus.

REPÈRES

Liberté de choix

Dans le bouddhisme, il n'y a pas d'obligation morale à organiser une cérémonie religieuse après un mariage civil. Les enfants nés de cette union ne sont pas non plus obligés d'être élevés dans la foi bouddhiste. Par principe, cette religion ne s'accompagne pas d'un caractère « obligatoire ».

Qui ? Cette religion n'oppose aucune objection à ce qu'un bouddhiste se marie avec un non bouddhiste.

Quand ? Les traditions ancestrales veulent que la date du mariage soit calculée en fonction du calendrier traditionnel (thaï, lao, chinois…) pour que les mariés ainsi que leurs invités soient sous les meilleurs auspices pour fêter l'événement.

Où ? Le mariage peut être célébré dans une pagode, mais il n'y a pas d'obligation.

Comment ? Il n'y a pas de règle à proprement parler pour la cérémonie de mariage. Elle va dépendre du pays d'origine et de ses coutumes. En général, les bouddhistes demandent au lama de prononcer une bénédiction de prospérité, de longue vie et de santé. Il peut aussi rappeler au couple l'attitude attendue d'un bouddhiste envers sa femme ou son époux.

Au Tibet, par exemple, le rituel débute par le choix de la date du mariage en fonction du calendrier lunaire. La cérémonie consiste en la récitation de prières afin de recevoir les bénédictions du bouddha. Un lama bénit le couple avec de l'eau safranée, puis les mariés s'échangent de la nourriture ou de l'alcool pour se souhaiter amour, joie ou encore sagesse et connaissance. Le lama place autour de leur cou un cordon de bénédiction et leur remet une écharpe de soie en signe d'équilibre conjugal.

Combien ? Il est d'usage de rétribuer le lama en nature ou en donation.

REPÈRES

Le mariage bouddhiste sri lankais

Au Sri Lanka, les mariés doivent se tenir sur une estrade. Une fois les alliances échangées, ils se donnent mutuellement du riz au lait à manger. Puis, en descendant de l'estrade, une noix de coco est cassée pour leur souhaiter bonheur et prospérité.

La cérémonie laïque

Cette récente tendance, venue notamment des États-Unis, répond enfin au désir souvent exprimé par les fiancés d'une cérémonie personnalisée mais pas forcément religieuse et moins expéditive que le passage par la mairie (même si celui-ci reste bien évidement obligatoire !). Ils ont désormais une réponse adaptée à leurs envies.

Les + : on choisit le lieu (dans le jardin, un parc, son appartement, sur une plage, dans un chalet...), l'officiant (un professionnel ou un proche), les textes, la musique... Tout est possible ! On invente, on crée sa cérémonie de A à Z. Une cérémonie qui ressemble et rassemble.

Les - : cette célébration n'a aucune valeur légale. Il faut prévoir suffisamment de chaises et une installation particulière pour scénographier ce moment.

CARNET D'ADRESSES

LES FORMALITÉS

Pour tout savoir sur les formalités, consultez le site officiel de l'administration française :
www.service-public.fr

Dossier de mariage

Ministère des Affaires étrangères
Pour les personnes françaises qui souhaitent obtenir une copie ou un extrait d'acte pour un événement d'acte civil survenu à l'étranger (naissance, mariage, décès…), faire sa demande en ligne sur le site www.diplomatie.gouv.fr ou par courrier à l'adresse suivante :
Ministère des Affaires étrangères
Service central d'État civil
11, rue de la Maison Blanche,
44941 Nantes Cedex 09

Ministère de l'Outre-mer
Renseignements :
www.outre-mer.gouv.fr

Contrat de mariage

Conseil supérieur du Notariat
Pour commander un mémo :
60, bd de la Tour-Maubourg,
75007 Paris.
01 44 90 30 00
www.notaires.fr

LES DIFFÉRENTS MARIAGES

Mariage catholique

Fédération nationale des centres de préparation au mariage
01 45 48 26 72
www.preparation-mariage.info

Mariage protestant

Service de la pastorale conjugale et familiale
1b, quai Saint-Thomas,
67081 Strasbourg cedex.
03 88 25 90 00
www.uepal.fr

Mariage orthodoxe

Assemblée des évêques orthodoxes de France
www.aeof.fr

Mariage juif

Service des mariages du consistoire de Paris
17, rue Saint-Georges, 75009 Paris.
01 40 82 26 26
www.consistoire.org

Mariage musulman

Conseil français du culte musulman (CFCM)
10, rue de Clichy, 75009 Paris.
01 45 58 05 73
www.lecfcm.fr

Mariage bouddhiste

Union bouddhiste de France (UBF)
Grande Pagode, Route de la Ceinture du Lac Daumesnil, 75012 Paris.
06 19 14 25 52
www.bouddhisme-france.org

Cérémonies laïques

Pour en savoir plus :
www.the-ceremonie.com
www.lelab-oui2.com

LES CÉLÉBRANTS EN EXTÉRIEUR

Vous rêvez d'une cérémonie non religieuse mais avec une forte charge symbolique et pratiquée dans le lieu de votre choix : dans une forêt, un parc, au bord de la plage ? Bref, une célébration comme dans les films anglo-saxons ? Il existe une société britannique qui envoie un officiant bilingue dans toute la France. Pour en savoir plus :
www.celebrantsinfrance.co.uk

CHAPITRE 4

BUDGET

Vivre d'amour et d'eau fraîche ? C'est joli sur le papier, mais quand les factures vont arriver, vous allez rapidement déchanter. Avant de vous lancer dans des dépenses inconsidérées, réfléchissez à la somme dont vous disposez pour l'organisation de votre mariage et distribuez-la aux postes de dépenses qui vous semblent importants. Sachez aussi que généralement, le budget initial est rarement respecté. Prévoyez une marge de 15 %. Vous voilà prévenus ! Tous les mariés n'ont pas les mêmes goûts, les mêmes priorités et encore moins le même portefeuille... Alors n'oubliez pas ce conseil ô combien paradoxal : faites-vous plaisir en restant raisonnables !

Gérer son budget

J-1 an

• Simulation de budget

Une calculatrice, un stylo et une feuille de papier. Voici vos armes pour un budget de mariage béton. Inspirez-vous de cette simulation et vérifiez que votre budget couvre bien tous les postes de dépenses. Les divisions, soustractions et autres opérations vous aideront à trouver le parfait équilibre.

POSTES	COÛT	TOTAL
Alliances		
Cérémonie		
Civile : le contrat de mariage		

.../...

…/…

Religieuse : le don à l'officiant, les livrets de messe		
Sous-total		
Wedding planner (facultatif) 1500 - 3000		
Réception		
La salle		
La location de matériel (chaise, table, tente, vaisselle…)		
Le traiteur		
Les serveurs		
Les boissons		
Sous-total		
Faire-part		
Cartons		
Enveloppes		
Timbres		
Sous-total		
Décoration		
Bouquet de la mariée		
Fleurs du cortège		
À la mairie		
À l'église		
Dans la salle (centre de table, buffets…)		
Décoration de la voiture		
Sous-total		
Animation		
Musique (DJ ou orchestre)		
Sortie de mairie		
À l'église		
Vin d'honneur		

…/…

Photographe (prestation)		
Tirage photo		
Vidéaste		
Divers (clown, troupe de rue, magicien, danseurs…)		
Baby-sitter		
Sous-total		
La salle		
Bougies (fleuriste)		
Guirlandes		
Divers		
Sous-total		
Invités		
Cadeaux des témoins		
Cadeaux des autres invités		
Logement et frais de transport (facultatif)		
Repas du lendemain de mariage		
Cartes de remerciement		
Sous-total		
Tenues et beauté pour la mariée		
Tenue civile		
Robe de mariée 600 2500		
Accessoires (voile, gants, sac, chapeau, chaussures)		
Maquillage		
Coiffure		
Divers		
Tenues et beauté pour le marié		
Tenue civile		
Costume de marié		

…/…

…/…

Accessoires		
Coiffure		
Divers		
Tenues du cortège		
Tenues de filles		
Tenues de garçons		
Accessoires		
Sous-total		
Lune de miel		
Nuit de noces		
Voyage de noces		
Sous-total		
TOTAL		

• Coût moyen d'un mariage

Les chiffres suivants sont à prendre avec des gants (de mariée) ! Ils sont une moyenne nationale. Les prix varient selon les formules, les marques, les lieux choisis et l'importance accordée par les mariés à chaque poste de dépense. Certains préfèrent acheter une robe de mariée d'occasion pour payer davantage le traiteur. Et vice versa !

QUELQUES CHIFFRES	
Budget moyen d'un mariage en France pour 100 personnes	12 000 €
Budget moyen pour le traiteur et pour 100 couverts	4 200 €
Budget moyen pour la robe de mariée	1 000 € – 2000
Budget moyen pour la location de la salle de réception	2 200 €
Budget moyen pour 2 alliances	600 €
Coût moyen par personne pour le faire-part	3 €

L'argent ne pousse pas sur les arbres… Quoique !

Pris dans le tourbillon des préparatifs, vous risquez de perdre la notion des réalités. Certains restent très raisonnables et ne dépassent pas d'un centime d'euro le budget prévu. D'autres ont la folie des grandeurs et rien ne peut les arrêter ! Alors cigale ou fourmi, quelques pistes pour vous aider… On vous laisse le soin de juger le bon goût de certaines d'entre elles…

• SOS ma banque…

Certains établissements bancaires ou spécialisés en crédits proposent des prêts aux jeunes couples qui souhaitent emprunter pour organiser une fête somptueuse. Avant de signer, réfléchissez bien aux mensualités que vous vous engagez à rembourser. Le gros chèque remis en mains propres peut être tentant, mais n'oubliez pas que cette somme sera dépensée pour une journée et les remboursements, eux, sont à prévoir parfois sur plusieurs années !

• SOS sponsors

La dernière tendance outre-Atlantique commence à atteindre nos amis d'outre-Manche. L'idée consiste à faire parrainer sa réception de mariage par des marques ! Tel pâtissier offre la pièce montée en échange d'une mention avec logo sur le menu, telle créatrice habille gratuitement Madame contre son nom mentionné sur le carton d'invitation… Le mariage est un business comme un autre. Certains glisseront leur prospectus ou leur carte de visite sur les tables ; d'autres insisteront pour que les mariés les remercient oralement lors d'un discours ! Certaines marques demandent aux mariés qui ont créé un site Internet d'ajouter un lien sur leur marque !

Chacun y trouve son compte : les mariés dépensent moins et les petits prestataires au budget communication limité y voient un bon moyen de se faire de la publicité.

Romantisme quand tu nous tiens… Si vous n'avez pas froid aux yeux, vous pouvez toujours tenter votre chance !

• SOS mes invités !

Une réception avec participation. Cela vous rappellera vos soirées de jeunesse. Vous voulez organiser une fête digne des Guetta et vous avez le budget d'un étudiant fauché ? Qu'à cela ne tienne ! Faites un devis de votre soirée et divisez-le par le nombre d'invités. Indiquez ce montant sur votre carton d'invitation et demandez-leur de vous régler avant une certaine date afin de tout mettre en place avant le jour J. Attention, vous n'aurez pas droit à l'erreur.

La classe ? Pas vraiment ! Mais un moyen économique pour un mariage de rêves…

• SOS l'enveloppe

Plus subtile et tout aussi efficace que les autres solutions précédemment mentionnées : la petite enveloppe ! Vous n'avez pas déposé de liste de mariage, mais vous avez fait comprendre à vos invités qu'un cadeau sous forme de chèque vous ferait plaisir. Ainsi, vous avancez l'argent pour la réception, mais vous le récupérez grâce aux nombreuses cartes de félicitations...

(Voir aussi le chapitre 13 « Liste de mariage ».)

• Qui paie quoi ?

Qu'il coule à flot ou non, l'argent du mariage est une question délicate. Autrefois, elle était réglée de façon assez radicale. C'était à la famille de la mariée d'assumer tous les frais du mariage. Pas de panique, les temps ont bien changé. On ne vous demande plus de ruiner vos parents. Aujourd'hui, la majorité des couples s'assument financièrement et prennent en charge tout ou partie du mariage. Il est aussi fréquent que les familles se répartissent les frais à égalité ou les paient au prorata de leurs invités. Bien sûr, il n'y a pas de règle en la matière. À vous de les définir en fonction de la situation financière de vos familles. Le mieux étant d'en parler le plus tôt possible. Vous éviterez ainsi d'avancer en terrain miné. Jetez un coup d'œil à cette répartition traditionnelle (indicative) du budget entre les deux familles.

LA FAMILLE DE LA MARIÉE	LA FAMILLE DU MARIÉ
La robe de la mariée	Les alliances et la bague de fiançailles
Les tenues de cortège	La tenue du marié
Les faire-part	Le don au célébrant
Les frais de réception (traiteur, salle...)	Le bouquet de la mariée
La location du véhicule des mariés	Les tenues des témoins
Le photographe et/ou vidéaste	La nuit de noces
La décoration florale (église, salle de réception...)	Le voyage de noces, s'il n'est pas déposé sur la liste de mariage
L'animation (musiciens, danseurs...)	L'accueil de ses invités
Les cadeaux aux témoins	
L'accueil de ses invités	

Astuces budget

En hiver, les salles de réception et les traiteurs sont 20 % à 40 % moins chers.

Choisir une date de mariage en semaine pour les mêmes raisons.

Déposer le voyage de noces sur la liste de mariage.

Réaliser soi-même un maximum de choses (faire-part, décoration, cadeaux des invités…). Voir annexes page 347.

Se marier chez soi si vous avez peu d'invités.

Acheter le vin et le champagne chez le producteur.

Réaliser les bouquets avec des fleurs de jardin.

Demander aux adolescents de s'occuper des plus petits le jour du mariage.

• Les mauvaises économies

Demander à un proche de faire les photos du mariage

Le résultat risque d'être décevant. Seul un professionnel saura capter les moments d'émotion et prendre les photos sous leur meilleur angle.

Confier la coiffure du mariage à une bonne copine

Même si elle manie bien les ciseaux, réussir un chignon est autrement plus difficile et ne s'improvise pas. Optez pour une école de coiffure : abordable et efficace.

Réaliser le repas pour plus de 50 personnes

Le résultat risque de ne pas être homogène si vous mettez vos proches à contribution. Et cela va vous demander beaucoup de temps. Préférez les formules de traiteur les moins onéreuses.

Créer sa robe de mariée

À moins d'être une talentueuse couturière, le pari risque d'être élevé. Choisissez plutôt une robe simple que vous customiserez à votre goût pour la rendre unique.

La liste des invités

J-1 an

Vous allez vous rendre compte très rapidement que vous ne pourrez pas recevoir tout le monde. En effet, vous raisonnerez bientôt ainsi : 1 invité = tant d'euros !

Il apparaît donc évident que votre budget déterminera le nombre d'invités et vice versa. C'est pourquoi établir la liste d'invités peut relever du réel casse-tête chinois. Entre ceux que vous ne souhaitez pas vexer, ceux qu'on va vous imposer et ceux que vous désirez réellement voir le jour J, il va falloir être organisé et parfois intraitable dans les éliminations !

• Mode d'emploi pour réussir sa liste

Chacun de votre côté, vous allez établir une liste : liste A + liste B.

Demandez éventuellement à vos parents respectifs de dresser la liste des amis qu'ils souhaiteraient recevoir : liste C + liste D.

Mettez-vous d'accord sur la question des enfants : les inviter ou non ? Voir page 68.

Comparez les listes A et B et retirez les doublons (vous avez forcément des amis communs).

LISTE A ET LISTE B	
Famille très proche	Grands-parents, parents, frères, sœurs, leurs conjoints
Famille proche	Oncles, tantes, cousins et cousines et leurs conjoints
Cercle rapproché mais pas forcément familial	Vos témoins et vos amis très proches + leurs conjoints
Cercle moins rapproché	Vos connaissances et vos collègues
Les obligatoires	Ceux qui vous ont invités à leur mariage et à qui vous devez rendre la politesse

Demandez à vos parents leur liste et limitez le nombre de convives.

Liste A + liste B + liste C + liste D = combien de personnes ? Commencez le jeu des éliminations si vous vous rendez compte que cela fait déjà « un peu beaucoup »… Pour cela établissez des règles :

- On n'invite pas les personnes dont on n'a pas de nouvelles depuis plus d'un an.
- On élimine les personnes qu'on n'a vraiment pas envie de voir ce jour-là. Petit rappel : c'est votre mariage, ne vous obligez pas à faire des sourires à la vieille tante qui ne vous a jamais envoyé de carte pour votre anniversaire !
- On n'invite pas le nouveau petit ami ou la nouvelle petite amie, si cela fait moins de trois mois qu'elle est dans le PAI (Paysage Amoureux de votre Invité) !

Une fois la liste finalisée, faites un tableau qui vous servira tout au long de vos préparatifs. Le tableau idéal… Vous pourrez intervenir dessus au fur et à mesure et mieux suivre l'évolution des réponses.

LES INVITÉS AU VIN D'HONNEUR ET À LA RÉCEPTION						
Nom + prénom de l'invité (vérifier l'orthographe exacte)	Adresse (vérifier les coordonnées)	Réponse : oui/non	Nombre d'adultes	Nombre d'enfants	Cadeau	Remerciement : oui/non

LES INVITÉS AU VIN D'HONNEUR OU QUI N'ONT REÇU QU'UN FAIRE PART						
Nom + prénom de l'invité (vérifier l'orthographe exacte)	Adresse (vérifier les coordonnées)	Réponse : oui/non	Nombre d'adultes	Nombre d'enfants	Cadeau	Remerciement : oui/non

Astuces budget

Le vin d'honneur est l'occasion idéale d'inviter les collègues, voisins et connaissances sans trop vous ruiner.

Vos parents peuvent se contenter d'envoyer un faire-part sans invitation à leurs connaissances.

Vous pouvez convier les amis de vos frères et sœurs seulement à la soirée dansante.

« *Il est passé par là*

« J'ai reçu un faire-part et une invitation simplement au vin d'honneur alors que le mariage avait lieu en Bretagne. J'habite à Paris et la personne savait très bien que je ne ferais certainement pas le trajet simplement pour boire une coupe de champagne... C'était très indélicat et j'ai considéré cela comme une non invitation ! J'aurais préféré ne rien recevoir. »

JEFF »

• Faut-il inviter les enfants ?

Que serait une fête sans leurs rires ? Que serait une photo de mariage sans leurs jolies frimousses ? On est bien d'accord, les enfants apportent une touche de joie incontestable à n'importe quelle réception. Mais parfois ils peuvent également être synonymes de frais supplémentaires, de cris stridents au moment des discours et de taches de chocolat sur la jolie robe immaculée de madame... Alors, on se trouve face à un choix : les convier ou non, quitte à vexer leurs adorables géniteurs. Quelques pistes de réflexion pour vous déculpabiliser et surtout pour mieux faire passer la pilule !

Oui si... vous avez le budget suffisant pour les intégrer au repas et pour prévoir une baby-sitter. S'il s'agit d'enfants en bas âge ils ne comptent pas comme une personne supplémentaire pour le dîner.

Non si... le budget est serré. Il vous appartiendra de l'expliquer avec tact aux parents. Une astuce : sur l'enveloppe du faire-part, ne mentionnez que les noms des parents au lieu de « famille untel ». Le message devrait être assez clair. Dire qu'il n'y a pas de couples invités ayant des enfants. C'est un bon argument à présenter aux parents. Leurs petits risqueraient de s'ennuyer...

Pourquoi un *wedding planner* sera-t-il votre sauveur ?

J-1 an

Parce que c'est un pro de l'organisation

D'origine anglo-saxonne, le concept de *wedding planner* a débarqué en France voici quelques années. L'idée est de confier à un professionnel l'organisation de votre mariage de A à Z. Le service peut aussi être à la carte : conseils généraux sur le mariage, choix de certains prestataires (salle, traiteur...), décoration de la réception... Tout dépendra de votre budget et de votre envie de déléguer.

Parce qu'il a un carnet d'adresses en or

Le *wedding planner* va mettre à votre disposition un carnet d'adresses contenant une sélection de prestataires. De quoi gagner un temps précieux et avoir l'assurance de travailler avec des personnes de confiance.

Parce qu'il fera de votre réception une soirée unique

Vous allez rencontrer à plusieurs reprises le *wedding planner* afin qu'il sonde vos envies. Son travail sera de les mettre en scène le plus fidèlement possible. Et de vous surprendre grâce à une imagination et un sens de l'esthétique hors du commun.

Parce qu'il gèrera les imprévus le jour J

Si vous le souhaitez, le *wedding planner* peut être présent le jour du mariage pour coordonner les différents prestataires et régler les tracasseries de dernière minute à votre place. Un luxe dont rêve toute mariée.

Parce que vous pourrez dire sans mentir que c'était le plus beau jour de votre vie

Alors que la plupart des mariées ne voient pas la journée passer, vous pourrez en profiter à chaque instant. Elle sera parfaitement rodée. Vivre son mariage sans stress, c'est enfin possible. Il suffit de le confier à la bonne personne.

Parce que c'est le prix de la paix

Les tarifs diffèrent d'une agence à l'autre et dépendent du style de votre réception. En général, le *wedding planner* coûte 10 % à 15 % du budget total lorsqu'il organise entièrement le mariage. Pour rétablir la balance, il propose souvent aux mariés des tarifs de prestataires négociés. L'argent ainsi économisé permet de rémunérer le wedding planner. Comptez une rémunération à partir de 1 500 €.

?

HUIT QUESTIONS À CAROLINE LE MOIGNE HIREL, *WEDDING PLANNER* ET FONDATRICE DES TÊTES CHERCHEUSES

Pourquoi faire appel à un *wedding planner* ?

Les moteurs des futurs mariés sont variés : certains sont en quête de créativité et recherchent un haut niveau de personnalisation du contenu de leur mariage ; d'autres, au cœur de schémas familiaux complexes, recherchent un soutien et un réconfort psychologiques. Il y a aussi les perfectionnistes, voire « *control freaks* », qui souhaitent s'assurer de la fluidité parfaite du jour J.

.../...

.../...

Quelles sont les erreurs à surtout éviter et que l'on constate trop souvent dans l'organisation de mariages ?

Grâce aux nombreux blogs d'inspiration ainsi qu'à la communauté internationale Pinterest®, les futurs mariés peuvent aujourd'hui puiser de nombreuses idées de mise en ambiance et tenter de concevoir seuls la scénographie de leur mariage. Le premier piège de ces inspirations illimitées : se perdre. Je crois que l'univers décoratif ne doit surtout pas représenter une sorte de catalogue exhaustif de toutes les tendances du moment. Je conseille donc vivement d'opérer des choix afin que le rendu visuel final soit cohérent et harmonieux. Il faut également éviter le total look et mettre plutôt l'accent sur deux ou trois concepts ou accessoires déco qui constitueront des capteurs forts auprès des invités.

Quelles sont les grandes tendances actuelles et les demandes les plus fréquentes des futurs mariés ?

La personnalisation de l'engagement. L'idée étant d'apporter un supplément d'âme à la célébration civile ou d'y redonner de la solennité. Les futurs mariés ont la possibilité de célébrer leur mariage au cours d'une cérémonie non confessionnelle qui respectera leurs valeurs et honorera leurs croyances. On les appelle cérémonies « laïques », ou cérémonies personnalisées d'engagement. Conçues à l'image du couple, elles facilitent le partage des émotions. De plus en plus de mairies se lancent également dans une démarche de personnalisation de célébration. La personnalisation d'un mariage ne se limite plus à l'habillage musical, un art de la table ou encore une scénographie travaillée. La voie culinaire est aujourd'hui une source de personnalisation multiple pour les futurs mariés. Dernièrement, on assiste à un retour à la cuisine traditionnelle revisitée, du plat unique et convivial servi à table dans des cocottes en fonte (dans l'esprit des tajines orientaux) aux plats familiaux tels que le gigot d'agneau. Les saveurs et les odeurs des recettes traditionnelles seront réinterprétées par des chefs à l'instar de Yannick Alléno, ambassadeur de cette cuisine. Les autres tendances qui émergent :

- les brunchs « Confort Food » assumé, tel qu'un bon *fish and chips* ou un barbecue « Terre et Mer » (homard, côte de bœuf, etc.) ;
- les pièces montées composées d'*angel cakes* (*chiffons cakes* en japonais) aux saveurs axées sur les fruits et le thé ;
- le bar à eaux façon épicerie branchée pour les brunchs et lendemains difficiles... ;
- le *Dishcrawl* ou comment casser les codes du format de dîner assis traditionnel. Cette tendance consiste à proposer à ses invités de prendre l'entrée dans un endroit, de poursuivre par un plat dans un autre espace et de terminer le repas avec un dessert dans un troisième. Le dîner devient nomade !

Une toute nouvelle tendance s'imprime depuis deux ans : celle des escapades à l'étranger ou les « *Destination Weddings* ». Croisière sur le Nil, mariage néo *bristish* dans les Hamptons, grandes tablées dans la campagne toscane, mariage en blanc dans l'archipel des Cyclades, week-end d'hiver dans un manoir anglais ou encore mariage fastueux au cœur d'un palais de maharadjas... Ces futurs mariés épicuriens poursuivent une approche à l'écart des sentiers battus et orientent leur quête vers le partage d'expériences exotiques. Globe-trotters, urbains, *early adopters*, hédonistes ou simplement avec la tête dans les étoiles, ces futurs mariés souhaitent conjuguer l'expérience du voyage avec le plaisir des sens. Ils inventent ainsi de nouveaux codes et inscrivent leur mariage dans la légende !

.../...

.../...

L'agence Les Têtes Chercheuses a ainsi développé une cellule dédiée à la conception de ces voyages de mariage sur mesure. Sa mission : s'imprégner de l'art de vivre local, comprendre avec subtilité la culture d'accueil, identifier les usages, rituels et traditions porteurs et amplificateurs d'émotion, tout en apportant sa signature du raffinement à la française : confort des invités, souci du détail et logistique parfaitement réglée, etc.

Comment définiriez-vous la spécificité des Têtes Chercheuses ?

Notre agence est spécialisée depuis dix ans dans la conception et le design d'événements privés en France et à l'étranger. Du mariage iconique à la parenthèse feutrée, les univers esthétiques imaginés par notre équipe sont des éloges à la simplicité raffinée. « *Less is More* ». Résolument positionné dans la lignée des artisans du luxe, chaque membre de l'agence cultive un sens aiguisé du détail et se distingue par un sens aigu du service client. Concentré de talents, l'agence réunit également à ses côtés scénographes, fleuristes, artisans décorateurs, artistes, photographes, cadreurs, aux côtés desquels elle délivre un message d'hédonisme exaltant.

Quel mariage vous a laissé le souvenir le plus fort ?

Nous vibrons chaque année intensément aux côtés de nos mariés : depuis l'orchestration d'une cérémonie de mariage dans un temple de la Vallée des Rois en Égypte à un mariage d'esthètes parisiens au *dress code* singulier pour les invités : robes de mariée pour les femmes, *black tie* pour les hommes. L'émotion partagée est toujours présente.

Quel est le plus gros challenge que vous ayez dû relever ?

Les challenges sont quotidiens : trouver un chef étoilé disponible pour la signature d'un menu de mariage à J-15, déraciner des haies d'ifs pour permettre le montage d'un carrousel à l'endroit précis souhaité par un client, orchestrer le montage d'une structure éphémère sur un terrain présentant 2,80 mètres de dénivelé, changer de lieu de réception à J-1 mois, etc.

Combien de temps avant le jour J, faut-il prendre rendez-vous avec vous ?

Aucune règle en la matière : la majorité des projets de l'agence sont pris en charge entre 15 et 2 mois avant le mariage. En revanche, nous avons constaté une tendance lourde de mariages de dernière minute (moins de 3 mois d'organisation).

Quel budget doit-on prévoir et pour quelles prestations ?

Nos honoraires d'organisation démarrent à partir de 8 000 euros TTC pour une mission de production et de régie jour J. Ils sont basés sur un volume horaire de travail prévisionnel puis forfaitisés, et sont conditionnés par la complexité du projet et le niveau de confort attendu par le client.

En savoir plus : www.lestetescshercheuses.

L'agence propose également une nouvelle activité : coaching et formation pour de futurs wedding planners *ou des* wedding planners *en poste. La Wedding Planning Master Class Paris constitue une véritable immersion au cœur du savoir-faire d'acteurs prestigieux de l'univers du mariage : Tiffany and co, Potel et Chabot, Jo Malone, Celestina Agostino... L'objectif : partager des expertises pointues afin d'acquérir ou de consolider un savoir-faire et une culture générale de l'événementiel privé solide. Voir vidéo et détails :*

www.lestetescshercheuses.com/master-class

CARNET D'ADRESSES

ORGANISATEURS DE MARIAGE

My Happy Wedding
Formée à la Wedding Company, Gisèle Shimamungu est plus qu'une *wedding planner* traditionnelle. Elle est aussi coach pour futurs mariés ! Consciente du temps, de l'énergie et de la charge émotionnelle que représente l'organisation d'un mariage, elle propose également de guider moralement et de façon pratique les fiancés lors de cette période exténuante. Du sur-mesure qui s'adapte à tous les budgets.
www.my-happy-wedding.com

La Fée de l'événement
Un nom plein de promesse ! On confie son mariage à des magiciens de l'organisation. On apprécie surtout les idées de déco subtiles, intemporelles et oniriques. La fée propose également des adresses romantiques où se dire « oui ». On consulte vite son site pour se faire une idée.
www.fee-evenement.com

Made in You
Cette agence de *wedding planner* est le fruit de la rencontre entre deux blogueuses de renom : La Mariée aux pieds nus et Madame C. Éprises de mariage, elles décident d'aller au-delà des conseils distillés sur leurs blogs pour assister en direct les futurs mariés. Elles organisent de A à Z les mariages et apportent une touche romantico-provençale aux réceptions. Pour une ambiance très délicate.
www.made-in-you.com

Weddzy
Pour un service d'organisation sur mesure et pour tous les budgets. Vous ne voulez confier qu'une petite partie de la mise en place de votre jour J à un tiers ? Cette agence est faite pour vous. Selon vos besoins et vos moyens, elle se charge de la déco, du DJ, de la location de voiture ou simplement de dégoter un coiffeur à domicile… En Île-de-France ou en Espagne.
www.weddzy.com

Tulle et Redingote
Une société originale qui vous propose leurs services sous forme de kits contenant chacun des prestations différentes. Ludique !
13, rue Saint-Honoré, 78000 Versailles
Contact : Annie Laot 06 08 07 97 12
www.tulle-et-redingote.com

Madame aux Anges
Cette agence basée à Toulouse accueille avec authenticité et simplicité les fiancés sans oublier de suivre les tendances. Candy bar, inspiration vintage, cérémonies laïques, *photobooth*...
http://madameauxanges.com

Wedding and co
À partir de 250 € par invité pour une organisation de A à Z du mariage.
16, rue Darcet, 75017 Paris.
01 42 94 17 70
www.weddingandco.com

Histoires d'envies
Laissez-vous guider par les trois fées de cette agence qui organiseront votre mariage en un coup de baguette magique. Leurs atouts : dynamisme, bonne humeur et, surtout, un excellent carnet d'adresses pour vous soumettre les meilleurs prestataires.
Villa d'Este, 22, rue de la Paix, 94300 Vincennes.
09 52 53 92 73
www.histoiresdenvies.com

Les Têtes Chercheuses
Un nom qui annonce la couleur : cette équipe de choc met tout son cœur et son énergie à chercher le meilleur pour votre mariage. De la salle de réception au traiteur en passant par les faire-part, elles se chargent de trouver l'excellence. On s'en remet à elles les yeux fermés.
30, place Saint-Georges, 75009 Paris.
01 43 87 90 15
www.lestetescshercheuses.com

Bulle et Tulle
Transformer votre mariage en un véritable conte de fée, c'est le vœu que Camille de Lucca est capable d'exaucer pour vous. Avec son équipe, elle met en scène des réceptions à la fois romantiques et élégantes, où la décoration tient la vedette. L'agence propose aussi des conseils pour trouver la tenue idéale.
56, rue la Bruyère, 75009 Paris.
01 48 74 15 80
www.bulle-et-tulle.com

Dites-moi oui
En France comme à l'étranger, l'agence organise des mariages du plus grand chic. Au programme, des idées audacieuses, des prestataires hors pair et une absence totale de stress pour les mariés. Pour ceux qui souhaiteraient rester seuls maîtres à bord, l'agence peut se contenter de les conseiller.
Impasse du Mélèze, 13013 Marseille.
04 91 06 64 46
www.ditesmoioui.com

Ceremonize
Vous n'avez pas les moyens d'engager un *wedding planner* ? Pas de souci ! Transformez-vous en véritable professionnel en participant aux « ateliers de conseils en organisation de mariage » dispensés par Ceremonize. Lors d'un cours collectif de 2 heures, l'agence donne de précieuses astuces pour réussir le jour J. 79 € l'atelier.
www.ceremonize.fr

CHAPITRE 5

UN MARIAGE 2.0

Geeks, hipsters, *millennials, digital natives*... Qu'importe le nom qu'on pourrait leur donner. Aujourd'hui, on a la possibilité d'utiliser d'incroyables moyens technologiques pour organiser et vivre son grand jour. Ce serait non seulement dommage mais surtout une perte de temps que de ne pas les exploiter. En plus des nombreux sites dédiés, des blogs incontournables à découvrir pour puiser l'inspiration et des outils astucieux pour gérer son planning, on apprend à utiliser efficacement les réseaux sociaux pour partager les moments uniques qu'on s'apprête à vivre. Avant, pendant ou après le jour J, le web se met au service des futurs Monsieur et Madame et de leurs invités. Quand la geek attitude rime avec mariage réussi, on dit tous « oui » ! À condition de respecter une e-étiquette...

Une page Facebook®

Non, FB ne sert pas seulement à poster ses photos de vacances ou des vidéos de petits chats « trop mignons » ! Démonstration...

On crée un « événement privé » pour son mariage. On le nomme et en option on peut ajouter le lieu, la date et quelques détails supplémentaires. On pense à décocher la case « Les invités peuvent inviter des amis ». On n'en donne ainsi l'accès qu'à ses convives (ceux qui viennent et ceux qui ne pourront malheureusement pas être présents). On personnalise le nom de sa page « Mariage Jules et Juliette » pour être retrouvée facilement et on l'alimente régulièrement. On habille avec une belle photo et on publie quelques informations avant de convier ses proches à joindre « l'*event* ».

Pas d'inquiétude : l'événement restera privé et n'apparaîtra pas sur votre profil. On évite ainsi de vexer les non élus !

On y publie la liste des hôtels à proximité de la salle de réception, éventuellement le nom de l'enseigne qui gère la liste de mariage, le *dress code* s'il y en a un… Surtout on n'hésite pas à mettre en contact nos convives pour qu'ils puissent organiser un covoiturage, un regroupement pour bénéficier d'un tarif avantageux dans les transports.

On utilise aussi cette page pour faire des sondages (oui ! oui !) : poisson ou volaille ? Mais attention, on ne propose pas trop de possibilités au risque de se voir vite débordé par les nombreuses suggestions des autres !

Imaginez le gain de temps que cela représente : plus besoin de répondre quarante-cinq fois la même chose aux différentes personnes puisque toutes les informations sont désormais centralisées sur une même page ! En fait, vous avez créé une FAQ que tout le monde s'empressera de consulter.

Après l'événement, on continue de faire vivre cet espace. Déjà en changeant son statut en « mariés » ! Finis les « c'est compliqué »… On ajoute des remerciements, quelques anecdotes, des photos du grand jour que tout le monde pourra partager ou le lien vers l'album du photographe professionnel pour pouvoir commander quelques clichés.

Twitter®

Si Facebook® est un excellent outil pour organiser son mariage, Twitter® reste le support idéal pour commenter le grand jour. Bien évidemment, on commence par créer son compte. Soit un chacun, soit un compte-joint pour l'événement. On tweete régulièrement quelques mois avant le jour J pour donner des informations, des liens vers les sites touristiques autour du lieu de réception ou vers ses nouvelles publications sur les autres réseaux, ses impressions, sur le stress qui monte… Et pour faire un décompte sympa (pas anxiogène !) afin de rappeler combien de jours il reste avant le *Big day* !

On imagine un *hashtag* personnalisé que l'on communiquera à ses proches en l'inscrivant sur l'invitation. Ainsi quelques jours avant le mariage et le jour J, tout le monde pourra communiquer et relater l'événement.

Sur la route, certains pourront ainsi signaler des embouteillages, envoyer des encouragements aux futurs mariés et déjà partager quelques clichés.

Chacun se mettra dans la peau d'un reporter tweetant en *live* le grand événement en postant des clichés pris sur le vif qui complèteront ceux pris par le photographe professionnel.

Un bon moyen pour les absents de vivre (même de loin) le mariage !

REPÈRES

Le saviez-vous ?

Aux États-Unis, depuis 2014, les futurs époux peuvent faire ajouter sur leur contrat de mariage une clause « réseaux sociaux ». Cette dernière encadre ce que les conjoints ont le droit de poster sur Facebook®, Twitter® en cas de séparation. Une façon de se prémunir des règlements de compte *on-line* et de respecter la e-réputation de chacun.

Instagram®

Annie Leibovitz, Terry Richardson et Peter Lindberg n'ont qu'à bien se tenir. Depuis l'avènement de cette appli, on peut tous poster des photos améliorées ! Ah, comme on les aime ces filtres qui subliment nos clichés. On utilise donc cette plateforme pour partager ses photos avant, pendant et après le jour J. On communique le *hashtag* à ses convives dès l'annonce de l'événement pour les encourager à publier leurs photos relatives au jour J. On pourra ainsi aisément les retrouver au même endroit grâce au *hashtag* dédié.

Qui sait, peut-être que votre journée sera autant suivie que celle de Murad Osmann et Natalia Zakharova, ce couple qui s'est rendu célèbre à travers la planète en postant des photos de monsieur tenant la main de madame pendant leur tour du monde. Près de quatre millions d'abonnés à leur compte Instagram® ont pu apprécier la photo de leur mariage, célébré en Russie !

FOCUS

Du bon usage des réseaux sociaux pour son mariage

- Créer un *hashtag* unique et facile à retenir (uniquement composé de lettres et de chiffres) : #metmmemachin2017, #ouijulesetjulie, #mariage2J75016... Avant de se décider, on vérifie qu'il n'en existe pas déjà de similaire. On évite d'indiquer uniquement les initiales et/ou la date : beaucoup trop fréquents ! Et on en choisit un pas trop long.
- Communiquer le *hashtag* sur les invitations, sur l'événement Facebook® qu'on a créé, en bas de chaque correspondance.
- Tweeter, instagrammer soi-même dès le départ pour encourager les autres à faire de même. Des fiançailles à la fin de soirée de mariage en passant par les enterrements de vie de célibataire.
- Les plus geeks d'entre vous pourront même projeter sur un écran géant les *tweets* et les Instagram® correspondant au *hashtag* en temps réel. Pour rafraîchir le contenu, on installe un *plug-in*. Le plus utilisé : Easy Auto Refresh pour Chrome.

.../...

…/…

– Continuer même après le jour J pour faire durer plus longtemps ce grand jour et pour toujours être dans le partage. Une photo dans l'avion avant de partir en lune de miel, un cliché de la jolie nappe offerte sur la liste de mariage, une autre sur la plage avec une pancarte qui dit « merci »… On crée ainsi des archives de ce grand moment de vie.

– Suggérer à ses invités de prendre des photos de détails, des moments pris sur le vif : les lacets défaits d'un petit garçon d'honneur, l'émotion d'une grand-mère, les personnages sur la pièce montée, un arrangement floral…

– Demander (avec le sourire !) à ses invités de ne pas se substituer au photographe professionnel, accrédité pour l'occasion. Notamment en évitant de prendre des photos pendant la cérémonie, d'insister pour que les mariés prennent la pose alors qu'ils l'ont déjà prise plusieurs fois et qu'ils aimeraient bien profiter de leur journée.

– Insister pour que cette journée si particulière soit respectée. Certains accros des réseaux sociaux peuvent avoir perdu cette notion et poster à tout-va sur leur propre compte. Non ! Ils n'ont pas à publier des photos peu avantageuses ou blessantes : un décolleté trop plongeant, un invité ivre et complètement HS, un mascara qui a coulé sur les joues d'une tante… Pour éviter ce genre de dérapage, il ne faut pas hésiter à préparer un petit document de savoir-vivre sur le ton humoristique pour ne braquer personne.

Pinterest®

Avant, on cherchait des idées de coiffures, de maquillage ou de déco dans les magazines, en observant les stars, en copiant ses copines… Si c'est toujours un peu le cas, on profite aujourd'hui d'une base de données quasi infinie. Ce réseau est une source d'inspiration inépuisable puisqu'elle rassemble les photos, les coups de cœurs et les inventions de tout le monde à travers la planète. Une recette de cocktails épinglée depuis la Martinique, un chignon gipsy chic posté depuis le New Jersey, une robe repérée en Inde, un arrangement floral imaginé à Oxford ou une coiffure dégotée sur le compte d'une Sud-Africaine. Le seul risque ? Devenir accro et ne plus réussir à se décider.

Six comptes mariage ultra inspirants :

www.pinterest.com/donnemoitamain/
www.pinterest.com/prettyplanners/
www.pinterest.com/avrilmaifleurs/
www.pinterest.com/cdemariage/
www.pinterest.com/wedlovefriends/
www.pinterest.com/weddingland/

Skype®

C'est gratuit, c'est pratique et ça rapproche tous ceux qui sont un peu trop éloignés. Il suffit juste d'une connexion Internet et d'un compte. Ainsi, il ne faut pas hésiter à proposer une séance Skype® à vos plus proches qui ne seront pas présents le jour J. Si la mairie l'autorise, ils pourront assister à la cérémonie en direct et vous prendrez quelques minutes pour leur faire un petit coucou, montrer vos tenues et votre bonheur.

Attention à ne pas en abuser : c'est votre journée et vous n'allez pas la passer connectés au web pour satisfaire la curiosité 24 h/24 de ceux qui n'ont pas pu se déplacer.

Elle est passée par là

« Nous avons utilisé les réseaux sociaux mais sans en abuser ! Un événement Facebook® pour les infos pratiques, un compte Twitter® pour annoncer chaque nouvelle publication sur Instagram®. C'est surtout là-dessus que nous avons fait du teasing tout au long des préparatifs. Sur notre invitation, nous avions seulement annoncé que le mariage aurait lieu à telle date et à Paris mais sans dire où précisément. On a donc organisé un petit jeu. Régulièrement, on postait des indices : un cliché d'une chaise, d'une spécialité culinaire, d'un escalier et même des toilettes. Plus le jour approchait, plus on devenait précis : photo de la station de métro la plus proche, de la vue depuis la terrasse de la salle de réception et enfin de la porte du lieu. Le premier à avoir deviné le bon endroit avant le jour J a remporté une bouteille de champagne et quelques goodies qu'on lui a remis lors de notre discours. »

Soraya

PAROLES DE BLOGUEUSES

Elles sont suivies par des milliers de futurs mariés (mais pas que !), toujours à l'affût de nouvelles idées, de bons plans et d'adresses inédites. Elles révèlent ici leurs conseils d'expertes et vous disent ce qu'il faut « faire » et « ne pas faire ». On prend exemple sans hésiter.

Quelles sont les choses « à faire » pour un mariage réussi ?

Nessa, La Mariée aux pieds nus. Définissez bien votre budget avant de vous lancer dans la recherche de prestataires.

Suivez vos envies au maximum sans subir de pressions extérieures.

Réalisez qu'il s'agit autant d'une cérémonie de couple que d'une fête de famille. Sans devenir l'otage de votre entourage, sachez faire des compromis. Surtout s'il participe au financement du mariage.

Faites attention au choix des prestataires. Ne les retenez pas par dépit. Surtout concernant le photographe. Avec le mari, les photos sont les seules choses qui restent après le jour J ! Donc, ne rognez pas sur ce poste du budget.

.../...

.../...

Idem pour la salle : soyez exigeante. Il est inutile de choisir un lieu de réception bas de gamme en vous disant que vous le décorerez à fond. Mieux vaut investir davantage et trouver une salle qui se suffit à elle-même.

Pensez au mariage comme à un tout cohérent. Réfléchissez à ce que vous voulez comme atmosphère (urbain, bucolique, folk...) et choisissez vos prestataires en fonction.

Hélène, Le blog de fiancée. Amusez-vous aussi pendant les préparatifs, et profitez du jour J sans vous poser trop de questions. Cela gâche le plaisir.

Entourez-vous de prestataires avec qui vous vous entendez bien, et faites-leur confiance.

Suivez vos envies ! C'est primordial.

Amélie, Queen for a day. Organisez votre mariage plusieurs mois à l'avance surtout si vous avez tendance à stresser facilement.

Faites une *to-do* list à la manière d'un rétro-planning, en réfléchissant aux postes prioritaires de votre budget.

Entourez-vous de prestataires de confiance, avec lesquels vous avez un bon *feeling*.

Reposez-vous sur vos proches et sur vos témoins et n'hésitez pas à leur confier des missions !

Faites-vous plaisir et suivez vos envies, mêmes si celles-ci ne rentrent pas dans les codes du mariage.

Maëlis, La fiancée du Panda. Prenez le temps de bien réfléchir à deux à ce que vous voulez et attendez d'être un peu fixés avant de solliciter des avis extérieurs. Cela vous évitera d'être noyés sous les opinions de tout le monde !

Pour aiguiller vos prestataires, n'hésitez pas à traduire en images ce que vous attendez, *via* Pinterest® ou dans un carnet d'inspiration.

Faites appel à un *wedding planner* pour faire la coordination du jour J : une dépense largement amortie par la tranquillité d'esprit que cela apportera !

Quelles sont les choses « à ne pas faire » pour éviter la catastrophe ?

Nessa, La Mariée aux pieds nus. Ne prévoyez pas de planning trop serré car il y a toujours des imprévus.

Ne cloisonnez pas les prestataires. L'idéal étant qu'ils travaillent comme une équipe, de manière concertée. Transmettez-leur le planning afin qu'ils soient tous raccord.

Ne négligez pas la météo. Bien sûr, on rêve tous d'un soleil éclatant le jour J mais ce n'est pas toujours le cas. Prévoyez un plan B.

Ne cherchez pas forcément à être original. Réalisez un mariage qui vous ressemble à 100 %.

Hélène, Le blog de fiancée. Vouloir épater vos amis et vos familles : vous risquez de perdre votre naturel et authenticité.

Insister pour tout gérer vous-même : c'est mission impossible. Il ne faut pas hésiter à demander des coups de pouce à votre entourage.

Ne vous interdisez pas de réaliser vos rêves ce jour-là !

Amélie, Queen for a day. Ne vous contentez pas d'un photographe amateur. Choisissez un professionnel de talent, les photos restent et si elles sont ratées, vous le regretterez ! Si vous avez la possibilité d'engager également un vidéaste c'est encore mieux. Sinon, demandez à un proche de filmer les moments clés de la journée.

Ne vous laissez pas influencer par les avis des uns et des autres ! N'en faites qu'à votre tête, c'est votre mariage !

Choisissez bien votre tenue de mariage. Il faut se sentir aussi beau qu'à l'aise. Inutile de vous déguiser ce jour-là !

.../...

.../...

Maëlis, La fiancée du Panda. N'essayez pas de tout gérer vous-même. Vous risquez de passer complètement à côté de votre journée si vous cherchez à tout contrôler. Briefez soigneusement vos témoins, vos parents ou votre *wedding planner*, et le jour J, laissez-les faire.

Ne devenez pas une obsédée du mariage. Au cours de vos préparatifs, ménagez-vous des temps de pause à deux où vous parlerez de tout, sauf de l'organisation du mariage !

Et le secret de votre mariage ?

Nessa, La Mariée aux pieds nus. Nous avons suivi nos propres choix. Nous sommes Alsaciens et nous nous sommes mariés à Paris, en petit comité. Tant pis si les gens se sont vexés ! Avec notre budget, nous nous sommes fait vraiment plaisir et avons pu bien accueillir nos 48 invités. Nous avons fait notre cocktail dans le bar du quartier où nous avons nos habitudes. *Idem* pour le dîner qui s'est déroulé dans un petit restaurant. Nous avons quand même engagé un DJ. Mais comme nous ne sommes vraiment pas des fêtards, si c'était à refaire on partirait sur un brunch en journée pour coller tout à fait à notre style de vie.

Hélène, Le blog de fiancée. Nous avons soigné le lendemain, un brunch décontracté avec les copains et la famille. C'est plus informel que le jour J et c'est un moment où l'on prend le temps de profiter de ses proches. On a proposé à tous de se retrouver dans dix ans, même jour, même heure, même endroit pour renouveler nos vœux !

Amélie, Queen for a day. Le succès de notre mariage tient au fait que l'on s'est délesté des traditions qui ne nous ressemblaient pas ! Un mariage intime, à la cool, sans plan de table, un dîner camion-pizza sous les étoiles, un groupe de jazz manouche, des jeux, des tattoos... Bref, un mariage où tout le monde était à l'aise sur tout un week-end, avec un brunch/pique-nique dans l'herbe le lendemain pour terminer en beauté.

Maëlis, La fiancée du Panda. Les trois choses dont nos invités nous reparlent encore aujourd'hui : notre cérémonie laïque en extérieur, le stand à hot-dogs du cocktail et le lâcher de lanternes thaïes à la fin du dîner. Côté organisation, je n'ai pas regretté d'avoir opté pour un cocktail très copieux plutôt qu'une entrée, et un buffet de desserts : cela nous a permis d'éviter l'interminable dîner où les convives s'endorment dans leur assiette. Conclusion : tous les invités étaient frais et pleins d'énergie pour faire la fête !

CARNET D'ADRESSES

NOS BLOGS COUPS DE CŒUR… EN VF ET EN VO

La mariée aux pieds nus
Elle a des doigts de fée et des idées plein la tête. Nessa propose des DIY ingénieux et partage ses conseils pour réussir le jour J. Un blog délicat et esthétique à consommer sans modération.
www.lamarieeauxpiedsnus.com

Le blog de fiancée
Parisienne et Alsacienne, comme elle aime le rappeler, Hélène voyage pour de vrai et sur la Toile pour dégoter des adresses méconnues, publier des photos de mariage touchantes et des conseils pleins de bon sens.
http://leblogdefiancee.wordpress.com

Queen for a day
Amélie a chopé le virus du mariage en préparant le sien. Pour poursuivre l'aventure, elle prodigue aux futurs mariés moult conseils sur son blog. Un site moderne qui fourmille de bonnes idées.
www.queenforaday.fr

La Fiancée du Panda
Après s'être mariée, Maëlis est devenue une vraie pro du mariage et du *life-style*. Auteur d'un livre et conseillère en stratégie digitale, elle distille avec bonne humeur sa vision du mariage sur son blog.
www.lafianceedupanda.com

Le Blog de Madame C
Tendance sans être trop *fashion*, chic sans être snob, le blog de Clémentine, qui est également *wedding planner*, est un incontournable. On l'aime aussi pour son carnet d'adresses fourni et fouillé et sa galerie d'inspirations.
www.leblogdemadamec.fr

Des idées pour un joli mariage
Alix partage ses idées et ses trouvailles sans prendre les futures mariées pour « des tartes ni des quiches ». On aime aussi sa boutique Sous le lampion qui décline des créations luminaires et gonflables. Toujours poétiques.
http://desideespourunjolimariage.com
www.sous-le-lampion.com

Un beau jour
Des témoignages, des mariages célèbres, des *moodboards*, des adresses, une boutique et surtout des DIY à découvrir et à réaliser sans attendre. Derrière l'un des plus importants blogs de mariage se cache une team de filles fraîches et inspirées.
www.unbeaujour.fr

La mariée en colère
Une pièce montée de fromages, un DJ amateur, acheter ou non sa robe sur le web ? Le blog répond sans concessions aux questions que l'on peut se poser et fait la part belle aux témoignages. On y parle aussi maternité et bébé.
http://lamarieeencolere.com

Green Wedding Shoes
Bienvenue au cœur de hipsterland ! Pour avoir des idées créatives, bohème-chic, gipsy-cool, néo-green, c'est sur ce blog américain qu'il faut aller. Des DIY, des partages d'expériences, des carnets de tendance... On y passerait des heures.
http://greenweddingshoes.com

Rock My Wedding
Archi complet, il semble répondre à toutes les interrogations *made in* mariage. On y trouve des idées de thèmes, des tutoriels pour apprendre à réaliser son maquillage le jour J, des reportages, des plans de tables originaux. Une mine d'informations... À condition de comprendre l'anglais.
www.rockmywedding.co.uk

CHAPITRE 6

L'ENTERREMENT DE VIE DE CÉLIBATAIRE

En toute logique, vous ne devriez pas lire ce chapitre ! En effet, l'organisation de ce fameux rituel qui consiste à dire adieu à votre vie de célibataire ne vous revient pas et concerne vos témoins et amis proches. De plus, la mise en scène de vos funérailles de *single girl* et de *single boy* doit traditionnellement se faire dans le plus grand secret. Effet de surprise oblige ! Mais si vous ne voulez pas prendre le risque de vous retrouver en plein centre-ville accoutré d'un déguisement ridicule à distribuer des billets de tombola périmés, ou pire, dévorez vite les pages suivantes… Et surtout, n'hésitez pas à prêter cet ouvrage aux GO de votre EVC (enterrement de vie de célibataire) pour leur souffler quelques bonnes idées. À décliner au féminin comme au masculin !

Les principes à suivre

Quelques règles sont à respecter pour que tout se déroule à la perfection et que les éventuels dérapages soient contrôlés.

- L'idéal est d'organiser les deux EVC le même jour.
- Le but du jeu n'est pas de ridiculiser le promis ni la promise.
- On ne fait pas subir à autrui ce que l'on ne voudrait pas subir soi-même !
- On s'organise bien en avance pour ne pas être pris dans la panique du dernier moment et proposer alors uniquement un ersatz d'EVC – effet pétard mouillé à fuir !
- On ne convie aucun ex de l'un ou de l'autre, pour éviter tout drame.
- On fait appel à des pros si le budget le permet et si l'on veut profiter de la soirée sans avoir à se soucier de quoi que ce soit.

- Les participants doivent faire le serment suivant : rien de ce qui pourra se passer ce jour-là ne sera jamais révélé à autrui ! *What happens in Vegas stays in Vegas*[1] !

Masteriser l'organisation de l'EVC

La grande tradition veut que **l'EVC soit placé sous le signe du olé olé !** Partant du principe que vous ne pourrez plus mener une vie de patachon et que vous ne verrez plus jamais d'autre corps nu que celui de votre moitié, il est de coutume de vous offrir un peu beaucoup de nudité. Mais rien ne vous y oblige. À chacun son truc : un strip-tease de pompier livré à domicile, un spectacle de chippendales, une session privée de *lap dance* avec une danseuse peu vêtue, un spectacle de burlesque… Mais attention aux dérapages ! Il est du devoir des accompagnants de ne pas pousser les futurs mariés à faire des bêtises qu'ils pourraient regretter !

Ce moment doit avant tout être **ludique** et donner à tous les participants l'occasion de **s'amuser ensemble**. Une chasse au trésor à travers la ville est idéale, mais exige une bonne organisation préalable. Les GO imagineront un but (un lieu à découvrir où tous se retrouveront pour faire la fête, par exemple) et des indices semés stratégiquement dans le métro, chez un commerçant complice, dans une boîte aux lettres, envoyés par SMS et mentionnés dans une feuille de route confiée aux participants dès le début de l'aventure. Pour ne pas se sentir trop isolé, il est préférable de constituer des équipes d'au moins deux personnes.

Et si l'on mettait la promise sur la sellette ? Mais toujours avec humour, *of course* ! **On organise ainsi un simulacre de procès.** Une personne sera chargée de jouer le rôle de l'avocat, une autre celui du procureur et les autres celui des jurés. On passera en revue tous les « méfaits » de la célibataire : une tentative de se décolorer en blond platine lorsqu'elle avait dix-neuf ans, sa période gothique, sa tentative d'atteindre le casting de la Star Ac', son obsession estivale pour un surfeur, sa capacité à passer des heures sur Facebook® pour traquer la nouvelle vie de ses ex… Photos à l'appui comme preuves, c'est encore mieux ! Alors, coupable ou innocente ? Et quel sera l'éventuel châtiment ?

Profitez de cette journée pour **apprendre quelque chose** en participant à un cours de cuisine, de tricot, de couture, de pole dancing, de strip-tease (pour ensuite vamper votre moitié !), de maquillage, de bricolage, de jardinage, de relaxation (cela vous sera bien utile le jour J), de mixage de cocktail, d'œnologie… Tout le monde en profite !

---

1 « Ce qui se passe à Vegas reste à Vegas. » Allusion au film éponyme de Tom Vaughan ou à l'état d'esprit du film *Very Bad Trip*.

Les gages ont toujours la cote, à condition de ne pas être complètement débiles et de ne mettre personne en danger. On évitera ainsi de défier le futur marié de plonger dans la Seine, surtout s'il est déjà confit dans l'alcool ! Pour avoir une certaine cohérence, on choisit une thématique. Ainsi, pour les fans de voyages, on imagine un faux passeport vide que le candidat devra remplir de visas : embrasser un touriste japonais = un tampon pour le Japon ; trouver une photo d'éléphant = un tampon pour l'Inde ; danser un tango dans la rue = un tampon pour l'Argentine ; servir de la paella aux passants = un tampon pour l'Espagne… Faites jouer votre imagination !

Et si vous en profitiez pour **penser aussi aux autres ?** Renseignez-vous auprès d'associations caritatives pour participer à une opération : distribution de repas aux personnes dans le besoin, visite d'enfants hospitalisés, récupération de vivres pour la banque alimentaire, nettoyage de plages… À vous de trouver la cause qui vous tient à cœur. Vous verrez, vous vivrez d'intenses émotions que vous n'oublierez jamais. Cela donnera aussi peut-être l'envie à certains des participants de poursuivre une action solidaire plus tard.

Pour les fans d'adrénaline, **misez sur l'aventure et repoussez vos limites**. Un saut à l'élastique, un autre en parachute, un triathlon dans les rues de votre ville, un tour sur un circuit de course automobile, une participation à une course à pied habillé en marié, une journée rafting…

Et pourquoi pas **une virée entre copains ou copines** dans un endroit inconnu ? Une capitale européenne, un week-end prolongé à NYC sur les traces des héroïnes de *Sex & The City* ou de *Gossip Girl*, ou dans une ville dont le futur marié soutient l'équipe de foot, une méharée dans le désert marocain… Inoubliable pour tous ! En plus, comme les week-ends EVC sont très à la mode actuellement, les voyagistes proposent des forfaits intéressants.

Elle est passée par là

« Mes amies ont fait très fort ! Elles m'ont kidnappée un samedi aux aurores, mis un bandeau sur les yeux et m'ont poussée dans la voiture. Au bout de trois heures de route, nous étions arrivées à Bruxelles, une ville que je ne connaissais pas. Elles m'ont mise au défi de revenir avec dix représentations du Manneken-Pis (carte postale, photo, magnet, briquet, en chocolat…). J'ai remporté le pari et nous avons ensuite fait la fête dans un club de la ville où nous attendaient mon fiancé et ses amis. »

MARIE-LOU

Proposez à celle qui va bientôt se faire mettre la corde au cou **une journée chouchoutage**. Réservez des soins dans un centre de thalasso, si l'une d'entre vous a une maison de vacances en bord de mer, ou laissez-vous aller aux délices proposés dans un spa près de chez vous. Une soirée dans un hammam peut aussi être programmée pour les filles et les garçons !

Les futurs mariés ont toujours aimé jouer au Cluedo ? Réservez pour les garçons et les filles **une soirée *Murder party*** pour vivre l'expérience grandeur nature. Ce jeu de rôles permet à tout le monde de tenter de résoudre une énigme en se laissant guider par des pros. Et on ne rechigne pas à enfiler des déguisements !

Les sportifs « un peu mais pas trop » aimeront aussi **une partie de paintball, de laser tag ou une chasse à l'homme** dans les rues de votre ville, armés de GPS ou de Smartphones. Un bon moyen de se défouler avant de dire « oui » le jour J !

Les futurs mariés ne se remettent pas de n'avoir pas réussi le casting de The Voice ? Pour les consoler, offrez-leur **une séance d'enregistrement d'un CD** dans un vrai studio, comme les plus grandes stars ! Ou alors, enregistrez un tube tous ensemble…

Astuces budget

Faites appel aux talents et aux réseaux de chacun pour réduire les frais : Léa aux doigts de fée offrira un massage et une manucure à la future mariée, la débrouillarde Clarisse dégotera un superbe déguisement emprunté à une copine costumière, le cousin de Paul ouvrira les portes d'un gymnase pour une partie de nightminton (du *speedminton* avec du matériel phosphorescent), Théo le cordon-bleu concoctera un dîner gourmet…

CARNET D'ADRESSES

STRIP-TEASE ET AUTRES SPECTACLES

Chippendales
Internationalement connue, cette troupe de danseurs super musclés, super chauds, super pros n'a plus à faire ses preuves auprès de la gent féminine. Dîner et spectacle pour se rincer l'œil !
www.chippendale.fr

Pink Paradise
Célèbre club de Paris où de très belles créatures évoluent très peu vêtues sur une scène et peuvent offrir une *lap dance* à ceux qui le souhaitent... à condition de payer et de ne surtout pas utiliser ses mains. Au risque de se faire virer du club par un gros costaud !
www.pinkparadise.fr

Allô Strip
Agence spécialisée en strip-tease à domicile pour les enterrements de vie de garçon ou de jeune fille. Une manière d'apprécier l'art de l'effeuillage sans y laisser de plumes !
www.allostrip.com

COURS ET LEÇONS

La Belle École
Des cours de savoir-vivre, d'art de la table, de bonnes manières... Tout pour être la parfaite *lady* ou le parfait *gentleman* avant de dire « oui » !
www.labelleecole.fr

Terroir Expérience
Des cours d'œnologie proposés dans douze villes de France par des pros qui ne demandent qu'à vous faire découvrir leur passion.
www.terroirexperience.com

Leroy Merlin
Poser un parquet, enfoncer un clou sans se faire mal, appliquer une peinture... Découvrez les ateliers bricolage proposés par cette enseigne présente dans de nombreuses villes de France.
www.leroymerlin.fr

L'Atelier des chefs
Laissez des cuisiniers étoilés vous enseigner les secrets de réussite des plats les plus simples comme ceux des recettes les plus sophistiquées.

Présence dans une dizaine de villes.
www.atelierdeschefs.fr

Sherry BB
Une démarche digne de Betty Boop, un déhanché à la Betty Page et une chorégraphie à la Dita von Teese… Apprenez entre filles l'art de l'effeuillage burlesque et dépassez vos limites pour votre plus grande libération. La Kiss School of Burlesque vous donne toutes les clés pour exprimer votre côté girly-sexy. On en redemande !
www.sherry-bb.com

LAISSEZ FAIRE LES PROS !

Murder 2000
Une équipe d'experts se charge du scénario et de la mise en scène de votre *Murder party* sur mesure. Élémentaire, mon cher Watson ! Vous pouvez également télécharger des scripts à réaliser vous-même.
www.murder2000.com

Loisirs Prod
Partie de paintball, parcours aventure dans les arbres, combat gonflé de sumos, babyfoot humain, chasse à l'homme avec GPS… Vous en avez rêvé ? Ils l'ont fait. À Paris et en région parisienne, amusez-vous comme des fous !
www.loisirsprod.com

Enterre ta vie de célibataire
Création de parfums, shooting photos, cours de cuisine, activités de jour ou de nuit… Pour les filles comme pour les garçons, cette agence vous aide à créer le carnet de route de cette journée pas comme les autres.
www.enterre-ta-vie-de-celibataire.com

Crazy EVJF et Crazy EVG
Embarquez pour quelques jours de folie en Europe ou de l'autre côté de la Méditerranée grâce à des experts des voyages festifs. Ils ont fait des enterrements de vie de célibataire en dehors de nos frontières l'une de leurs spécialités. Une version fille et une version garçon sont proposées. Vous allez craquer pour le design du site.
www.crazy-evjf.com
www.crazy-evg.com

Friendly Moments
Comptez sur ces « créateurs d'instants uniques » pour concocter un EVG ou un EVJF selon les envies, les goûts et le budget de chacun. Plus de 1 200 activités sont proposées en France et à l'étranger ! D'une balade en gyropode à Toulouse à un après-midi accrobranches en Normandie en passant par un week-end à la neige ou en Hongrie… Tout est possible !
www.friendlymoments.com

P3 Paris
Trois fois la lettre « P » pour Personal Party Planner ! Une initiative originale qui propose des services qui plairont autant aux futurs mariés qu'aux témoins. De l'organisation de la demande en mariage (oui, oui !) à celle de l'enterrement de vie de célibataire, cette société ne manque pas d'imagination et d'idées originales.
www.p3paris.com

Audioland
Un studio d'enregistrement pro qui ouvre aussi ses portes à ceux qui veulent enregistrer leur *love song* sur un CD. Le forfait séance d'enregistrement d'une heure avec création du CD : 50 €.
www.audioland.fr

APPLI SMARTPHONES

Piste et Trésor
Une appli gratuite pour faire des jeux de piste et des chasses au trésor urbains à travers la France. Parfait pour tester le sens de l'orientation et l'instinct de détective des futurs mariés !

Géocaching
Un jeu de piste planétaire qui couvre même les endroits les plus reculés de notre globe. Idéal pour les amoureux de nature et d'aventure. Prix : 7,99 €

Les bons comptes entre amis
Une appli gratuite imaginée par BNP Paribas qui permet d'honorer les petites dettes entre amis. Ainsi, on sait qui doit combien et à qui lors de l'avance des frais pour un enterrement de vie de célibataire. Très utile aussi pour plus tard: cadeaux communs, cohabitation en vacances...

NOTRE COUP DE CŒUR

Cordocou
Un site qui rassemble de nombreuses idées et adresses pour tous ceux et celles qui ont décidé de se faire passer la corde au cou. Les témoignages des internautes sont aussi d'une grande utilité.
www.cordocou.com

CHAPITRE 7

RÉCEPTION

Bien sûr, il ne s'agit pas d'en mettre plein la vue à vos invités. Le but est de leur laisser le meilleur souvenir possible de votre mariage. Le choix de la salle de réception et du traiteur seront capitaux. Sachez également que c'est le poste de dépense le plus important de votre budget : munissez-vous donc de votre calculette. Et gardez en tête que votre réception est le reflet de votre personnalité. Inutile de vous imposer un château si vous rêvez d'un mariage champêtre ou de céder à un menu « fooding » si vous ne jurez que par la grande cuisine française. Faites-vous réellement plaisir. C'est le meilleur moyen de le partager.

Recevoir à la maison

J-6 mois

Organiser une fête à la maison est pour vous un jeu d'enfant. Des années d'expérience et une solide réputation de « fêtarde » vous ont convaincue de célébrer le mariage dans vos murs. Sans compter l'argument principal qui est bien sûr de faire des économies. Cette réception a priori conviviale peut vite tourner au cauchemar si vous ne prenez pas les précautions nécessaires. Suivez à la lettre ces quelques règles. Elles vous éviteront de récupérer une maison en ruine et de retrouver un trou béant dans votre compte bancaire !

• Les trente commandements du mariage *home sweet home*

1. Limitez le nombre d'invités, surtout si vous vivez en appartement. Vos convives doivent absolument se sentir à l'aise dans votre espace et ne pas avoir l'impression de se marcher sur les pieds.

2. Prévenez vos voisins et excusez-vous de la gêne qu'occasionnera le mariage. Vous éviterez ainsi les plaintes pour tapage nocturne. Signalez également au commissariat ou à la gendarmerie proche de chez vous de la tenue de votre fiesta. Ils vous seront reconnaissants de votre attention et seront moins surpris s'ils recevaient quelque plainte.

3. Mettez de côté tous les objets auxquels vous tenez dans un placard fermé ou à la cave.

4. Vérifiez que votre contrat d'assurance maison contient la garantie « organisation de fête familiale ». Si ce n'est pas le cas, demandez à ce que soit fait un avenant au contrat. Il est indispensable d'être couvert en cas d'accident ou de casse.

5. Prévoyez suffisamment de portants et de cintres pour faire un vestiaire. On pense à suspendre une corde avec des pinces à linge pour y accrocher les nombreux chapeaux et des paniers ou des coffres pour y ranger les sacs à main qui supportent difficilement d'être au sol ou accrochés à un cintre. On pense aussi à des contremarques avec un numéro. Cela évitera une pagaille généralisée au moment de récupérer ses affaires à l'aube ! Si votre budget le permet, il ne faut pas hésiter à rétribuer quelqu'un pour tenir le vestiaire. Un ado ne dira pas non à l'idée d'améliorer son argent de poche !

6. Si vous recevez en ville, **indiquez à vos invités les parkings les plus proches** du lieu de réception pour qu'ils ne perdent pas trop de temps à chercher une place. Si votre réception a lieu à la campagne, demandez à la municipalité ou à des propriétaires la possibilité de louer un champ ou un espace (le parking d'une école, par exemple) à proximité pour y créer un espace de stationnement. Pensez à baliser le champ pour indiquer aux voitures comment se garer sans perdre de place et à nommer des responsables pour ranger les voitures. Attention s'il pleut au risque d'embourbement !

7. Dressez une liste très précise de ce dont vous disposez comme chaises, tables, fauteuils, assiettes, plats, couverts, verres, nappes et serviettes. Vous pouvez demander du renfort à vos amis ou décidez de louer le complément. Pensez aussi à votre équipement de cuisine. Si vous ne disposez que d'un four, demandez à vos proches de venir avec leurs fours à micro-ondes. Ils seront indispensables pour servir tout le monde rapidement. N'oubliez pas les glacières pour conserver au frais les boissons.

8. Pour un mariage en petit comité, **privilégiez les grands buffets froids** ou les plats uniques comme une paella géante ou un couscous royal. Si vous recevez plus de 50 invités, sollicitez les services d'un traiteur. La meilleure formule pour les petits espaces étant le buffet ou le cocktail dînatoire. Exit les tables trop encombrantes. Vos invités pourront circuler librement. Pensez juste à prévoir assez de chaises pour les personnes plus âgées. Contre facturation, le traiteur peut vous fournir tout le matériel dont vous avez besoin. Facilitez-vous la tâche en engageant des serveurs. Pensez aux élèves des écoles hôtelières ; ils vous coûteront moins cher.

9. Même si votre maison est certainement très jolie, vous aurez sûrement envie de lui offrir un petit relooking pour l'occasion. À commencer par le jardin ou la terrasse. Si vous envisagez de convoler au printemps ou en été anticipez ! **Faites vos plantations au bon moment pour bénéficier d'arbres en fleurs le jour J.** N'oubliez pas non plus de tondre l'herbe et les haies quelques jours auparavant pour rendre les espaces verts encore plus accueillants. Il est peut-être temps aussi de donner un coup de frais aux peintures, de faire vérifier les installations électriques et de checker la solidité de la plomberie !

10. Faites venir les prestataires auxquels vous aurez affaire quelque temps avant de lancer le branle-bas de combat. Eux seuls pourront vous dire quels aménagements prévoir : groupe électrogène, fours ou réfrigérateurs supplémentaires, moquette à installer pour protéger vos parquets... Ils pourront également vous dire si le sol est droit ou s'il faudra le rééquilibrer avec un faux plancher ou une plateforme. Personne n'a envie de voir son buffet s'effondrer !

11. Pensez à aménager différents espaces, en plus de ceux dédiés au vestiaire, cocktail, au repas et à la danse :

- plusieurs petits salons où les invités pourront discuter tranquillement. À l'intérieur, dans le jardin, mais on évitera de les installer sous les arbres à cause des moustiques !
- une chambre, un chapiteau pour les enfants avec matelas pour se reposer ;
- une grande table pour recevoir les éventuels cadeaux !
- un studio de photographie avec moult accessoires (grand cadre, chapeaux, gadgets pour *photobooth*) ;
- un coin boudoir.

« *Elle est passée par là*

« Nous avons organisé un grand barbecue dans la maison de vacances de mes parents, où nous nous étions rencontrés enfants. L'ambiance était détendue. Nous avons évité des frais de traiteur et nous avons demandé à des amis de s'occuper de la cuisson des viandes. Quelques tables et chaises avaient été installées pour les personnes plus âgées et les autres se sont assis dans l'herbe autour de grandes nappes en papier. Le soir, il faisait si bon que nous avons même sorti les canapés et la table basse du salon. Atmosphère *lounge* dans le jardin. Les codes avaient été bousculés, nos grands-parents étaient ravis... C'était magique ! »

MARIE »

12. Prévoyez un espace suffisamment bien délimité pour accueillir la piste de danse. Un faux parquet, de la moquette rase, du lino nouvelle génération feront l'affaire. Pour une centaine d'invités, il faut prévoir 25 m² de *dance floor.* Il faudra installer quelques fauteuils et des tables basses pour créer une ambiance « boîte de nuit ». On peut également imaginer une piste entourée de plantes vertes, de petits palmiers, de parasols pour une atmosphère « *beach party* ».

13. Réservez une chambre ou une petite tente pour les enfants. Quelques matelas au sol et de gros coussins leur permettront de se reposer ou de pratiquer quelques jeux dans un espace qui leur sera consacré.

14. Imaginez un coin boudoir : derrière un paravent, sous une petite tente ou dans une chambre. On met à disposition de ses invités une coiffeuse ou une table surmontée d'un miroir bien éclairé, plusieurs fauteuils et dans un panier à trésor : du démaquillant, un peigne, de la laque pour les cheveux, des épingles à cheveux, une pince à épiler (oui, oui ! vos invités vous diront merci !), des pansements, un déodorant en vapo, un sèche-cheveux (très pratique après la pluie ou pour sécher une tache qu'on vient de nettoyer), un nécessaire à couture, des tampons et des serviettes hygiéniques, des pastilles de menthe. Si vous ne pouvez prévoir un espace « je me refais une beauté », pensez à laisser le même type de commodités dans les salles de bain.

15. Si vous avez une piscine et si le temps le permet, prévenez vos invités afin qu'ils apportent leur maillot et une serviette. Faites-la sécuriser, si ce n'est déjà fait, afin qu'aucun accident dramatique n'arrive si vous avez invité des enfants. Exigez toujours la présence d'un adulte à leurs côtés ou interdisez simplement son accès.

16. Ayez à portée de main une liste des numéros de téléphone à appeler en cas d'urgence : pompiers, police, SAMU mais aussi plombier et électricien !

17. Préparez une trousse de premiers secours (aspirine, pansements, désinfectant mais aussi détachant, produits pour hygiène féminine, lampe électrique, bougies en nombre...).

18. Louez un groupe électrogène en cas de surchauffe électrique et achetez des plombs de rechange !

19. Appelez un service de livraison à domicile de glaçons. On n'en a jamais assez !

20. Préparez des panneaux indicatifs pour les toilettes, le vestiaire, une chambre pour que les enfants puissent se reposer...

21. Pensez aussi à la signalétique pour que vos invités trouvent votre maison : des ballons d'une même couleur ou des pancartes accrochés à quelques points stratégiques sur la route.

22. Prévoyez suffisamment de cendriers, remplissez-les de sable afin d'éviter les odeurs désagréables.

23. Investissez dans des extincteurs homologués... On ne sait jamais !

24. Pensez aux ventilateurs ou aux chauffages d'appoint.

25. Investissez dans des parapluies en cas de trombes d'eau. Vos invités vous remercieront !

26. Installez des paillassons à l'entrée de chaque pièce, tente ou salle de bains.

27. Branchez des **prises anti-moustiques** et allumez des bougies à la citronnelle... Adieu vilains vampires !

28. Si vous craignez pour votre parquet (les talons aiguille font des ravages !), **pensez à une bâche** ou à un revêtement éphémère.

29. Faites appel à un wedding planner qui saura vous guider pas à pas dans l'organisation de votre grand jour. Demandez une prestation sur mesure et adaptée à vos besoins : gestion des prestataires et du *timing*, mise en place uniquement de la déco...

30. Surtout pour être tranquille, **réservez les services d'une femme de ménage** dès le lendemain. Certes, cela représente un coût supplémentaire mais croyez-nous, cela en vaut vraiment le coup !

FOCUS

Cinq bonnes raisons de fêter à la maison

C'est une formule très conviviale qui permet de célébrer le mariage avec les personnes les plus intimes.

Vous disposerez de tout le temps nécessaire pour décorer et tout mettre en place.

Vous choisirez librement la date de la réception et ne serez pas soumis au planning serré des salles professionnelles.

Vous n'aurez pas de contrainte de temps. La fête pourra continuer jusqu'à épuisement des invités.

Vous serez sûrs de proposer un lieu qui sorte du lot et qui change des salles de réception habituelles. Et vous partagerez un petit bout de votre univers avec vos proches. #personnalisation !

FOCUS

Trois bonnes raisons de ne pas fêter à la maison

Cela exige beaucoup plus de travail. Cette solution ne représente pas un gain de temps.

Contrairement à ce que l'on pourrait penser, cette option peut s'avérer plus coûteuse si l'on loue du matériel : chaises, piste de danse, tente, vaisselle...

.../...

.../...

On a l'esprit moins tranquille : peur que quelqu'un casse le vase de la grand-tante, toujours un invité pour nous demander où se trouve une boîte d'allumettes, un DVD pour les enfants...

Astuces budget

Si votre budget commence à faire la grimace, faites quelques économies en louant des tables de kermesse avec un banc plutôt que des chaises. On y place davantage de monde avec un effet hipster en prime.

(Voir Carnet d'adresses en fin de chapitre.)

• Déco maison, idées express et faciles

Détournement et recyclage d'objets

- On sort l'étagère Billy (ah, le bonheur des meubles suédois) ou une autre trouvée chez Emmaüs qu'on peut repeindre aux couleurs de son thème. On y installe des cadres à photos dépareillés dans lesquels on glisse des clichés de vieilles photos de mariage de famille (ou trouvées dans des brocantes) et des photos de son couple à travers le temps (tellement mieux que le Powerpoint qu'on diffuse généralement au moment des discours).
- On remplit des petites tasses à thé de bonbons colorés, de têtes de fleurs coupées, de dragées, de bougies flottantes et on les dispose sur les tables.
- Un porte-manteau perroquet recevra des petites lanternes en papier.
- Un plat à tarte sur pied accueillera une multitude de bougies de tailles différentes.
- Des bouteilles en verre peintes à la main puis frottées au papier de verre pour leur donner un air vieilli recevront des fleurs et pourront être placées individuellement sur les tables ou en groupe pour créer un centre de table.
- Une rangée de bottes en caoutchouc qui abritent des vases remplis de fleurs.
- Sur une jolie échelle en bois dépliée, on installe au choix : une multitude de fleurs dans des pots à yaourt en verre, des photophores, des cocktails servis dans des grands pots à confiture et on n'oublie pas la paille !
- De la toile de jute, les anciens rideaux de grand-maman, une toile cirée personnalisée, des grandes feuilles de palmier ou de bananier vernies pour recouvrir les tables.

- Des cagettes en bois pour contenir les bouteilles d'alcool ou des petits pots de plantes aromatiques qui seront distribués en fin de journée.

Dépareillement immédiat

- Pour l'éclairage, on mélange toutes les sources de lumière : guirlandes électriques à installer sur les bosquets, photophores à accrocher sur les branches d'arbres ou à placer en bouquet en centre de table, flambeaux pour éclairer une allée, longues chandelles pour le buffet, lanternes en papier à suspendre sur une corde solide, loupiottes LED pour illuminer le bar et la piste de danse… On place des bougies chauffe-plats dans d'anciennes boîtes de conserve qu'on aura percées au préalable.
- Qu'importe si la vaisselle n'est pas identique. On tire profit de cette différence avec de beaux verres à pied de couleurs variées et d'assiettes de formes diverses. Le côté bohème chic a la cote : on en abuse ! Mais halte aux verres à moutarde à motifs « Cars » !
- On ressort de vieux fauteuils du grenier, des banquettes chinées, on repeint des tabourets, on suspend des hamacs, on emprunte des chaises pliantes de jardin.

Les petits plus qui font la différence

- Dans les toilettes et les salles de bains, on propose des petites serviettes en éponge roulées et parfumées à la fleur d'oranger pour mieux se rafraîchir.
- On parfume les eaux qui seront servies à table ou tout au long de la soirée : concombre, tranches d'orange ou rondelles de citron.
- On installe sa machine à café et on anticipe avec une bonne cargaison de dosettes (on n'oublie pas les décaféinées !) et on investit dans une sélection de thé pour les amateurs de ce breuvage. On pense à la jolie sucrière avec les petites cuillers. Plus écologique que le sachet de sucre individuel.
- On imagine un atelier smoothies. Avec les fruits du jardin (ou du supermarché…) disposés dans des paniers, on propose à ses invités de créer avec un mixer leur mixture idéale. Prévoir un évier à proximité pour rincer fréquemment le récipient.
- On fabrique des lance-confetti individuels qu'on distribuera aux enfants au moment de l'arrivée des mariés ou du dessert. Il suffit de remplir des moules *push pop* (on les commande facilement sur Internet) qu'on remplit de confetti biodégradables et qui disparaîtront d'un coup de jet d'eau. Les plus romantiques choisiront des pétales.

HUIT QUESTIONS À BAPTISTE BÉNIER, RESPONSABLE COMMERCIAL ÉVÉNEMENTIEL KILOUTOU EVENT

Lorsque l'on veut recevoir chez soi ou à l'extérieur, quelles installations électriques et quels éclairages faut-il prévoir ?

Il n'est pas nécessaire d'imaginer une installation trop importante. Un groupe électrogène ne sera indispensable que si le traiteur en réclame un : les appareils de cuisson sont très gourmands en énergie. S'il y a trop de distance entre la maison et le jardin où se déroule la réception, dans ce cas, il faudra louer un petit groupe de 2 kwa. Silencieux et présentant une autonomie de huit heures il sera suffisant pour l'occasion.

Pour l'éclairage, on pense aux guirlandes classiques de 220 v qui consomment peu d'électricité. On peut également louer des lampes HPI recouvertes d'une enveloppe cylindrique ou conique et qui sont faciles à installer. Au sol, elles permettent de baliser les lieux avec un éclairage doux mais efficace et elles supportent l'extérieur.

Bien évidemment, on prévoit des prises multiples, des rallonges. Avec un dérouleur de 25 mètres, on devrait être tranquille.

À quel type de matériel doit-on penser pour la sono ?

Lorsqu'on fait appel à un DJ professionnel, il vient normalement avec tous ses outils de travail et on n'a plus à s'en soucier. Mais désormais, les futurs mariés sont de plus en plus nombreux à faire l'animation musicale eux-mêmes avec l'aide des discothèques virtuelles (Apple Music, Deezer, Spotify…). Il faudra alors penser à louer du matériel suffisamment puissant pour garantir du bon son ! Selon la surface à couvrir, on pourra louer une enceinte de 250 W ou en ajouter une deuxième si la piste fait plus de 65 m². On peut également profiter d'une toute nouvelle table de mixage pourvue de toutes les connectiques nécessaires (pour clé USB, câble PC, micro HF…) et d'une puissance de deux fois 250 W.

On oublie les spots très criards et les machines à fumée… C'est ringard. Dorénavant, on mise sur un éclairage minimaliste et on va vers la simplification. Des lampes LED au sol qu'on branche en série avec un modificateur de couleur sont idéales. On choisit du matériel IP45 qui supporte l'extérieur.

À quel type de revêtement au sol doit-on penser pour le *dance floor* ?

Certains privilégient la moquette (comme celle qu'on peut voir sur les salons) qui protège très bien tout en habillant la pièce. Elle s'achète au mètre carré. Pour l'extérieur, on loue du parquet. Il faut compter une piste de danse de 25 m². Il est très rare que tous les invités se retrouvent sur le *dance floor* en même temps.

Si l'on a besoin d'installer un parquet pour le reste de la réception, il faut compter pour un cocktail debout : 1 m² pour 2 ou 3 personnes et 1 m² par personne pour un repas assis.

Quel remède en cas de mauvais temps ?

Il faut toujours prévoir une tente. Selon le budget et le nombre d'invités, on optera pour un chapiteau mais avec une structure plus conséquente. Il existe également une gamme de tentes pliantes de 3 x 3 m ou de 5 x 5 m que l'on assemble comme on le souhaite. Désormais on peut apprécier le système de jonctions qui permet de faire des raccords propres et surtout la présence de gouttières. Très appréciables en cas de pluie !

Quelle solution apporter lorsqu'on ne dispose pas suffisamment ou du tout de commodités ?

On loue une cabine individuelle avec papier-toilette, lave-main, parfois un miroir ainsi

…/…

.../...

qu'un toit translucide qui laisse passer la lumière et permet jusqu'à 200 passages. C'est largement suffisant pour compléter la présence de toilettes traditionnelles dans la maison. Il est également envisageable de louer une cabine pour les personnes à mobilité réduite.

Qu'est-ce que les futurs mariés oublient le plus souvent ?

Le chauffage ! Ils y pensent rarement alors que les nuits peuvent être fraîches même en plein été. Il suffit pourtant de louer un chauffage parapluie qui fonctionne au gaz et qui s'utilise à l'extérieur ou une autre version électrique, qu'on appelle radiant, qu'on installe dehors comme dedans.

Quelles sont les nouvelles tendances que vous avez remarquées dans les souhaits des futurs mariés ?

En déco, ils recherchent davantage la simplicité, la neutralité et le minimalisme. Le pompeux des chaises Napoléon rouge et or ou la vaisselle blanche au filet doré n'ont plus la cote. Alors que les chaises de jardin et les tables de kermesse avec leurs bancs sont très sollicités.

Pour créer des animations ou des stands, ils louent souvent des machines à hot-dog, à barbe à papa, des friteuses, des fontaines à chocolat... On propose aussi la location d'un bar à LED multicolore. C'est parfait pour ceux qui veulent organiser un atelier de mixologie pour concocter soi-même des cocktails.

Pour les lendemains de mariage, ce sont les barbecues classiques ou à méchoui et les tables plancha qui récoltent un très grand succès.

Nous avons également depuis quelques temps de plus en plus de demandes de location de chaises pliantes et de matériel pour organiser une cérémonie laïque (voir chapitre 3 « Formalités »).

Et Kiloutou Event rime avec « s'occupe de tout » ?

Quasiment ! Surtout pour un service personnalisé, du sur-mesure et des conseils adaptés avec un interlocuteur unique. En plus, sur le site Internet, on peut obtenir très rapidement un devis et des réponses selon le projet de chacun. La livraison, l'installation et le retrait du matériel loué font également partie des services de la maison. Nous cherchons toujours des solutions et faisons appel à plusieurs prestataires de confiance pour que l'événement soit le plus réussi possible.

Pour en savoir plus : www.kiloutou-event.com
Pour contacter un spécialiste : 0825 890 123

Louer une salle

J-1 an

Vous n'habitez pas dans un loft de 5 000 m2, la maison de vos parents est grande comme un timbre-poste et vous rêvez d'un endroit nouveau pour recevoir vos invités ? La location d'une salle s'impose, à moins que vous ne connaissiez un ami d'une extrême générosité, prêt à vous prêter son manoir !

Le choix du lieu de réception est l'une des premières choses auxquelles penser. Les salles se réservent souvent un an à l'avance, voire deux ! Ne tardez donc pas mais ne vous précipitez pas non plus.

Avant de visiter la salle de vos rêves :

- Mettez-vous d'accord sur le style de salle que vous souhaitez louer.
- Comptez *grosso modo* le nombre d'invités attendus.
- Établissez tout de suite le budget que vous envisagez d'accorder à ce poste de dépense.
- Définissez la zone géographique idéale.
- Arrêtez deux ou trois dates éventuelles de réception.
- Consultez vos amis, les offices de tourisme, les répertoires de salles de réception…
- Appelez les propriétaires et prenez rendez-vous pour visiter les lieux. Ne choisissez jamais un endroit sans le connaître !
- Une fois sur place, exercez votre œil de lynx et sachez poser les bonnes questions !

Astuces budget

Louez votre salle un vendredi et vous pourrez déjà espérer une réduction de 30 % ! À ne pas négliger…

Pensez aussi à réserver le lieu hors saison de mariage (de novembre à mars) et vous pouvez vous attendre à une belle économie aussi !

• À chacun son style, à chacun sa salle…

Les goûts et les couleurs, chacun le sait : cela ne se discute pas. C'est comme le choix d'une salle de réception… Château ? Loft futuriste ? Troquet du coin ? Péniche ou centre socioculturel de votre commune ? Votre décision dépend de vos goûts, de vos habitudes et de vos obligations financières ou géographiques. À vous de trouver votre style…

Vous êtes romantique

Même si vous ne croyez plus depuis longtemps aux contes de fée, vous restez une incorrigible rêveuse. Quand on vous parle de réception de mariage, vous imaginez une salle au parquet lustré. De lourdes tentures habilleraient les fenêtres. Les plafonds crouleraient sous le poids de lustres centenaires. Et partout il y aurait de l'or. Ce ne serait pas Versailles, mais presque. Votre salle de réception idéale est sans aucun doute un lieu authentique, chargé d'histoire. Les maîtres mots sont l'élégance et le raffinement.

Orientez votre recherche vers :

- un château ;
- un manoir ;

- une abbaye ;
- un cloître ;
- une conciergerie ;
- un hôtel particulier ;
- une ancienne auberge.

Les + : les anciennes salles donnent un caractère magique à votre réception. Elles ont beaucoup de cachet et ne demandent pas de gros efforts de décoration.

Les – : quand elles sont classées monuments historiques, il peut y avoir des interdictions de fumer, de danser, d'installer de la déco ou une sono.

Vous êtes écolo

On vous surnomme « la bucolique ». Vivre au vert est pour vous une évidence. Que ce soit dans un appartement citadin transformé en jungle tropicale, ou dans un chalet écolo au creux d'une montagne, la nature est votre seconde peau. Et vous vivez en parfaite harmonie avec elle. Elle sera l'invitée d'honneur à votre mariage, le témoin fidèle et silencieux. La réception sera sous le signe des fleurs, de l'eau, des bois ou des animaux. Pour cadre, elle pourra avoir :

- un champ ;
- un jardin ;
- une ferme ;
- une péniche ;
- un chalet ;
- une grange ;
- un vignoble.

Les + : les endroits naturels donnent un côté champêtre et décontracté au mariage, ce qui est toujours agréable.

Les – : une réception au grand air exige un temps ensoleillé. Un ciel capricieux peut gâcher la fête, à moins de prévoir une solution de repli.

Vous êtes plutôt pratique...

Vous êtes souvent « busy » et « over bookée » et vous n'avez pas le temps de prendre en charge toute une organisation. Les formules « tout compris » correspondent très bien à votre profil et soulagent votre emploi du temps.

Vous cherchez à vous faciliter la vie et vous faites confiance aux « professionnels de la profession », optez alors pour des établissements habitués à recevoir des mariages ou des réceptions. Ils vous proposeront plusieurs possibilités clés en main et cela facilitera vos choix. À vous de voir si vous souhaitez, pouvez ou devez privatiser toute la maison ou juste une partie.

Vous dirigerez vos recherches vers des restaurants ou des hôtels restaurants.

Les + : formule parfois plus économique et généralement très complète, l'hôtel restaurant offre un minimum d'organisation et la possibilité de loger vos invités sur place.

Les – : vous pouvez vous retrouver avec d'autres clients de l'établissement et il est parfois impossible de réserver les jours de grande affluence. Les horaires sont moins flexibles.

Vous avez un petit budget

Vous avez joué au Loto et comme 100 % des perdants, vous n'avez pas gagné ? Vous préférez dépenser tout votre budget (ou presque) pour votre robe de mariée ? Vous préférez investir davantage pour le traiteur ou pour l'animation musicale ? Qu'à cela ne tienne ! Il existe aussi de très jolies salles adaptées aux portefeuilles moins remplis. Ne vous montrez pas timide et allez frapper aux portes.

Vous pourrez ainsi réserver :
- la salle des fêtes de votre commune ;
- le préau et le réfectoire de l'école primaire ;
- une salle attenante à l'église ;
- les locaux d'une association ;
- la bibliothèque.

Les + : souvent à proximité de la mairie et/ou du lieu de culte, la salle publique est une véritable économie.

Les – : la salle est généralement nue et il faut penser à louer le reste du matériel. La décoration est quasi-inexistante ou d'un goût douteux…

(Voir « SOS ma salle est trop moche ! »)

Vous êtes une citadine convaincue…

Vous vous rêvez en « Mariée and the City », votre amour ne craint pas le bitume et vous ne souhaitez pas vous éloigner de la clameur urbaine. Loin de vous l'idée de ne pas faire profiter vos invités de toutes les richesses de votre ville chérie. Vos désirs sont des ordres et les néons illumineront votre bonheur.

Vous pourrez choisir :
- un hôtel ou un palace ;
- un musée ou une galerie d'art ;
- un loft ou un entrepôt recyclé ;
- une cave ou un cellier ;
- un bar à thème ;
- une bibliothèque ;
- un théâtre ou un opéra ;
- les salons d'établissements prestigieux.

Astuces budget

Choisissez un restaurant qui fait aussi boîte de nuit. Certes, vous vous mélangerez à d'autres clients, mais vous ferez ainsi une grosse économie sur l'animation musicale !

Vous êtes insolite

« Entrer dans le moule », « faire comme tout le monde », « suivre la norme ». Très peu pour vous ! Vous avez toujours revendiqué votre droit à la différence : vestimentaire, culturelle, sociale ou professionnelle. Sans tomber dans la caricature ou la provocation, vous construisez une vie à votre image, loin des conventions et des schémas tout tracés. Bien sûr, vous aimez surprendre et votre mariage ne fera pas exception.

Pour la salle de réception, pensez à un endroit original et inattendu. Inspirez-vous de cette liste non exhaustive que vous compléterez en fonction de vos goûts :

- un cirque ;
- un cabaret ;
- une grotte ;
- un train ;
- une île ;
- un bus.

Les + : avec une salle insolite, votre réception restera dans les annales. Après tout, on ne se marie qu'une fois (en principe) !

Les – : les salles originales ont souvent un coût élevé. Petit budget s'abstenir.

(Voir Carnet d'adresses en fin de chapitre.)

Ils sont passés par là

« Il nous a fallu six mois pour organiser le mariage que l'on souhaitait vivre et partager. Nous avons décidé d'un *dress code* pour mettre tout le monde dans l'ambiance : des lunettes de soleil fantaisie. Ceci pour équilibrer l'attention générée par notre surprise vestimentaire : des costumes victoriens (début XIXe) munis de hauts-de-formes. Ainsi, Javier approchait les deux mètres cinquante ! Dès la sortie de la mairie, une balade à pied a permis de rejoindre la bibliothèque François Mitterrand, idéale pour prendre des photos de groupe. On a ensuite embarqué sur une péniche amarrée non loin qui était notre destination finale. Le cocktail était animé par un magicien spécialiste du close-up. Puis le repas gastronomique a été servi à table. Les entrées et les desserts étaient proposés en buffet. On a enfin tous dansé sur une playlist qu'on avait confiée à un DJ pour être sûrs d'aimer la musique.

Pour que notre journée se passe sans temps mort et sans souci, nous avons fait appel à une amie. Soigneusement briefée, elle a géré le monde et assuré la fluidité de la journée. Résultat : zéro stress pour nous et des invités totalement portés. C'est l'une des clés de la réussite de notre mariage. »

Franck et Javier »

REPÈRES

Pensez à l'assurance...

Elle n'est pas obligatoire, mais comme toujours, une mariée avertie en vaut deux ! Vérifiez auprès de votre organisme habituel si vous n'êtes pas déjà couverte. Sinon, optez pour l'extension « responsabilité civile organisateur de fêtes ». Vous aurez ainsi l'esprit tranquille en cas de pépin lors de la réception.

Vous pouvez également contracter une « assurance annulation ». La plupart des frais engagés vous seront ainsi remboursés, au cas où vous decideriez d'annuler la réception, mais sous certaines conditions seulement (décès, accident, maladie, intempéries, grève monstrueuse des transports...). Lisez bien votre contrat !

• Les vingt-cinq questions en or pour choisir la salle

1. Quelle est la capacité d'accueil maximale ? Pour un buffet, l'idéal est de 50 cm^2 par invité et pour un dîner assis de 1 m^2 par personne.

2. À partir de quelle heure et jusqu'à quelle heure dispose-t-on des lieux ? Est-il possible de payer un supplément pour prolonger la fête ?

3. D'autres réceptions auront-elles lieu le même jour ?

4 Y a-t-il un parking de prévu ? Payant, gratuit, surveillé ?

5. Y a-t-il un vestiaire de prévu ? Le personnel de vestiaire est-il en option ou imposé ?

6. La salle de réception est-elle accessible aux personnes handicapées ?

7. Y a-t-il une possibilité d'installer une tente dans le parc ?

8. Existe-t-il une solution de repli en cas d'intempéries ?

9. Est-il possible d'organiser un buffet à l'extérieur, pour le vin d'honneur ou pour le dîner ?

10. La salle impose-t-elle le traiteur ?

11. Le matériel de réception (chaises, tables, nappe, vaisselle...) est-il compris dans la location ?

12. Le DJ est-il imposé par la salle ou peut-on faire venir celui de son choix ? Y a-t-il du matériel sur place ?

13. Peut-on danser ? Dans une autre salle ou les tables et les chaises sont-elles déplacées après le dîner ?

14. Peut-on décorer librement les lieux ?

15. Les feux d'artifices sont-ils autorisés dans le jardin ?

16. Est-il permis de fumer ?

17. Un responsable des lieux sera-t-il présent tout au long de la soirée ?

18. Peut-on organiser un lendemain de mariage ?

19. Si la salle se trouve dans un hôtel, faut-il louer toutes les chambres ?

20. La mariée a-t-elle accès à une pièce pour se changer ?

21. Une pièce pour les enfants peut-elle être prévue ?

22. Est-il plus intéressant financièrement de louer la salle un vendredi ?

23. Quels sont les recours en cas d'annulation ? Une assurance peut-elle être contractée ?

24. Qui s'occupe du ménage du lendemain ?

25. Quel est le prix ? Quelles sont les possibilités de paiement ?

REPÈRES

Bien faire la différence entre arrhes et acompte

Les prestataires vous demanderont généralement de verser un acompte ou des arrhes, au moment de la réservation. Exigez toujours une copie de toute transaction.

L'acompte

Il représente un engagement ferme des deux parties. C'est un premier versement à valoir sur l'achat (le montant varie selon les prestataires). En cas de désistement, la partie victime de cette décision pourra non seulement garder la somme versée (ou la récupérer) mais aussi réclamer des dommages et intérêts.

Les arrhes

Ils ne représentent pas un engagement définitif. En général, de 20 à 50 % du coût total sont demandés. En cas de désistement de votre part, vous les perdrez, mais vous n'aurez pas à régler la totalité de la prestation initialement prévue. En revanche, si le prestataire n'est pas en mesure d'assurer le service prévu, il devra vous rembourser le double de la somme versée. Il est donc conseillé de privilégier le versement d'arrhes à l'acompte.
Astuce mnémotechnique de la DGCCRF (Direction Générale de la Concurrence, de la Consommation et de la Répression des Fraudes) :
– Si je verse un aCOMPTe, je dois CONtinuer.
– Si je verse des ARRHes, je peux ARRêter.

Le choix du traiteur

J-10 mois

Il ne se fait pas au hasard. Faites plutôt confiance à vos papilles et au carnet d'adresses de vos amis connaisseurs. Les traiteurs sont légion, mais dénicher la perle rare n'est pas une mince affaire. De sa prestation vont dépendre les soupirs de satisfaction ou les grincements de dents de vos convives. À vous de choisir !

• Mode d'emploi

En principe, on choisit le traiteur après avoir réservé la salle de réception. Sachez cependant que certains traiteurs vous proposeront une liste de salles où ils ont l'habitude d'officier. Vous ferez ainsi d'une pierre deux coups et bénéficierez d'une formule tout compris.

Oubliez le sympathique traiteur de quartier. S'il fait des merveilles pour vos dîners en tête à tête, rien ne vous assure qu'il saura maîtriser une réception de plus de 100 couverts. À limiter donc aux mariages en petit comité.

Déterminez au plus tôt le style de la réception. Les prix varient d'une formule à l'autre (voir plus loin). Tout dépendra de votre budget.

Dressez deux listes définitives d'invités en distinguant ceux qui seront présents uniquement au vin d'honneur et les autres. Vous aurez ainsi une idée du budget à prévoir par invité.

Lisez la presse, surfez sur Internet, questionnez votre entourage. Une fois que vous aurez sélectionné quatre à cinq noms de traiteurs, contactez-les. Vérifiez qu'ils ont l'habitude d'organiser des réceptions de mariage et leur fréquence par an. Renseignez-vous sur le style de prestation qu'ils proposent et leurs spécificités (plat familial sur demande, halal, casher, végétarien, gâteau de mariage…).

Demandez au traiteur s'il peut vous fournir les boissons et à quel prix. N'hésitez pas à éclaircir certains points qui se révèleront important le jour J :
- l'endroit où seront préparés les plats et l'équipement nécessaire sur place ;
- si votre mariage sera le seul engagement du traiteur ce jour-là ;
- si votre interlocuteur sera le même le jour de la réception…

Exigez un devis et déchiffrez-le avec attention (voir plus loin). Vérifiez en particulier si le matériel (chaises, tables et nappes), la vaisselle ainsi que le personnel sont compris ou non dans le prix. Pensez à regarder si est prévu le nettoyage de la salle par le personnel à la fin de la soirée.

Pour départager les traiteurs retenus, n'hésitez pas à demander une dégustation. Vous allez adorer cette étape qui consiste à se régaler pour la bonne cause.

Une fois le traiteur choisi, déployez des trésors de négociation pour obtenir une ristourne ou des facilités de paiement. Allez-y sans complexe, c'est le jeu de la concurrence.

Le terrain d'entente trouvé, vous n'aurez plus qu'à verser des arrhes (non récupérables en cas d'annulation) ou un acompte pour réserver le traiteur. Le solde est souvent demandé à réception de la facture, quelques jours après le mariage.

FOCUS

Méfiez-vous si…

Lors de la dégustation, vous avez un doute sur la fraîcheur des aliments. Il se peut que ce traiteur ne respecte pas la chaîne du froid (transport des denrées dans certaines conditions).

Le matériel proposé ne vous semble pas conforme aux normes d'hygiène et de sécurité.

Le traiteur reste vague sur l'argent. Une technique souvent utilisée pour vous faire payer des extras après la prestation.

S'il dit oui à toutes vos envies, même les plus fantasques. Un traiteur professionnel doit vous garder sur la bonne voie et vous prévenir des choses irréalisables ou trop coûteuses.

• Devis : lire entre les lignes

Lire le devis en diagonale est une grossière erreur qu'on ne vous laissera pas commettre. Il est indispensable de le scruter et de tout vérifier, car une fois signé, le devis a valeur de contrat et vous ne pourrez plus faire marche arrière. Suivez ce petit guide de la parfaite contractante.

Vérifiez s'il y a :

- Une description détaillée du repas avec la formule choisie, la composition exacte du menu (au nombre de bouchée près), s'il est servi chaud ou froid, à table ou en buffet, etc.
- Une indication des crus et des millésimes quand le traiteur fournit les boissons. Il doit aussi préciser si elles sont facturées au nombre de bouteilles ouvertes ou au forfait.
- Un inventaire du matériel s'il est fourni par le traiteur. En cas de casse ou de vol, l'extension de la responsabilité civile est suffisante pour les couvrir.
- Le personnel nécessaire à la réception : son nombre, son rang, les heures d'arrivée et de départ ainsi que le coût des heures supplémentaires.
- Les modalités de paiement : le versement des arrhes (en général de 20 à 50 %) ou d'un acompte et le règlement du solde.

Faites attention :
- Aux gâteaux qui ne sont pas toujours inclus dans le prix annoncé.
- Au droit de bouchon. Son coût varie selon les lieux. Il faut compter environ 7 € par bouteille.
- Au prix à payer par bouteille supplémentaire, si on choisit un forfait boisson et qu'il est dépassé au cours de la réception. Il faut qu'il soit précisé pour ne pas qu'on vous réclame des sommes faramineuses.
- Au délai limite pour passer commande.
- À la présence ou non d'une clause permettant d'ajuster jusqu'à la dernière minute le nombre d'invités.
- À la clause d'annulation précisant jusqu'à quand on peut se désister.

Dites non :
- Au travail au noir du personnel. Ne vous laissez pas tenter ! C'est une fausse économie qui risquerait de vous coûter gros en cas de contrôle ou d'accident.
- À une facture unique pour la nourriture et le personnel. Ces deux postes sont soumis à une TVA différente et doivent faire l'objet d'une double facturation, même s'il s'agit du même prestataire. Cette pratique de la facture unique cache en fait une fraude fiscale.

Astuces budget

Le devis contient souvent des prestations complémentaires qui ne sont pas comprises dans le prix final : déco, animation culinaire, impression des menus… À moins que vous en ayez vraiment besoin, évitez de craquer pour ces petits plus. Ils plombent très vite le budget !

• Les différentes formules

On ne plaisante pas avec les sacro-saints plaisirs de bouche, qui font partie des moments clés de la réception. Dîner assis qui dure huit heures, cocktail où les crevettes se dégustent avec les doigts ou barbecue à la bonne franquette ? À chacun sa formule, celle qui correspond le mieux à ses critères de budget, de durée, de préférences culinaires, d'espace…

Voici un petit récapitulatif pour vous aider. Ces formules sont aussi à envisager si vous recevez chez vous…

Le vin d'honneur ou le cocktail

Comme le « pop ! » du bouchon de champagne qui explose, il lance les festivités. C'est la formule la plus simple, le passage quasi obligatoire, le trait d'union entre la cérémonie civile ou religieuse et la réception.

Les + : la solution idéale pour les mariés qui veulent simplement « marquer le coup » en organisant uniquement un vin d'honneur. Un moyen économique pour recevoir les connaissances. Un prélude agréable pour que les invités se retrouvent ou fassent connaissance avant de passer à table. Peu de contrainte d'espace.

Les – : il est parfois délicat de faire partir les personnes qui ne sont pas invitées au repas. C'est pourquoi il est conseillé d'organiser le vin d'honneur dans un autre lieu que celui de la réception : les départs se font alors naturellement.

Qui invite-t-on ? Les personnes conviées à la réception et toutes celles qui ne le sont pas (voisins, connaissances, collègues…), mais avec qui vous voulez partager ce moment de bonheur.

Où ? Intérieur ou extérieur.

Que sert-on ? Selon votre budget : du champagne, du vin, des cocktails et des boissons non alcoolisées. Et des petites choses à grignoter : canapés, crudités, pains surprises… Prévoyez de neuf à quinze pièces par personne selon la durée.

Comment ? Une grande table est dressée, deux serveurs s'occupent de remplir les verres et les convives restent debout.

Durée ? Entre une heure et deux heures.

Et vous ? C'est le moment de recevoir le bisou de félicitations de votre boss ou d'étreindre votre nounou dans vos bras. Concentrez-vous sur les personnes que vous ne reverrez pas lors de la réception. Éclipsez-vous quelques instants avec le photographe (et votre époux !) pour prendre quelques clichés.

Astuces budget

Un vin d'honneur 2 en 1 : utilisez ce moment pour servir des pièces plus conséquentes que des petits-fours et qui feront office d'entrée. Une fois à table, le plat principal est présenté directement. Gain de temps, gain d'argent et gain de calories !

Le dîner assis

L'option la plus classique et la plus courante.

Les + : une formule classique qui ne choque pas les grand-tantes. L'occasion d'apprécier pleinement une cuisine gastronomique. Une vraie pause dans cette journée tourbillon !

Les – : une solution plus onéreuse. Un seul menu imposé à tous. Le temps peut paraître long... À moins d'animer les pauses entre chaque plat avec quelques pas de danse ou des discours.

Où ? La plupart du temps à l'intérieur ou sous une tente.

Que sert-on ? Une mise en bouche (parfois), une entrée, un plat principal, salade et fromage, dessert et café.

Comment ? Après le vin d'honneur, chaque convive rejoint la table à laquelle il a été affecté et attend patiemment et avec le sourire les plats présentés par un serveur (un par table).

Durée ? Évitez de dépasser deux heures si vous avez prévu une soirée dansante ensuite.

Et vous ? Entre les plats, vous passerez à chaque table pour être photographiés ou vous écouterez les nombreux éloges clamés à votre intention. Une fois de plus, mangez ! Vous devez tenir toute la soirée et un ventre vide ne vous rendra pas service...

Le cocktail déjeunatoire ou dînatoire

Il s'agit là d'une formule qui s'apparente davantage à un repas. Vos invités affamés se jetteront (parfois avec classe, souvent avec gloutonnerie) sur les différents mets et en profiteront pour se sustenter avant d'envahir le *dance floor.*

Les + : possibilité de goûter à tout, liberté de bouger et de changer facilement d'interlocuteur, plus économique qu'un dîner assis. Capacité d'accueil plus élevée.

Les – : la difficulté de jongler avec la coupe de champagne et la cassolette de saumon mariné, tout en gardant l'équilibre sur ses talons aiguille ! Les personnes âgées peuvent regretter l'absence de chaises et de tables. Pensez à en installer quelques-unes.

Où ? Intérieur ou extérieur.

FOCUS

Café ou thé ?

Inévitable rituel qui clôt tout bon repas. Pensez aussi à demander au traiteur de proposer du café, du thé ou des infusions, accompagnés de mignardises ou de timbales de sorbet tout au long de la soirée dansante ou vers la fin de la réception. Une attention très appréciée pour redonner du punch aux noctambules !

Que sert-on ? Des saveurs salées et sucrées, en passant par les fromages et les boissons. On favorise les préparations faciles à déguster avec les doigts ou avec une fourchette et debout : petites brochettes, mini-bouchées, verrine de mousseline, macarons, petits-fours… Une quinzaine de pièces par invité est à recommander pour une durée de 2 h 30.

Comment ? Les préparations sont présentées sur une ou plusieurs tables entre les grandes tables en longueur. Prévoyez un serveur pour 45 personnes.

Durée ? Grand maximum deux heures. Davantage si une soirée dansante n'est pas prévue.

Et vous ? Vous virevoltez entre chaque invité, en prenant soin de ne pas rester trop longtemps avec chacun d'entre eux. Vous en profitez pour vous repoudrer le nez et surtout : vous mangez !

Le buffet

Ce choix vous rappellera vos vacances en club où pléthore de plats sont proposés. Il s'agit d'un repas complet servi au buffet mais consommé à table. Vos invités auront l'impression d'avoir été conviés au plus chic banquet à volonté du siècle !

Les + : solution idéale pour un buffet exotique ou à thème, très convivial, tous les goûts seront satisfaits. Solution qui évite d'imaginer un menu « spécial enfants ».

Les – : la file d'attente devant le buffet peut rappeler la cantine du bureau…

Où ? Intérieur ou extérieur.

Que sert-on ? Un assortiment d'entrées, trois possibilités de plats principaux (chauds ou froids), différents desserts ou une pièce montée et une sélection de boissons. On n'oublie pas le fromage. Des animations culinaires sont envisageables : réchauds pour poêler le foie gras, découpage du jambon à l'os…

Comment ? Une ou plusieurs grandes tables rectangulaires présentent les mets et les bouteilles. Les invités se servent au buffet et s'installent ensuite à table. À vous de voir si vous faites un plan de table ou non. Prévoyez un serveur pour 30 personnes.

Durée ? Deux heures.

Et vous ? Vous avez la possibilité de vous asseoir et de souffler un peu, tout en faisant le tour des tables pour saluer tout le monde.

Les *food trucks*

C'est un phénomène qui ne vous aura pas échappé. Depuis quelques années, les camions de restauration déferlent en ville. Ils régalent les badauds pressés de repas pris sur le pouce, de grande qualité. Ces derniers temps, ces « popotes roulantes » désertent le bitume pour investir les réceptions de mariage. Idéal pour mixer nourriture gastronomique et repas sans tralala.

Les + : les *food trucks* envoient valser les conventions. Exit les repas assis durant lesquels les invités se morfondent d'ennui. Bye bye le plan de table qui vous impose des compagnies pas toujours recherchées. Leur grand atout est de créer une ambiance conviviale et d'apporter une touche ludique au repas. Souvent customisés avec goût, les *food trucks* font à eux seuls office d'animation. Ils contribuent beaucoup à l'esprit festif de la journée. De plus ils proposent une cuisine soignée qui surprendra vos convives. Leur secret : créer le décalage entre le côté « *street* » du camion et le raffinement des plats. Enfin, et ce n'est pas le moindre des arguments, les *food trucks* ont un coût nettement moins élevé qu'un traiteur traditionnel.

Les – : la file d'attente peut faire râler vos convives, surtout s'ils sont nombreux. La formule 100 % *food trucks* est donc à bannir des grands mariages. *Idem* pour les cérémonies très conventionnelles au risque de créer un malaise chez vos invités. Cependant, vous pouvez mixer les genres. Faites-vous plaisir avec un *food truck* de desserts, avec un camion proposant une spécialité salée lors du vin d'honneur ou réservez cette formule pour le brunch du lendemain, toujours plus décontracté. Autre point négatif : le coût *a priori* alléchant peut vite devenir plombant si vous multipliez les camions. La formule n'est alors plus rentable car vous cumulez les frais fixes et le personnel à payer. Si le repas est uniquement fourni par un restaurant ambulant, il est impératif de choisir un prestataire capable de servir un menu complet allant de l'entrée jusqu'au dessert.

Où ? À l'extérieur.

Que sert-on ? Des mets faciles à manger, d'ici ou d'ailleurs avec une touche gastro. Burgers de luxe, pizza à la truffe, hot-dog accompagnés d'une compotée d'oignons au vin blanc, banh mi (sandwitch vietnamien) ultra-frais, padthaï aux dix herbes, fish & chips revisités… Les desserts ne sont pas en reste et sont aussi bons que beaux à regarder : glaces, cupcakes, crêpes, gaufres, etc.

Comment ? À la carte et à la minute ! Les *food trucks* permettent aux invités de choisir les plats qu'ils souhaitent déguster. Ceux-ci sont préparés devant leurs yeux, ce qui permet d'adapter les recettes à leurs goûts. La coutume est de manger le repas debout. Mais pour une réception de mariage, il est impératif de prévoir des tables et des chaises. Ce qui n'empêchera pas vos convives de déambuler librement d'un groupe de personnes à un autre.

Durée ? Le temps de la réception si le *food truck* est l'unique formule que vous retenez. Pour une durée limitée, s'il est une simple animation.

Et vous ? Vous vous régalez et profitez de cette ambiance ultra-décontractée.

FOCUS

Et les enfants ?

Les traiteurs prévoient souvent un menu enfants (plus économique !). Ils préfèrent forcément un steak-frites, une mini-pizza et un cornet de glace à du foie gras sauté sur son lit de figues rôties… Mais demandez d'abord aux parents si leurs enfants ont des goûts particuliers ou des allergies à certains aliments.

La formule mixte

Le parfait compromis. De plus en plus demandée, elle consiste à présenter les entrées et le dessert autour d'un buffet, mais le plat principal sera servi à table. Elle allie les avantages de toutes les autres options : plus grand choix d'entrées, plat chaud apprécié à table, liberté de mouvement et convivialité.

FOCUS

Sur un plateau

Si vos invités ont la flemme de se rendre au buffet, que le buffet vienne à eux ! Demandez aux serveurs de circuler entre les invités, pour leur proposer les différents mets. Cela évite la file d'attente et permet à tous de picorer de tout sans en avoir l'air !

Le brunch

Solution idéale pour les réceptions en petit comité, organisées en fin de matinée et pour les lendemains de mariage. Il est généralement présenté sous forme de buffet : mini-quiches, œufs brouillés au saumon, sushis, salades de pommes de terre, pancakes au sirop d'érable, tartelettes, chouquettes et salades d'agrumes… À déguster dans l'ordre ou dans le désordre. N'oubliez pas les jus de fruits frais et le champagne qui fera pétiller ce début d'après-midi…

Le pique-nique

On oublie le thermos, les serviettes en papier et le jambon-beurre. On pense plutôt chandelles, nappes en lin blanc et club sandwiches, préparés dans la plus grande tradition. On pense aussi pratique : pas de plats chauds en sauce, mais des salades faciles à servir, des viandes froides, des pains de toutes sortes et des plateaux de fromages. Des paniers individuels et déjà préparés sont proposés par certains traiteurs.

Et le dessert ?

Que vous ressembliez ou non à un chou à la crème dans votre robe de mariée, vos invités s'attendront tout de même à un dessert ! Vous ne pouvez pas faire l'impasse dessus.

Il va falloir faire un choix :
- Le buffet de douceurs avec gâteaux, tartes, salades de fruits et petits canapés sucrés…
- L'assiette de desserts servie à table.
- L'incontournable, la spectaculaire, la très attendue pièce montée ! Présentée sous les hourras de la foule déchaînée, elle est l'une des stars de la journée. Son arrivée fait l'objet d'une certaine mise en scène : lumières éteintes, musique symbolique et mini-feux d'artifice.
- Le *wedding cake* est devenu un *must-eat* des mariages, ces dernières années. Ces créations gourmandes et sur mesure peuvent prendre différentes formes : gâteau à étages, représentation XL sucrée des deux mariés, construction en forme de cœur, de bateau… Tout est imaginable. À déguster avec les papilles et les pupilles.

Chaque endroit a sa spécialité (brioche gigantesque en Anjou, massepain immense dans les Alpes, préparation aux amandes en Islande et gâteau au rhum en Inde).

Selon la superstition et pour contrer l'infertilité, c'est à vous que revient l'honneur de couper la première part. Monsieur se contente de poser sa main sur la vôtre. Moment généralement immortalisé sous le crépitement des flashs !

Selon vos goûts, faites réaliser un croquembouche (à base de choux à la crème et de nougatine), une pyramide de macarons ou une construction où est posée une pâtisserie différente à chaque étage.

Le dessert peut être servi à table ou plus tard : juste avant l'ouverture du bal ou pendant la soirée dansante.

REPÈRES

Le saviez-vous ?

Vous pouvez choisir un pâtissier différent de celui que vous propose votre traiteur. **(Voir Carnet d'adresses en fin de chapitre.)**

?

HUIT QUESTIONS À CARINE FRANCART, FONDATRICE DE LA MAISON FRANCART

Quel est le concept de la Maison Francart ?

Nous n'avons pas de concept en particulier. Nous sommes un traiteur capable de répondre aussi bien à un mariage classique qu'à une réception hors des sentiers battus. Notre botte secrète est de nous adapter parfaitement aux souhaits de nos clients. Nous avons conscience que chaque mariage est différent. Nous ne faisons jamais de copié-collé.

Combien de temps en avance faut-il contacter un traiteur ?

Il est préférable de s'y prendre six mois à un an en avance. Plus c'est tôt, mieux c'est.

Quel est le budget moyen pour 100 personnes ?

Chez nous, il faut compter entre 90 € et 120 € par personne. Ce tarif comprend le vin d'honneur, le repas, les boissons et le personnel de service.

Quelles sont les formules les plus souvent demandées ?

La plupart des mariés souhaitent éviter le repas assis, jugé trop long et traditionnel. Ils préfèrent miser sur la formule vin d'honneur et cocktail dînatoire.

Y-a-t-il des tendances gastronomiques ou des nouvelles manières de présenter depuis quelques années ?

La tendance est à une transition progressive du vin d'honneur au repas de mariage. On passe progressivement des petites bouchées vers des plats plus conséquents. Nos clients apprécient les vins d'honneur soignés avec des pièces apéritives très élégantes. Ils souhaitent surprendre leurs invités avec des animations culinaires tout au long de la soirée. Nous réalisons de jolis ateliers sur lesquels nous proposons foie-gras poêlé, mini-burgers, gambas flambées, jambon ibérique *pata negra*... Côté desserts, la pièce montée classique est de moins en moins demandée. Les futurs mariés craquent sur les *wedding cake* à l'américaine, que nous réadaptons pour qu'il soit aussi beau que bon. Ce gâteau s'accompagne de diverses mignardises : fruits rouges, pralines...

Comment éviter les repas trop lourds et trop longs ?

La formule citée, vin d'honneur débouchant sur un cocktail dînatoire, est à mon avis un gage de réussite de la réception de mariage, car elle évite le repas qui traîne en longueur et qui ennuie tous les invités. Elle permet de créer rapidement du lien entre les convives et donne un bon rythme à la réception.

Comment se passe la signature du contrat ?

Il y a plusieurs étapes. Nous envoyons aux futurs mariés une proposition qui correspond aux souhaits émis en général par téléphone. Nous nous rencontrons rapidement pour une dégustation pour savoir ce qu'ils aiment ou pas. À la suite de cela, nous leur faisons une seconde proposition plus fine, basée sur ce qu'ils ont retenu lors du test culinaire. Une fois que tout est calé, nous leur envoyons le devis et ils s'acquittent de 60 % du montant total. Le solde est versé après la réception.

Quels conseils pouvez-vous donner pour réussir sa réception de mariage ?

Il est nécessaire de bien caler le déroulé de la réception pour la sécuriser. Il faut que le traiteur et les clients définissent heure après heure ce qui va se passer lors de la soirée. Il est aussi recommandé de faire une dégustation très tôt pour trouver le parfait menu. Une fois cela fait, tout le monde a l'esprit plus tranquille. Le reste reposera sur une parfaite organisation du prestataire.

Pour en savoir plus : www.maisonfrancart.com
30, rue Dauphine, 75006 Paris. 01 43 54 35 80

Les boissons

J-4 mois

On ne badine pas avec le bar. Indispensable pour étancher la soif, accompagner les plats ou faire tomber la veste de vos convives. Les boissons seront choisies avec la plus grande précaution. Si vous n'y entendez rien, déléguez cette tâche au traiteur. L'avantage, c'est d'éviter les faux-pas. L'inconvénient, c'est de payer une note un peu plus salée, mais rien ne vous empêche de vous y coller. Voici comment procéder.

• À faire

Demandez à vos amis des adresses de producteurs et profitez de vos week-ends pour faire le tour des vignobles. Les caisses achetées sur place seront moins chères et vous vous ferez plaisir en partant quelques jours. Les plus pressés trouveront leur compte dans les salons et les foires au vin organisées dans leur région. Traquez aussi les promotions en grandes surfaces. Les plus intéressantes ont lieu en automne, à la période des vendanges. Soyez présents dès l'ouverture car les bonnes affaires partent très vite.

Les amoureux du clic trouveront leur bonheur sur Internet. De nombreux sites vous permettent d'acheter de bons crus en ligne. Facile et rapide.

Enfin, pour faire votre choix, il vous reste les cavistes qui sont toujours de bon conseil et le Club des vins dont les bouteilles sont sélectionnées par des œnologues.

La fête ne sera pas complète sans champagne. Les grandes maisons sont un gage de qualité. Rien de pire qu'un champagne qui donne mal à la tête. Veillez à le commander suffisamment à l'avance car il est nécessaire de le laisser reposer durant un mois, à l'horizontal et dans un endroit frais.

Astuces budget

Si le traiteur vous fournit les boissons, faites ensemble le décompte des bouteilles bues à la fin de la soirée. Vous éviterez ainsi les mauvaises surprises au moment de la facturation.

En cas de forte chaleur, vos invités apprécieront un verre d'eau fraîche à l'issue de la célébration avant d'enchaîner sur le vin d'honneur.

• À ne pas faire

L'idée d'un « open bar » est tentante mais on vous le déconseille vivement. C'est loin d'être une formule économique car certains invités pourraient vider vos stocks à la vitesse grand V. Si ça vous tient vraiment à cœur, préférez un « open bar » de boissons non alcoolisées.

Ne négligez pas les bouteilles de jus et d'eau. Il doit y en avoir suffisamment pour satisfaire les personnes âgées, les enfants et toutes les personnes qui ne boivent pas d'alcool.

Ne laissez pas le libre accès aux boissons à vos invités. Demandez à un proche de gérer les bouteilles en veillant à ce que toutes les tables soient bien fournies et en s'assurant que le stock ne diminue pas trop vite.

LES BONNES QUANTITÉS	
Vin rouge	1 bouteille pour 3 personnes
Vin blanc	1 bouteille pour 4 à 5 personnes
Champagne	1 bouteille pour 3 personnes
Boissons non alcoolisées	1 bouteille pour 4 à 6 personnes
Gin, whisky, vodka	1 bouteille pour 15 à 20 personnes

• Quel champagne servir ?

- À l'apéritif : un champagne léger (par exemple, un brut rosé) ou un kir royal.
- Au plat de résistance : un champagne à l'arôme puissant.
- Au dessert : un champagne demi-sec, moelleux et sucré.

Astuces budget

Il existe d'excellents crémants d'Alsace ou de Bourgogne que vous obtiendrez pour la moitié du prix d'une bouteille de champagne. Profitez du salon des vignerons indépendants pour déguster et négocier un tarif directement avec le producteur.

• Mémento boissons

On ne conserve ni le vin ni le champagne dans le congélateur. Les bouteilles reposent couchées dans le bac à légumes ou à l'étage du bas du réfrigérateur.

On peut rafraîchir les bouteilles dans un seau rempli de glace pilée.

On sert le champagne dans des flûtes ou dans des verres tulipes. Les bulles y sont plus épanouies que dans une coupe.

On tient son verre de champagne par le pied afin de ne pas le réchauffer.

On évite de servir du vin mousseux. On lui préfère des bons vins ou des cocktails à base de champagne : kir royal (crème de cassis ou de framboise plus champagne), mimosa (champagne plus jus d'orange).

• Alcool : à consommer avec modération…

Il est utile de rappeler certaines règles élémentaires concernant la consommation d'alcool et de donner quelques conseils afin que le mot champagne rime avec plaisir et non avec mauvais souvenir…

Boire ou conduire : il faut choisir

Ne laissez personne prendre le volant en état d'ébriété. Mettez à la disposition de vos invités des éthylotests (en vente en pharmacie) afin qu'ils mesurent leur taux d'alcoolémie. Encouragez-les à désigner plusieurs personnes qui resteront sobres tout au long de la réception et qui pourront ainsi les reconduire en toute sécurité. Conseillez-leur d'emprunter ou de louer des voitures break ou monospace afin de mettre en place un retour groupé.

Prévoyez des chambres d'hôtel sur place ou à proximité pour éviter de longs trajets nocturnes.

Communiquez les coordonnées des taxis ou les horaires des transports en commun.

Réservez un mini-bus avec chauffeur pour raccompagner les invités. Si vous avez les moyens, prenez cette dépense à votre charge. Sinon, demandez au préalable à vos invités, intéressés par un tel moyen de transport, une participation.

REPÈRES

Le saviez-vous ?

Il est interdit de conduire avec un taux d'alcool supérieur ou égal à 0,5 gramme par litre de sang, soit l'équivalent de deux verres d'alcool ! Il faut en moyenne 90 minutes pour que le corps élimine un verre de boisson alcoolisée.

Une mariée sobre et digne

Pas de panique : il n'est pas question de vous retirer la flûte de champagne de la main, mais simplement de vous éviter de ressembler à Sue Ellen. Souvenez-vous de :
- limiter votre consommation d'alcool ;

- alterner verre alcoolisé et verre d'eau, l'eau bue régulièrement aide à éliminer les produits toxiques formés à partir des molécules d'alcool ;
- ne jamais boire le ventre vide. Les aliments ralentissent le passage de l'alcool dans le sang, alors, mangez !
- poser votre verre lorsqu'on veut vous prendre en photo ;
- éviter les trop nombreux mélanges.

Si malgré ces conseils, vous vous réveillez avec une gueule de bois le lendemain matin, prenez le plus vite possible de l'aspirine et hydratez-vous... avec des litres d'eau. Évitez surtout les boissons alcoolisées.

(Voir Carnet d'adresses en fin de chapitre.)

Le plan de table

J-2 semaines

Le moment délicat de déterminer la place de chacun à table est arrivé. Voici l'occasion de vous transformer en fin stratège, en psychologue événementiel, en diplomate et pourquoi pas en marieuse ! On se souvient tous de cette scène cocasse de *Quatre mariages et un enterrement* où Hugh Grant se retrouve au dîner entouré de toutes ses ex... Ambiance, ambiance... Pour éviter de tels impairs, attelez-vous à cette tâche avec le plus grand sérieux, forcément entrecoupée de fous rires !

Les + : il évite le syndrome « sélection du cours de gym », l'invité qui ne trouve personne voulant de lui à une table. Pas de mouvement de panique au moment du repas. Facilité d'organisation. Encourage la communication.

Les – : il faut l'admettre ; pour vous c'est un vrai casse-tête ! Obligation pour les convives de s'asseoir à une certaine table.

• Mode d'emploi

- Ne vous y prenez pas deux jours avant la réception, installée sur le coin de votre bureau entre midi et deux. Cette organisation demande du temps et de la réflexion. Faites-le un week-end au calme, sans interruption.
- Certains changements de dernière minute peuvent surgir : le nouveau grand amour du mois de votre copine qui s'incruste, la tante rentrée soudainement d'Australie... C'est pourquoi deux semaines avant le jour J semblent être le bon timing.
- Faites-le avec votre futur époux et vos parents. Ils sont bien placés pour vous indiquer les affinités ou hostilités de chacun.
- Si vous avez choisi une organisation avec plusieurs tables (les rondes ou ovales sont plus conviviales), ne dépassez jamais huit personnes par table.

- Si vous avez convié des enfants, imaginez une table juste pour eux. Mais souvenez-vous de votre adolescence et évitez d'asseoir votre cousine de 15 ans à côté du neveu de 5 ans… Faites alors des tables par fourchette d'âge.
- Il était d'usage de mélanger les familles et les invités, mais l'expérience a montré que cela n'était pas toujours un bon calcul. À moins d'être certains de la sociabilité de vos convives… Préférez plutôt privilégier les affinités : oncles et tantes, étudiants de la même promotion, collègues, vos parents avec leurs amis, les invités de la même génération à la même table, les personnes ne s'étant pas vues (involontairement) depuis longtemps…

Elle est passée par là

« J'avais fait l'effort d'aller en Touraine, seule, pour le mariage d'une amie d'enfance. Je ne connaissais personne et je me suis retrouvée à une table uniquement composée de couples qui se fréquentaient depuis très longtemps. Personne ne m'a adressé la parole. Sauf un jeune homme, ce qui a provoqué une crise de jalousie chez son épouse. J'aurais préféré être à la table des enfants ! Au moins, j'aurais ri… »

OMBLINE

- Évitez de séparer les couples (à moins que l'un d'eux vous l'ait expressément demandé…), les groupes « d'amis pour la vie », les personnes parlant la même langue, les personnes âgées…
- Placez de manière subtile les anciens petits amis (les vôtres et ceux de vos invités !), l'oncle qui a raflé l'héritage mais qui demeure votre parrain…
- Rendez service aux célibataires en quête d'âme sœur et installez-les à la même table. Mais de manière discrète !
- Pensez aussi aux invités, venus seuls, ne connaissant personne et pas forcément en chasse amoureuse. Choisissez-leur une table très sociable.
- À moins d'être fans d'algèbre, donnez des noms à vos tables et non des chiffres ! Des appellations correspondant au thème de votre mariage, si vous en avez un, ou en rapport avec vos passions, vos voyages, vos auteurs préférés… Faites preuve d'imagination !
- Installez bien en évidence le plan de table sur un chevalet ou accroché au mur. Y apparaîtront le nom de chaque table, celui de chaque convive et éventuellement son emplacement. Là aussi, faites parler votre esprit créatif et dessinez un beau plan de table : un arbre dont chaque feuille représente une table, une maison avec ses différentes pièces/tables, le photomaton de chaque invité avec le nom de sa table…

• La table d'honneur

La vôtre évidemment… Les mariés sont au centre. Et les invités d'honneur seront placés à votre droite et à votre gauche. Traditionnellement, les parents étaient conviés à cette table. Aujourd'hui, ils préfèrent souvent être avec leurs amis. Vous demanderez donc à vos témoins, frères, sœurs et amis très proches de se joindre à vous.

À éviter : tous les convives faisant face au reste de la salle. Impression désagréable d'être au tribunal !

• Disposition des tables

Dîner classique

En peigne ou rateau

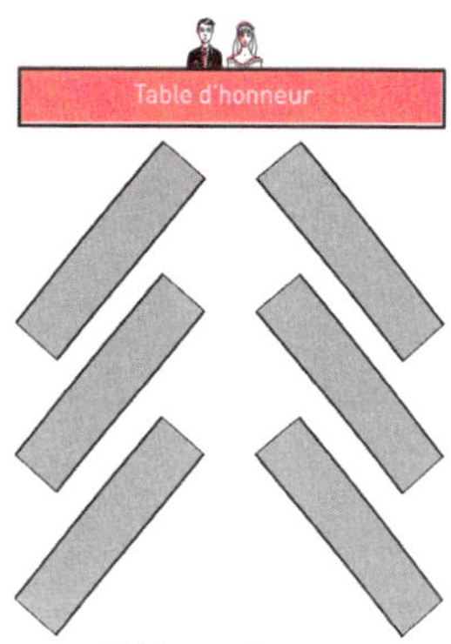

Table en chevrons

Les + : bonne optimisation de l'espace. Le placement est convivial et la circulation facile pour les mariés.

Les – : table d'honneur un peu trop à l'écart. Peut donner l'impression au couple des mariés d'être isolés et de « présider » leur mariage. Si les tables sont trop serrées, les invités risquent d'être les uns sur les autres.

Dîner mondain

Table en U

Table en T

Les + : les mariés sont proches des invités et peuvent facilement discuter avec eux.

Les – : peu commode pour le service. Difficulté pour les invités de communiquer entre eux. Peu optimal pour la place.

Dîner intime

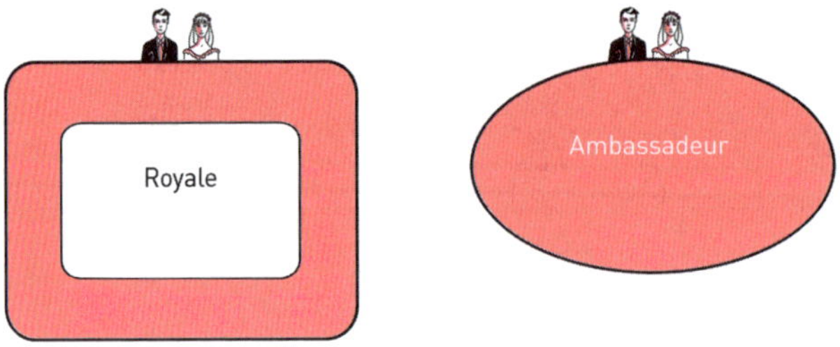

Les + : grande tablée conviviale et chaleureuse. Les mariés partagent entièrement le repas avec leurs invités et n'ont pas à se lever sans arrêt.

Les – : la proximité des invités peut entraîner un brouhaha assez gênant.

REPÈRES

Quel espace prévoir entre les tables ?

Si vous devez installer vous-même les tables et les chaises dans une salle ou sous une tente, il faut compter un espace d'un mètre entre les tables : 50 cm pour la chaise et 50 cm pour le passage des serveurs.

Vos invités

Amis d'enfance, collègues, parents proches ou éloignés, tous répondront présents le jour de votre mariage. Ces précieux invités, vous allez les chouchouter en planifiant au mieux cette journée. Le challenge étant de les garder au complet et en pleine forme durant 24 heures.

• Les quatre règles en or

1. Accompagnez le carton d'invitation d'un plan détaillé d'accès au lieu de cérémonie et à la salle de réception. Si vous avez des amis étrangers, pensez à le traduire en anglais ou dans la langue maternelle de la famille qui a fait le voyage.

2. S'il y a un trou de plusieurs heures entre la cérémonie civile et celle à l'église, indiquez à vos invités un endroit convivial où ils pourront patienter. Si vous avez le budget, vous pouvez accueillir les plus proches pour un déjeuner léger à la maison. Le mieux étant d'enchaîner les événements au maximum.

3. Prévoyez une fiche récapitulative des différentes étapes de la journée avec le plan des divers endroits et distribuez-la à vos invités. Vous serez sûre de ne pas en perdre en cours de route.

4. Essayez de passer un petit moment avec chacun d'entre eux au cours de la journée. Quelques mots suffiront pour qu'ils se sentent vraiment accueillis.

Pour ceux qui viennent de loin

- Facilitez-leur la tâche en leur envoyant un pré-faire-part qui contiendra des informations supplémentaires.
- S'ils sont nombreux à venir du même pays ou de la même région, renseignez-vous sur les tarifs de groupe aériens ou ferroviaires et envoyez-leur les coordonnées des compagnies concernées. Vous pouvez aussi réserver pour eux, en leur demandant de vous faire parvenir le paiement au plus vite afin de régler la facture.
- Joignez à votre envoi la liste des hôtels (prévoyez trois niveaux de budget) et demandez aux hôteliers si des réductions sont envisageables à partir d'un certain nombre de clients.
- Envisagez de louer un car (à vos frais ou en leur demandant une participation) qui leur facilitera les trajets : hôtel, cérémonie, réception, hôtel. Briefez bien le chauffeur pour les différents itinéraires.
- Prévoyez quelques activités, mettez à leur disposition des brochures touristiques, ils voudront certainement en profiter pour visiter la région.
- Mettez en relation les personnes n'ayant pas de moyen de locomotion avec celles qui en possèdent un et qui viennent de la même région.
- Insistez pour qu'ils arrivent la veille du jour J afin qu'ils ne soient pas en retard pour la cérémonie et pour leur laisser le temps de se rafraîchir et de prendre le temps de se préparer.

Le lendemain du mariage

Il est de plus en plus fréquent de recevoir son cercle d'intimes le lendemain de la fête. Inutile de vous préciser qu'il n'est nulle question d'organiser une « réception bis », mais il s'agit surtout d'une occasion de prolonger la fête.

Vous préviendrez vos invités en glissant un petit carton supplémentaire lors de l'envoi du faire-part ou un peu plus tard par téléphone. N'oubliez pas de leur faire parvenir les instructions pour s'y rendre. Il est de coutume de l'organiser à l'heure du déjeuner, à partir de treize heures. Il faut bien laisser le temps à tout le monde de récupérer de leur nuit de folies...

Vous pouvez choisir d'organiser un brunch, un pique-nique, un buffet froid. Vous l'organiserez dans un jardin, dans la maison de vos proches, dans un restaurant ou éventuellement au même endroit que la veille.

Vous inviterez vos parents, votre famille très proche, les personnes venues de très loin et vos amis intimes.

Astuces budget

Si vous organisez cette post-réception dans un restaurant, vous pouvez prendre en charge seulement les boissons ou les plats et laissez le reste de l'addition à vos invités (en les ayant prévenus).

Privilégiez des mets légers, frais et modérez la consommation d'alcool. Soyez cléments avec l'estomac de vos convives !

Pour des raisons évidentes d'hygiène, il est plus que déconseillé de servir les restes de la veille.

Inutile de porter votre robe de princesse, c'est un moment décontracté et vous pourrez même recevoir en jean. Il en est de même pour vos convives qui oublieront cravate, talons aiguilles et veste.

Vous pouvez demander à vos invités d'apporter des jeux de société, de type Molki, Trivial Pursuit, pétanque, Mikado géant…, pour une après-midi décontractée et conviviale.

SOS invité indésirable

Eh oui, il faut bien y penser à celui-là ! Pas de panique, à chaque problème sa solution. On vous rassure tout de suite, l'invité indésirable n'est pas obligatoire, mais comme vous le savez : il vaut mieux prévenir. Quelques pistes pour le gérer…

Le nouveau petit ami de votre cousine qu'elle a rencontré la veille ! Un cas plus fréquent qu'on ne l'imagine. C'est pour cette raison qu'il faut toujours prévoir deux ou trois couverts supplémentaires.

Ceux qui n'ont pas répondu à l'invitation, mais qui viennent tout de même : même cas que ci-dessus.

Ceux qui ont seulement reçu un faire-part et qui tentent de s'incruster à la réception… Monsieur Pique-Assiette et Madame Sans-Gêne sont monnaie courante dans les mariages. Ne vous en chargez pas, demandez à une personne de confiance (témoin, frère ou sœur) de bien leur expliquer qu'il y a un malentendu. Ne cédez pas… À moins que ces personnes viennent de loin et qu'il s'agisse réellement d'un malentendu.

Celui qui a un peu trop bu et qui n'assume pas très bien : *idem*, chargez une personne de confiance de l'éloigner un peu du lieu de réception, de l'empêcher de s'emparer du micro au moment des discours. Il faudra l'encourager à prendre l'air afin qu'il se calme.

• Comment remercier vos invités ?

Suite et fin du mariage, les remerciements sont la dernière étape de son organisation. Il n'y a pas de délai imposé. Tout le monde a conscience que vous devez reprendre votre souffle. En revanche, si vous les présentez quatre mois après la date du mariage, vos invités seront moins indulgents.

Vous remercierez non seulement les personnes qui vous ont offert des cadeaux mais aussi toutes celles présentes au mariage. Pour les premières, vous gagnerez du temps en le faisant au fur et à mesure des cadeaux reçus. Sinon, tenez une liste avec le nom des personnes et leur présent. Elle vous sera très utile pour personnaliser vos cartes de remerciement. Bannissez les formules toutes faites et les mots impersonnels. Chaque invité doit avoir l'impression de recevoir une carte unique. Le mieux étant d'ajouter quelques lignes à la main au verso de la carte. N'hésitez pas à la rendre attractive avec une photo du mariage, des dessins, une citation…

CARNET D'ADRESSES

RECEVOIR À LA MAISON

Matériel de réception

H & L réception
Des tentes élégantes et très faciles à poser pour 50 à 1 000 personnes. De la vaisselle sophistiquée, une piste de danse, du matériel pour réchauffer les plats et des sanitaires. Vous trouverez tout chez cette enseigne.
60, rue Tourmaline, Pôle d'activité, 13510 Éguilles.
04 42 59 59 25
www.receptionenprovence.com

Options
C'est la référence en matière de location de matériel de réception. Les plus grands noms des arts de la table y sont représentés. La maison n'a pas son pareil pour créer l'ambiance de votre choix. Aucune faute de goût ne sera tolérée. Présent dans plus de douze villes en France.
01 42 24 11 00
www.options.fr

La tente dans les étoiles
Pour une atmosphère digne des 1 001 nuits, pensez à louer une tente caïdale. Une grande pour recevoir le buffet, les danseurs ou une plus petite pour créer un espace de repos, de jeu ou pour servir le thé à la menthe tout au long de la fête.
06 63 99 04 63 et 06 21 78 78 35
www.la-tente-dans-les-etoiles.com

Sono

Locasono
Deux adresses à Lyon et à Paris qui proposent de louer du matériel de sonorisation (enceintes, platine, micros etc.) à petits prix. Les montants s'allègent pour les locations en semaine et les réservations effectuées en avance.
www.locasono.fr

Kiloutou
Liste des agences en France :
www.kiloutou.fr

Cours de cuisine

L'atelier des chefs
Les plus grandes toques vous révèlent leurs secrets. À vous de choisir ce que vous souhaitez apprendre : mises en bouche, desserts ou menus exotiques. N'oubliez pas de réserver !
www.atelierdeschefs.com

L'atelier de cuisine gourmande
Apprenez à réaliser des recettes simples et qui enchanteront vos convives en suivant des stages ou des cours ponctuels avec des chefs professionnels. Et retrouvez les recettes sur leur site Internet.
6, chemin de l'Hers, 31140 Launaguet.
05 61 47 10 20
www.coursdecuisine.net

Marmiton en vidéo
Le site aux milliers de recettes a désormais sa chaîne de cuisine. N'hésitez pas y jeter un œil pour apprendre à réaliser quelques gourmandises grâce à des tutoriels-vidéos. Vous allez épater la galerie ! Pour tous les niveaux.
www.youtube.com/user/Marmiton Officiel

DÉCORATION

Voir Carnet d'adresses du chapitre 11 « Décoration ».

LOUER UNE SALLE

Vous êtes romantique

Château d'Ermenonville
Entouré de douves et situé sur un lac, le château jouit d'une situation géographique exceptionnelle.
60950 Ermenonville.
03 44 54 00 26
www.chateau-ermenonville.com

Château d'Esclimont
Nichée au cœur d'un immense parc, cette demeure du XVIe siècle a gardé tout son charme d'antan.
28700 Saint-Symphorien-le-Château.
02 37 31 15 15.
www.esclimont.com

Domaine de l'abbaye des Vaux de Cernay
Près de Rambouillet, le domaine regroupe trois magnifiques lieux où vous pourrez organiser votre réception : l'abbaye, la ferme de la Vallée et les haras.
78720 Cernay-la-ville.
01 34 85 34 03
www.abbayedecernay.com

Bastide d'Astres
Un cadre typiquement provençal pour un mariage au son des grillons. La Bastide d'Astres offre un cadre agréable à votre mariage : 260 hectares de verdure et une demeure de style datant du XVIIIe siècle. Une délicieuse chambre est mise à la disposition des mariés pour se rafraîchir. Charmante attention.
Domaine de Camplong,
13680 Lançon-de-Provence.
04 42 52 18 72 et 06 12 29 18 72
www.bastide-dastres.com

Château de Guilguiffin
La Bretagne est plus connue pour ses menhirs que pour ses châteaux. Et pourtant elle en compte de très beaux, parmi lesquels se trouve le château de Guilguiffin. Un des plus somptueux de la région avec ses salons en enfilade, ses boiseries et son vaste domaine.

29710 Landudec.
02 98 91 52 11
www.chateau-guilguiffin.com

Château de Savenès
Un havre de paix au charme médiéval. Voilà ce que vous réserve ce château niché dans un domaine viticole, situé non loin de Toulouse.
82600 Savenès.
06 63 64 33 71 et 06 04 43 75 31
www.le-chateau-de-savenes.com

Domaine de la Ruisselière
Amateurs d'authenticité et de belles pierres, ne cherchez plus ! Convolez sans hésiter dans cette ancienne ferme beaujolaise du XVIIe siècle. Un coup d'œil à la galerie de photos du site Internet et votre imagination va s'emballer : cocktail à l'ombre des pins parasols, dîner autour de la majestueuse cheminée et ouverture de bal dans les caveaux voûtés.
Chemin des Rousselles,
69640 Lacenas.
06 09 59 46 40
www.la-ruisseliere.com

Le château de Chevillon
À 130 km de Paris, au cœur de l'Yonne, entouré de douves, l'imposante silhouette de la forteresse de Chevillon se détache avec netteté sur un paysage de plaines vallonnées. Fierté de la famille Courtenay, le château a déjà traversé six siècles d'histoire et reçut même la visite de Jeanne d'Arc ! Vous aurez la liberté de choisir vos prestataires ou de vous faire conseiller par les maîtres des lieux. Un grand plus pour la possibilité d'héberger quelques invités sur place.
Référencé sur 1001salles.com et event-corner.com
06 40 42 31 25
www.mairie-chevillon.fr/le-chateau-de-chevillon
chevillonreception@gmail.com

Le château de la Grille
En 2015, le château a inauguré son Orangerie pour des cérémonies de prestige. Situé dans la Loire, sur la route des châteaux, cette demeure datant du XVe siècle accueille des mariages de 300 personnes pour un dîner assis et 450 personnes pour un cocktail. Visite guidée dans les vignobles pour les amateurs de grands crûs.
www.chateau-de-la-grille.com

La bastide de Moustiers
Dans les Alpes de Haute-Provence, au milieu des champs de lavandes et d'oliviers, se dresse une bâtisse aux murs blanchis. Propriété du chef Alain Ducasse, qui a eu un véritable coup de cœur il y a vingt ans, elle accueille des mariages en petit comité dans un cadre enchanteur. La table y est forcément soignée. Pour un mariage étoilé aux accents provençaux.
www.bastide-moustiers.com

Plus, plus d'adresses !
www.relaischateaux.com
www.chateauxhotels.com
www.grandesetapes.fr
www.leshotelsparticuliers.com
www.1001salles.com
www.chateaux-story.com
www.abcsalles.com

VOUS AVEZ L'ESPRIT VERT

La Grange de Bourgoult

En plein cœur de la Normandie, cette grange du XVIIIe siècle a de nombreuses dépendances. Vous aurez le choix entre les écuries, les bergeries, la charreterie… 27700 Harquency.
02 32 54 14 67 ou 06 14 16 65 91
www.lagrangedebourgoult.com

Compagnie des Bateaux à Roue

Montez à bord de l'un des trois bateaux aux noms évocateurs (le Tennessee, le River Palace et le Mississippi) pour une croisière très privée.
Port de Javel Haut, 75015 Paris.
01 40 59 60 60
www.bateaux-a-roue.fr

Les Orangeries

Premier hôtel restaurant à avoir été labellisé « Ecolabel Européen » en France, il a été rénové avec des matériaux écolos, a une gestion attentive de l'eau et de l'énergie, propose des produits équitables... Très joli cadre pour un mariage.
12, avenue du Docteur Dupont,
86320 Lussac-les-Châteaux.
05 49 84 98 82
www.lesorangeries.fr

Les Étangs de Corot

Niché dans la très verdoyante commune de Ville d'Avray, le domaine abrite deux restaurants aux cuisines classique et inventive.
53, rue de Versailles,
92410 Ville d'Avray.
01 41 15 37 80 pour le restaurant Cabassud-Les Paillotes ;
01 41 15 37 00 pour le restaurant Café des Artistes et des Pêcheurs.
www.etangs-corot.com

La Cabane de Lyon

Perchée à 8 mètres du sol et écologiquement conçue, cette cabane en bois déploie une surface généreuse pour accueillir vos invités. Cette structure sur pilotis et cachée dans la forêt centenaire de Sainte-Foy-Lès-Lyon peut recevoir jusqu'à 120 personnes.
35, avenue du Général de Gaulle,
69110 Sainte-Foy-Lès-Lyon.
04 78 59 96 05
www.la-cabane-de-lyon.fr

Château Saint Just

Non loin de Chantilly et situé dans un parc du XVIIe siècle, il est l'écrin de verdure idéal pour ceux qui souhaitent allier faste et respect de l'environnement. En plus, il y a un spa où la future mariée et ses amies pourront se faire chouchouter.
17, rue Nationale, 60540 Belle-Église.
03 44 47 17 17
www.chateausaintjust.fr

L'Allée de Marolles

Au cœur de la Beauce, cette ancienne bergerie n'est qu'à 1 heure de Paris et à 15 minutes de Chartres. Ses propriétaires ont rénové la bâtisse du XVIIIe siècle pour offrir des prestations modernes dans une campagne charmante. Le charme d'antan, les installations techniques dernier cri, les poutres apparentes de la grande salle de réception (jusqu'à 300 invités assis), l'ouverture sur les jardins et la possibilité d'héberger ses convives dans les gîtes du hameau en font un endroit idéal pour un mariage bucolique.
www.alleedemarolles28.fr

Pourquoi Pas
Vous aimez Paris et la nature ? Les deux ne sont pas incompatibles comme le prouve cette péniche. Amarrée sur les quais de Seine et le long du bois de Boulogne, dans le XVIe arrondissement elle a été construite au début du siècle dernier. On y organisera le cocktail en terrasse pour ensuite dîner et danser dans la grande salle. La propriétaire est une dame adorable qui n'hésite pas à conseiller quelques prestataires dont le DJ. Sans oublier les prix très abordables.
http://penichepourquoipas.com

La Maison rousse
Nichée dans la forêt tropicale martiniquaise et à 15 minutes des plages de la mer des Caraïbes, cette maison multicolore fondée au XVIIIe siècle déploie une palette idéale pour un mariage aux accents créoles. La vue sur les collines émeraude et la rivière est spectaculaire. Les invités pourront même séjourner sur place et piquer une tête dans l'azur de la piscine. Au programme : soirée dansante et gastronomie locale. Juste pour le plaisir des yeux, on se connecte au site.
www.maisonrousse.com

Plus, plus d'adresses !
www.yachtsdeparis.com
www.gites-de-france.fr
www.viamichelin.fr
www.lucienbarriere.com
www.accorhotels.com
www.tables-auberges.com
www.restaurateursdefrance.com

VOUS ÊTES UNE CITADINE CONVAINCUE…

Au Vieux Paris
C'est dans une maison bâtie au XVIe siècle, sur l'Île de la Cité, que sont servis les plats typiques de l'Aveyronnais.
24, rue Chanoinesse, 75004 Paris.
01 40 51 78 52.
www.auvieuxparis.fr

Les propriétaires possèdent également un splendide prieuré du XVIIIe siècle en Aveyron, où de plus grandes réceptions peuvent être organisées. Chambres et gîtes à louer.
Las Canals, 12330 Nuces.
05 65 72 78 87
www.lascanals.fr

Le Palais de Tokyo
Choisissez de privatiser une partie de ce site dédié à l'art contemporain et aux expositions expérimentales. Vous aurez le choix entre plusieurs espaces de tailles et aux atmosphères différentes : salle de musée, restaurants…
www.palaisdetokyo.com et
www.yoyo-paris.com

H36
Conviez vos proches à une *pool party* à Bordeaux ! Une fête de mariage autour d'une piscine avec une magnifique terrasse et une déco très design. Le mixe idéal entre ville et évasion. Vous allez avoir envie de crier « oui » en découvrant les lieux.
1, rue de Gironde, 33000 Bordeaux.
05 56 00 40 41
www.leh36.com

Salons San Francisco
Au cœur de Nantes et situées sur les bords de la Loire, plusieurs salles peuvent être privatisées pour accueillir votre réception. On aime les grandes terrasses, les salons cosy et la luminosité des lieux.
06 85 90 41 99
www.salons-san-francisco.com

Les salons du Louvre
Une situation géographique privilégiée, un espace immense (700 m^2), l'allure d'un loft américain. Tels sont les atouts des salons du Louvre. En plein cœur de Paris, ils séduiront les mariés au mode de vie urbain. Espace traiteur et équipement technique performants.
66, rue Jean-Jacques Rousseau,
75001 Paris.
01 49 29 50 52
www.salondulouvre.com

Plus, plus d'adresses !
www.paris-exception.com
www.cityvox.com
www.arts-programme.com/restaurants_musees.php

VOUS RECHERCHEZ L'INSOLITE

Grotte de Lombrives
Organiser un dîner souterrain dans une grotte aménagée, c'est possible. La grotte de Lombrives peut accueillir jusqu'à 1 200 personnes.
Ussat les Bains, RN 20,
09400 Tarascon-sur-Ariège.
05 61 05 98 40
www.grotte-lombrives.fr

Cirque Diana Moreno
Vous aurez le choix entre une formule spectacle (animaux, clown, trapézistes…) et une simple location du chapiteau.
112, rue de la Haie Coq, 75019 Paris.
06 10 71 83 50
www.cirque-paris.com

Palais bulles à Théoule
Face à la baie de Cannes, la résidence favorite de Pierre Cardin, en forme de bulle, est parfaite pour une réception décalée, un tantinet futuriste.
Contact : Jean-Paul Hesse.
01 42 66 95 53
www.palaisbulles.com

L'Usine
Un nom qui ne fleure pas *a priori* le romantisme mais qui va en étonner plus d'un. Situé en Île-de-France, ce lieu abritait l'ancienne fabrique des chocolats Meunier. Aujourd'hui le site allie histoire, innovation et recyclage et propose une déco originale pour des événements hors du commun.
www.lusine-saintdenis.com

Plus, plus d'adresses !
www.1001salles.com
www.abcsalles.com

LE TRAITEUR

Les adresses chics

Potel et Chabot
L'expérience au service de la grande gastronomie, de la sophistication et du bon goût. Une référence mondialement reconnue. Recommande des lieux de réception.
3, rue Chaillot, 75116 Paris.
01 53 23 15 15
www.poteletchabot.com

Patry traiteur
Il sublime les produits choisis consciencieusement et étonne les papilles avec un réel souci de la présentation. Habitué à travailler dans des lieux et avec des clients prestigieux.
Domaine des Clarines, avenue du 8 mai, 13410 Lambesc.
04 42 57 05 38
www.traiteur-patry.com

Le Moulin des Quatre saisons
Le chef Camille Constantin met un point d'honneur à ne servir que des produits de saison. Vous établirez un menu festif en fonction des produits du marché. Une garantie de fraîcheur pour vos invités.
Rue du Général Gallieni,
72200 La Flèche.
02 43 45 12 12
www.camilleconstantin.com

Plus, plus d'adresses !
www.traiteurs-de-france.com
www.lestoques.com

Les incontournables

Lenôtre
La référence qu'on retrouve partout en France et dans le monde. Le classique du classique qui invite aussi la fantaisie dans ses menus.
www.lenotre.com

Fauchon
Une présentation colorée et moderne et des produits très gais à déguster autour d'un buffet ou à table. On pense aussi à leurs paniers préparés pour un pique-nique.
01 70 39 38 00.
www.fauchon.com

Plus, plus d'adresses !
www.microtraiteur.com
www.atable.com
www.idbuffet.com

Généreux

La table de Cana
Cette maison n'est pas un traiteur comme les autres, elle est aussi une structure qui permet aux personnes à la recherche d'un emploi et aux exclus de retrouver une activité professionnelle. Des préparations soignées et de grande qualité.
5 bis, rue Maurice Ravel,
92168 Antony Cedex.
01 55 59 53 41
www.tabledecana.com

Casher

De nombreuses grandes enseignes proposent des menus casher. N'hésitez pas à leur demander.

Le Sheraton
Spécialités orientales et israéliennes présentées de manière artistique, pour ceux qui le souhaitent.
17, rue du Village, 13006 Marseille.
04 96 12 40 38

Plus, plus d'adresses !
www.mangercacher.com

Halal

Top Oriental
Traiteur oriental, hallal, marocain, tunisien, algérien, libanais… Une cuisine du monde raffinée pour un mariage aux parfums des Mille et Une Nuits. La maison propose aussi les services de location de salle, de DJ et de danseuses.
www.toporiental.com

Plus, plus d'adresses !
www.orientalement.com

Végétarien

Le jardin d'Oren
Des produits cuisinés en accord avec les saisons, en respectant les règles diététiques et issus de l'agriculture biologique.
Chemin de Saint-Paulin,
13840 Rognes.
04 42 50 14 19
www.lejardindoren.fr

Plus, plus d'adresses !
www.vegetarisme.fr

Éco friendly

Grain de vie
Des petits fours à la pièce montée, en passant par le plat de résistance, ce pâtissier-traiteur n'utilise que des produits issus de l'agriculture biologique et s'adapte à tous les types de régimes : végétariens, végétaliens ou encore sans produits laitiers, sans gluten, sans sel, sans sucre...
131, voie de Compiègne,
91390 Morsang-sur-Orge.
01 69 51 46 36
www.graindevie.fr

Éthique et Toques
Une prestation haut de gamme qui travaille avec des produits issus du commerce équitable et qui reverse une partie de son chiffre d'affaires à des organismes qui favorisent le développement durable.
À Paris et à Lyon.
01 47 01 92 90
www.ethique-et-toques.com

L'instant culinaire
Bien que parisien, ce traiteur n'hésite pas à se déplacer. Il décline à travers ses menus trois valeurs essentielles : des produits bio, éthiques et sauvages. Si vous le souhaitez, il peut même vous aider à dénicher une salle idéale grâce à son carnet d'adresses !
01 48 48 63 08
www.linstantculinaire.fr

Exotique

Blue Elephant
Connue à travers le monde pour sa délicieuse cuisine thaï, la maison s'est distinguée en organisant le mariage du siècle dans le parc de Saint-Cloud pour le gratin de Bollywood (1 000 couverts !).
43-45 rue de la Roquette,
75011 Paris.
01 47 00 42 00
www.blueelephant.com/paris

La minute créole
Petits plats relevés antillais avec leurs saveurs chantantes et colorées. Pour un menu qui change, on invite les tropiques dans les assiettes de sa réception.
www.laminutecreole.fr

Boca Fina
Étonnez le palais de vos convives avec des saveurs brésiliennes, issues des meilleurs métissages culinaires. Gibiers des tropiques, poissons de l'Amazonie... Le voyage est déjà dans l'assiette !
01 45 65 18 27
www.bocafinabresil.fr

Mets et voyages
La promesse est déjà dans le nom de cette société qui promet un périple gustatif. Les saveurs de tous les continents sont déclinées avec créativité et raffinement. Cerise (exotique !) sur le gâteau, cette entreprise propose toute une palette de services : décoration, DJ, baby-sitter, photographe…
06 62 63 74 07
www.metsetvoyages.fr

Les *Food Trucks*

Le Camion qui fume
C'est le douanier des *food trucks* dans la capitale. Ce camion dédié aux burgers de luxe se déplace dans toute la France pour faire pétiller les mariages. La référence.
01 84 16 33 75
www.lecamionquifume.com

L'Atelier d'Épicure
Un menu digne d'un grand bistrot. C'est la promesse que fait ce camion avec des produits défendant le terroir français. On y déguste de la poularde de Bresse, un confit de canard aux pruneaux ou une succulente joue de bœuf. Miam.
www.latelierdepicure.fr

Eat my Truck
Manger un hot-dog à une réception de mariage ? Quelle drôle d'idée ! C'est pourtant la proposition très convaincante d'Eat My truck. Ici, le hot-dog acquiert des lettres de noblesse avec sa compotée d'oignons au vin blanc, sa moutarde à l'ancienne, son Bleu d'Auvergne, et, *last but not least*, sa véritable saucisse de Toulouse. À se damner.
07 60 09 28 41
www.eatmytruck.com

Le Cabanon qui bouge
De Paris au Mans jusqu'à Châteauroux, ce camion trimballe son bar à huîtres dans les mariages. Des produits ultra-frais accompagnés de saumon fumé, de plats mijotés et de vin blanc.
06 83 27 71 90
www.barahuitres-lecabanonquibouge.fr

Glaces Glazed
Des noms qui décoiffent et des parfums à en perdre la boule. Le *ice truck* de Glazed propose des glaces que l'on ne voit nul part ailleurs (betterave, gingembre, poivre de cassis…) à côté des grands classiques (framboise, praliné, citron…). De quoi régaler vos convives.
www.glaces-glazed.com

LES GATEAUX

Popelini
Vanille, citron, pistache, chocolat au coulis passion… autant de parfums que de délicieux petits choux à la crème qui habilleront une pièce montée à s'en lécher les babines par avance. La pâtisserie réinvente cette douceur multi centenaire pour le plus grand plaisir des gourmands.
http://popelini.com

Ladurée
Une pyramide de succulents macarons multicolores et parfumés pour les aficionados de la célèbre maison à la renommée internationale. À chacun de l'imaginer selon ses préférences.
www.laduree.com

Pierre Hermé
Et si vous proposiez une pièce montée qui se dégustera au moment de la soirée dansante et aux arômes originaux ? Amateurs de salé et de sucré se retrouveront entre deux macarons sur le *dance floor* pour mieux comparer les saveurs : huile d'olive au citron jaune, foie gras, jasmin…
www.pierreherme.com

Sugarplum Cake Shop
Lorsque cette boutique a ouvert ses portes à Paris, en 2010, ses inconditionnels ont poussé des petits cris de bonheur ! On commande son wedding cake confectionné à base de recettes américaines et avec des ingrédients sélectionnés avec soin. Gâteau à étages, créations fantaisies… Papilles et pupilles sont à la fête.
www.sugarplumcakeshop.com

Chez Bogato
En manque d'idées pour le dessert ? Cliquez simplement sur la rubrique « Les Grands moments » du site de cette pâtisserie pas comme les autres… Et laissez-vous faire ! Du sur-mesure comme on en a tous rêvé. Jamais votre histoire d'amour n'aura autant été empreinte de douceur.
www.chezbogato.fr

Maison Adam
Lors du mariage de Louis XIV avec l'Infante d'Espagne, en 1660, les invités fondirent de plaisir devant les macarons (rien à voir avec ceux qu'on connaît habituellement) imaginés par la maison basque. Aujourd'hui, la pâtisserie historique de Saint-Jean de Luz continue de les fabriquer et les monte en pièce montée. Pourquoi s'en priver ?
www.maisonadam.fr

Maman les p'tits gâteaux
En plus de proposer des gâteaux événementiels sur mesure cette jeune société, lancée par un bec sucré très créatif, Alexandra Hémon, organise des ateliers à Toulouse pour apprendre à faire soi-même son *wedding cake*.
www.mamanlesptitsgateaux.fr

Accessoires pour gâteaux
www.thecakeshop.fr

Figurines de gâteaux
www.etsy.com
www.ittopsthecake.com

LES BOISSONS

Champagne

Personnalisez vos bouteilles de champagne avec des étiquettes reprenant vos noms, la date du mariage et éventuellement une photo.

Champagne Yveline Prat
9, rue des Ruisselots,
51130 Vert Toulon.
03 26 52 12 16
www.champagneprat.com

Champagne Delaunois D. & Fils
16, rue de Valmy,
51500 Rilly-la-Montagne.
03 26 03 40 53 ou 03 26 03 48 85
www.champagne-delaunois.com

Prévoteau-Perrier
Un vrai coup de cœur pour cette maison familiale où l'accueil est toujours chaleureux avec une généreuse dégustation. Un excellent rapport qualité-prix.

03 26 58 41 56
www.champagne-prevoteau-perrier.fr

Champagne Françoise Bedel
On dit « oui » à cette maison qui propose des cuvées en champagne bio !
03 23 82 15 80
www.champagne-bedel.fr

Plus de bulles
Un site où il est possible de commander des bouteilles parmi 700 cuvées et à des prix très concurrentiels.
www.plus-de-bulles.com

Domaines viticoles

Château Brethous
Vin : premières côtes de bordeaux château Brethous (bordeaux supérieur).
33360 Camblanes.
05 56 2077 76
www.brethous.com

Château Bertinat Lartigue
Vin : saint-émilion grand cru, côtes de castillon, bordeaux clos de la vieille église.
Saint-Sulpice-de-Faleyrens,
33000 Saint-Émilion.
05 57 24 72 75
www.terroirsenliberte.com

Plou & Fils
Sur les coteaux de la Loire, la famille Plou cultive le vin depuis le xvie siècle. Une tradition qui se transmet de génération en génération pour réussir parmi les meilleurs rouge, rosé et blanc de la région.
02 47 30 55 17
www.plouetfils.com

Château des Demoiselles
Situé dans l'arrière-pays niçois, ce domaine viticole a tout pour vous séduire : ses vins d'une grande qualité et son environnement où vous pourrez, si vous le souhaitez, célébrer votre union.
www.chateaudesdemoiselles.com

Les petits plus

Allô Glaçons
Pour commander des tonnes de glaçons ou de glace pilée. Livraison au lieu de votre choix.
01 46 75 05 05
www.alloglacons.com

La fabrique à cocktails
Apprenez l'art de la mixologie ou comment concocter des cocktails hors du commun. Prenez des cours à domicile avec un pro du shaker pour impressionner vos invités le jour J ou mieux encore, prévoyez une animation lors de votre mariage avec une équipe de pro.
www.lafabriqueacocktail.com

Very Good
Un caviste en ligne qui a la bonne idée de proposer des menus qui s'accordent avec les vins qu'il propose à la vente. Idéal pour toutes les personnes qui souhaitent recevoir à la maison et qui ne brillent pas par leurs connaissances œnologiques.
www.verygood.fr

Plus, plus d'adresses !
www.nicolas.com
www.chateauonline.fr
www.savourclub.fr
www.chateaunet.com
www.vigneron-independant.com
www.wineandco.com
www.vinatis.com
www.intercaves.fr
www.enviedechamp.com

Spécial petit budget

1. Célébrez le mariage un jour en semaine. La location de la salle sera moins onéreuse.

2. Pour les mêmes raisons, snobez la saison des mariages de mai à septembre. Offrez-vous un joli mariage automnal ou hivernal. Vous ferez jusqu'à 30 % d'économie sur le prix de la salle.

3. Vérifiez si votre mairie ne dispose pas d'une salle attenante. Vous pourriez y organiser gratuitement votre vin d'honneur pendant une heure ou deux.

4. Ayez le réflexe « entreprise ». Rapprochez-vous de votre CE pour savoir si votre boîte a des accords avantageux avec des hôtels ou des restaurants dont vous pourriez bénéficier.

5. Si le mariage se fait en petit comité, pensez aux Gîtes de France que vous pouvez privatiser à un prix intéressant. L'autre avantage : profiter d'un cadre bucolique, toujours sympa pour un mariage.

6. Privilégiez les salles de réception qui proposent une formule « tout inclus » avec le service d'un traiteur, pour peu qu'il vous convienne.

7. Si vous visez des grands noms de traiteurs, sachez que certains officient dans leurs salons. Vous profiterez ainsi des lieux à un moindre coût.

8. Soyez maligne et choisissez la formule de repas la moins onéreuse, à savoir le cocktail dînatoire. Vos invités dégusteront debout différentes bouchées, de l'entrée jusqu'au dessert. Plus conventionnel mais tout aussi attractif, le buffet qui se déguste à table.

9. Diversifiez les prestataires. Rien ne vous oblige à tout commander chez le même traiteur. Faites réaliser votre gâteau de mariage chez votre pâtissier, demandez à votre boulanger de préparer des petits fours ou achetez-les en grandes surfaces... Vous laisserez ainsi au traiteur la responsabilité du plat principal. Mais faîtes bien vos calculs, le but étant de réduire la facture finale, et pas l'inverse !

10. Si vous organisez le mariage chez vous et que vous manquez de tables, dégondez vos portes le temps d'une journée et disposez-les sur des tréteaux. Et hop, le tour est joué ! De même, ne vous ruinez pas en achetant des nappes. Recyclez vos grands draps blancs pour habiller les tables.

.../...

.../...

11. La jolie vaisselle, c'est très beau mais c'est aussi très cher. Si vous rêvez d'une table sophistiquée, faites-vous plaisir en louant assiettes, verres et couverts. Inutile de préciser qu'il faut redoubler de vigilance si l'on ne veut pas voir la facture doubler...

12. Faites l'économie de tentes en abritant les tables sous des parasols ou disposez-les sous des arbres en prenant soin de recouvrir chaque plat d'une cloche.

13. Côté repas, la solution la plus économique reste bien sûr le plat unique. Inutile de vous lancer dans la préparation de multiples plats qui vous coûteront cher au final. Vous pouvez aussi choisir une formule décalée comme un pique-nique ou un barbecue si vous avez un jardin : 100 % décontracté.

CHAPITRE 8

FAIRE-PART

Évidemment, vos proches connaissent déjà la grande nouvelle : vous allez vous marier ! Mais il ne suffit pas de le crier haut et fort du toit de votre immeuble pour que tout votre entourage l'apprenne ! C'est pourquoi l'envoi de faire-part peut s'avérer utile (et plus discret)... Ne vous contentez pas non plus d'un bref e-mail. Que vous les choisissiez classiques, kitch, design, romantiques ou même virtuelles, les invitations seront la première impression que vos invités auront de votre mariage. N'oubliez pas non plus que certaines règles rédactionnelles sont à respecter pour les plus traditionnalistes d'entre vous. Ces quelques conseils ne seront pas de trop pour éviter tout faux pas.

Mode d'emploi

On y pense et on les commande **3 mois avant le jour J**.

On les envoie **2 mois avant le jour J**.

Un faire-part n'est pas une invitation : il se contente d'annoncer le mariage et l'heure de la célébration religieuse et/ou civile.

Une invitation accompagne le faire-part. Elle est plus précise et concerne les personnes conviées à la réception. Elle contient les indications de la réception (nom des hôtes, heures, adresse et parfois un plan d'accès imprimé au dos...).

On prévoit plus de faire-part que d'invitations. On peut ainsi annoncer la grande nouvelle à des collègues, connaissances, parents éloignés sans les inviter pour autant à la réception.

On ne calcule pas un invité = un faire-part ! Mais plutôt : une adresse = un faire-part !

On prévoit également davantage d'enveloppes, de faire-part et d'invitations que le nombre d'envois prévu. Les ratures et les erreurs sont vite arrivées !

On pense également à faire imprimer au même moment les éventuels cartons-réponses et les cartons de remerciements.

On relit bien le texte et l'on n'hésite pas à traquer la faute d'orthographe dans un nom ou la faute de grammaire dans la formulation.

On prévoit deux à trois semaines entre la commande et la livraison.

REPÈRES

Le saviez-vous ?

Le prix de l'impression diffère selon deux critères : gravure ou non, encre noire ou de couleur.

La grande tradition préconise un format bien particulier pour les faire-part : deux feuillets pliés de 15 x 20 cm souvent en vélin d'Arches ou de couleur ivoire. Le texte, en lettres anglaises, est gravé en noir. Depuis quelques années, on remarque l'utilisation d'encres bleu marine ou vert bouteille. Chaque feuillet correspond à une famille. On prendra soin de placer en premier, à l'ouverture de l'enveloppe, celui de la famille que connaissent les invités.

Le carton d'invitation, de la taille d'une grande carte de visite et, de papier et d'impression identiques au faire-part, sera glissé dans la même enveloppe.

Aujourd'hui, il n'est pas rare de recevoir un faire-part dans lequel les deux futurs mariés annoncent eux-mêmes leur mariage.

Selon la tradition, sur le carton d'invitation, c'est le nom de la mère de la mariée qui est inscrit. Son nom apparaît sous la forme suivante : Madame Robert Durand recevra ... À moins qu'elle ne soit divorcée, alors son nom de jeune fille, si elle l'a repris, sera utilisé : Madame Jeanne Dupont recevra...

Aujourd'hui, les frais sont souvent partagés par les deux familles et, dans ce cas, les noms des deux mères apparaîtront. Celui de la mère de la mariée précède toujours celui de la maman du marié.

Si ce sont les mariés qui financent leur mariage, ils pourront indiquer leurs deux noms comme hôtes de la réception.

Il est vivement conseillé d'indiquer un RSVP avant le (date) sur le carton d'invitation. En revanche, on n'attend aucune réponse suite à l'envoi d'un simple faire-part.

Il ne s'agit pas de faire un mailing : les adresses sont donc manuscrites et de la même couleur que celle utilisée sur les cartons.

Attention ! Il faut perdre les mauvaises habitudes. Il y a vingt ans, on ne cachetait pas les enveloppes parce que les faire-part de mariages et de naissances bénéficiaient d'un tarif préférentiel. Ce n'est plus le cas aujourd'hui. Des machines ventouses se chargent de l'affranchissement et il n'est pas rare qu'elles perdent au passage un carton d'invitation ! Pour éviter tout malentendu : bien fermer les enveloppes à l'aide de cire, écusson, autocollant.

On fait un effort et l'on évite les timbres classiques pour préférer ceux de collection (pour le même prix) ou personnalisés (voir page 149).

On ne fait pas la maligne en estimant soi-même l'affranchissement. On se renseigne auprès d'un guichet de La Poste.

Rappel de savoir-vivre : on annonce ses fiançailles dans la presse mais pas son mariage. Une fois de plus, il s'agit d'une règle traditionnelle, vous êtes libres de faire ce que vous voulez !

On n'en profite pas pour glisser dans l'enveloppe l'adresse de la boutique où la liste de mariage a été déposée.

On peut ajouter un petit mot personnalisé à ses proches.

FOCUS

Gagnez du temps

Utilisez une petite éponge pour coller les timbres et pour fermer les enveloppes.

Demandez à vos proches de vous aider. Deux cents enveloppes à rédiger, cela peut devenir lassant !

Notez au fur et à mesure les faire-part qui ont été préparés et stockez-les dans une boîte afin qu'ils ne prennent pas la poussière avant la date d'envoi.

Essayez de les envoyer tous en même temps. Cela évite les pertes et les oublis.

Le texte du faire-part

Le voilà choisi. Le faire-part qui annoncera à la terre entière, et à vos ex en particulier, que vous vous mariez. Mais que faut-il y inscrire exactement ? Le texte doit respecter quelques règles et contenir certaines mentions. Si vous n'êtes pas attachée à la tradition, vous pouvez donner libre cours à vos envies. Et pourquoi ne pas remettre au goût du jour un poème de lycéenne ou une citation de l'un de vos auteurs préférés ? Ou encore faire annoncer votre mariage par votre meilleure amie, votre enfant, ou… par votre animal domestique ? Tout est permis ! Inspirez-vous de ces exemples de faire-part pour composer celui qui vous correspond le mieux.

• Quelques règles…

Chaque nom doit être précédé de « Madame » ou « Monsieur ». On inscrit le prénom avant le nom de famille.

Selon la tradition, ce sont les grands-parents qui annoncent le mariage, s'ils sont en vie. Leurs noms sont suivis de ceux des parents.

Lorsque les parents sont divorcés, on trouve en première ligne le prénom et le nom de jeune fille de la mère, et en seconde ligne ceux du père.

Si l'un des deux est remarié et si son conjoint est proche du couple, son nom pourra figurer sur le faire-part.

En aucun cas, on ne mentionne le mot « veuf » ou « veuve ». Pour une femme, il faut mettre « Madame » suivie du prénom et du nom de son époux décédé, si elle n'est pas remariée.

Le faire-part doit préciser les titres et les distinctions de chacun (chevalier de la Légion d'honneur, Colonel…).

Si l'officiant est un proche, on indique son nom.

La date, l'heure et le lieu de la cérémonie sont précisés dans le faire-part.

• Les différents styles

Solennel : mariage annoncé par les grands-parents

Monsieur Auguste Latour
Chevalier de la Légion d'honneur
Et Madame Auguste Latour

Monsieur et Madame Frédéric Ferdinand

Ont l'honneur de vous faire part du mariage
De Mademoiselle Lucille Ferdinand, leur petite-fille et fille
Avec Monsieur Hugo Bac
Et sollicitent votre présence à la cérémonie religieuse
le samedi 11 juin 2016 à 11 heures
qui sera célébrée en l'église de la Fraternité, à Rouen.

89, boulevard Roman, 33000 Bordeaux
7, rue des Acacias, 75007 Paris
8, impasse des Lilas, 76000 Rouen

Classique : mariage annoncé par les parents

Monsieur et Madame Jacques Chapon *Monsieur et Madame Claude Velu*

Sont heureux de vous faire part du mariage
de leurs enfants, Aurélie Chapon et Franck Velu.
La bénédiction nuptiale leur sera donnée dans l'intimité
le 13 août 2016 à 10 h 30
en l'église de la Rédemption, à Marseille.

24, rue Félix Boué, 13003 Marseille *13, passage du Loup, 13005 Marseille*
1, rue du Bonheur, 13008 Marseille

Moderne : mariage annoncé par les mariés

Florian Castelle
Et
Clémentine Pascal

ont la joie de vous annoncer leur mariage et vous prient d'assister à la cérémonie
le 7 mai 2016 à 16 heures à la mairie de Lille.

13, rue du Cygne, 59800 Lille

• Les cas particuliers

Parent veuf ou veuve

Madame Ernest Durand

Est heureuse de vous faire part du mariage de sa fille,
Mademoiselle Aurore Durand avec Monsieur Luc Cardinal,
le 19 août 2016 à 10 heures à la mairie du 3e arrondissement de Paris.

15, rue du Bac, 75007 Paris *23, rue aux Ours, 75003 Paris*

Parents divorcés

Madame Jacqueline Courtelin	*Monsieur Félix Jardin*

Ont l'honneur de solliciter votre présence au mariage de leur fils,
Monsieur Benjamin Jardin avec Mademoiselle Alexandrine Carton,
fille de Monsieur et Madame Roland Carton.
Ils s'uniront devant le Seigneur le 10 septembre 2016 à 11 h 30
en l'église Notre-Dame de Saint-Jean, à Paris.

41, rue des Étourdis, 75006 Paris	*18, passage aux Fleurs, 75015 Paris*

8, boulevard des Batignolles, 75017 Paris

• Place à la fantaisie

Quand les enfants s'en mêlent

Elle en rêvait... et il l'a fait. Papa a demandé la main de maman.
Et bien sûr, elle a dit oui ! Pour mon plus grand bonheur,
ils s'uniront le 21 mai 2016 à 11 heures à la mairie de Montreuil.
Ils comptent sur votre présence pour célébrer l'événement.
Alors, ne les décevez pas !

Karine Martin, Mehdi Rafik et leur fils (comblé) Samuel
10, avenue de la Résistance, 93000 Montreuil

Inspiration philosophique

« Le mariage est et restera le voyage de découverte le plus important
que l'homme puisse entreprendre. » Kierkegaard

Antoine et Manon ont pris un aller simple pour une terre inconnue
et pleine de promesses. Ils vous prient d'assister à leur embarquement le samedi
11 juin 2016 à 10 h 30, en l'église Saint-Pierre-Le-Pèlerin, à La Rochelle.
La cérémonie sera suivie d'un vin d'honneur aérien.

Antoine Mir et Manon Jourdain
4, place de la Farandole, 17000 La Rochelle

Cinq façons originales d'annoncer son mariage

• Timbré

Personnalisez l'enveloppe du faire-part avec un timbre à votre effigie. Le Timbrecom le réalise avec une photo, vos noms et la date du mariage. Attention, vous ne serez pas dispensé d'affranchissement pour autant. Si vous préférez un système « deux en un », privilégiez La Poste qui propose de véritables timbres personnalisés (« Invitation », « Cœur »...).

www.timbre-mariage.com et www.laposte.fr

• Chocolaté

Accompagnez le faire-part d'un carré de chocolat, enveloppé dans un papier rappelant vos noms et la date du mariage. Une idée insolite de la société Framboise, créatrice de faire-part à croquer. D'autres idées ingénieuses vous attendent sur le site. N'hésitez pas à leur soumettre les vôtres, ils sauront les réaliser avec brio.

01 55 86 07 54 et www.framboise-crea.com

• Personnalisé

Et si vous utilisiez le faire-part pour vous raconter, parler de vos goûts, de vos passions, de ce qui vous émeut et vous déroute ? Avec une grande finesse, Véronique Deshayes couche sur le papier votre personnalité. Ça donne un faire-part en forme de sachet de thé pour les inconditionnels du *tea time*, de bande-annonce pour les cinéphiles, de mappemonde pour les grands voyageurs... À vous de concevoir le faire-part qui vous ressemble.

06 70 73 22 58 et www.veroniquedeshayes.com

Pour un faire-part fait main, reportez-vous à notre sélection de DIY page 349 et sur l'application.

• Interactif

Pourquoi s'embarrasser de papier ? Annoncez votre mariage sur Internet. Sur ce site, on vous propose de réaliser votre E-faire-part et de le rendre attractif grâce à des animations. Cette offre fait partie d'un package comprenant la création du site de votre mariage et d'autres options.

01 41 92 92 41 et www.le-site-du-mariage.com

• Animé

Annoncez la grande nouvelle sous la forme d'un dessin animé, d'une bande-annonce de film ou d'une émission télé rétro. Vous sélectionnez le mini-métrage de votre choix, vous entrez votre texte et le site se charge de faire parvenir gratuitement et par mail votre faire-part à vos invités.

www.acapela.tv

• À votre image

Gros coup de cœur pour cette société très créative de faire-part. Née d'une association entre plusieurs talents, elle propose des séances-photos ou vidéos pour réaliser des faire-part uniques, à votre image et respectueux de votre histoire. On craque pour les versions rondes, le montage de photomaton, les pochettes en tissu. Le plus difficile sera de choisir.

Le studio de Julie : 06 25 22 05 24 et www.le-studio-de-julie.com

CARNET D'ADRESSES

LES FAIRE-PART

Les grands classiques

Cassegrain
Un travail d'orfèvre, stylé et parfaitement adapté aux désirs de chacun sur les plus beaux papiers.
422, rue Saint-Honoré, 75008 Paris.
01 42 60 20 08
www.cassegrain.fr

Imprimerie Choquet
Une adresse qui fait figure d'institution. Depuis 1895, la maison imprime des faire-part de mariage et de naissance. Sa spécialité : le travail en relief et la dorure à chaud.
16 ter, bd du Général de Gaulle, 59100 Roubaix.
03 20 73 57 01
www.imprimeriechoquet.fr

Serly
Vous aurez l'assurance d'avoir de très beaux papiers et un soin tout particulier apporté à la calligraphie de votre faire-part.
82, cours Vitton, 69006 Lyon.
04 78 52 54 75

Imprimerie Brest
Des menus aux livrets de messe, en passant par les faire-part et autres formes d'invitations, cette maison maîtrise son savoir-faire.
02 98 45 46 97
www.imprimerie-brest.com

G. Lalo
Manufacture de papiers à lettres et d'enveloppes de luxe depuis 1920, ce grand nom a imaginé un papier recyclé original et de qualité exceptionnelle.
www.faire-part-lalo.fr

Côté très pratique

Copy-Top
On n'y pense pas forcément, mais cette chaîne habituée à imprimer des documents professionnels peut également s'occuper de vos invitations en un temps assez record.
www.copytop.com

Le roi de la fête
1 000 m^2 dédiés à l'organisation des fêtes. Avec des produits dédiés à la décoration de la salle et de nombreux modèles de faire-part, vous ferez d'une pierre deux coups. Vous pourrez même participer à des ateliers de loisirs créatifs si vous voulez les réaliser vous-même.
05 56 29 01 26
www.leroidelafete.fr

Imprimerie Reliefdoc
Plus de 1 500 modèles de faire-part dans cette maison qui fait ses preuves depuis 1974. Vous trouverez forcément votre bonheur. Spécialisée dans la découpe sur mesure, elle saura aussi réaliser des faire-part aux formes insolites.
17, avenue Prat Gimont,
31130 Balma.
05 61 24 49 98
www.reliefdoc.com

Un peu d'originalité svp

My Dear Paper
Ce studio de création graphique est en réalité la porte d'entrée vers l'imagination d'artistes du papier et de la calligraphie. Vous aimerez leurs faire-part, les étiquettes et tampons personnalisés, la touche vintage et l'approche DIY. On adore !
www.mydearpaper.com

Planet Puzzles
Votre faire-part sous la forme d'un puzzle ? On adore ! Une photo de vous deux, une invitation classique, un dessin humoristique... À vous de décider l'image qui sera découpée en mille morceaux et que vos convives devront restituer pour connaître la date du grand jour !
www.planet-puzzles.com

La Petite Baleine
Très belle sélection de rubans, raphias, papiers et motifs. Vous choisirez parmi les nombreux modèles aussi bien originaux que classiques.
7, rue Littré, 75006 Paris.
01 45 49 36 21
www.lapetitebaleine.com

Instants Tissés
Pour des invitations uniques, réalisées à la main et qui sortent vraiment de l'ordinaire. On a un coup de cœur pour le modèle « serviette à carreaux » pour des futurs mariés néo-écolos.
www.instantstisses.com

Véronique Lataste
Vous allez fondre devant le talent de cette créatrice qui imagine des aquarelles glam et chic pour annoncer votre grand événement. Du sur-mesure qui ne laissera pas vos invités insensibles. Le plus : vous pourrez décliner ses dessins à travers toute la papeterie de votre mariage.
www.veroniquelataste.com

Véronique Deshayes
Un mobile, un CD, un sachet de thé, une carte aux trésors... Vos désirs se transforment en réalité grâce à l'imagination débordante de cette artiste. Tout est possible pour faire-part de votre événement... Et toujours avec très, très bon goût ! Bienvenue dans la haute couture des invitations !
www.veroniquedeshayes.com

Petite Pousse
Charlotte Bébin a eu la bonne idée d'unir design et protection de l'environnement. Ses créations sont pop, esthétiques, personnalisées et respectueuses de notre planète. Que demander de plus ?
www.petitepousse.com

Haut de forme
Un studio créatif dont l'imagination ne semble pas connaître de limites. Des faire-part vintage, des miroirs personnalisables, des *tote bags* à votre image pour annoncer le grand jour... On applaudit de nos quatre mains les différents styles : rétro, Années folles, infographies rigolotes et colorées. On vous le garantit : vous allez aimer.
www.hautdeformestudio.com

Fifi Mandirac
Des faire-part *girly* aux couleurs vitaminés et aux dessins simplissimes, avec une prédilection pour les fleurs et les cœurs. Une collection imaginée par une fille très fleur bleu au nom d'héroïne de BD.
01 58 34 77 01
www.fifimandirac.com

Kardamome
Et si vous profitiez de votre mariage pour faire un geste pour la planète ? Optez pour des faire-part qui allient originalité et respect de l'environnement. C'est ce que propose cette boutique en ligne avec des faire-part en papier 100 % recyclé et imprimés selon des principes verts. On craque pour leur grain moucheté et leur touché délicat.
www.kardamome.fr

Tour de Babel
Si vous êtes orientale ou de confession musulmane, et si vous souhaitez que votre faire-part soit empreint de votre religion ou de vos origines, découvrez sans tarder ce site. Il s'est spécialisé dans la création de faire-part atypiques. Au choix : calligraphie ou sourates tirées du Coran.
04 72 07 71 94 et 06 31 78 58 24
www.tour-babel.com

On n'arrête pas le progrès...

Paper and Kraft
L'artiste Jean-Baptiste Humbert opte pour le « photodesign » et crée des faire-part aux lignes pures et résolument modernes avec une incontournable touche de romantisme.
03 85 75 42 24
www.paperandkraft.com

Faire-part mariage
Des faire-part classés par thème : tendre, pur, tonique, de tout cœur... Une collection classique pour celles qui ne souhaitent pas bousculer les codes du faire-part traditionnel.
www.faire-part-mariage.com

Aimia
Pas besoin de vous casser la tête à faire les bonnes associations de couleurs ou le bon choix de papier. Dans cette boutique en ligne, on propose des kits faire-part comprenant des cartes, des enveloppes et des noeuds en satin auto-adhésifs. Mais si vous voulez vraiment mettre la main à la pâte, vous y trouverez un grand choix de papiers créatifs, de tampons, de décors...
www.aimia.fr

Monfairepart.com
Des faire-part près de 30 % moins cher qu'en boutique. Livraison gratuite dans toute la France et enveloppes offertes pour certains modèles.
www.monfairepart.com

L'atelier d'Elsa
Oh comme on aime le travail de cette créatrice-graphiste qui colle à l'air du temps ! Vous allez aussi craquer pour ses illustrations modernes et amusantes, ses invitations sous forme de vinyle, ses faire-part tickets de cinéma… Vite, vite, faites un tour sur son site.
www.latelierdelsa.com

A Little Market
Des invitations kimono, des bouchons de liège qui déroulent l'annonce, des badges faire-part personnalisés ou encore un pochon qui renferme des indices pour connaître l'heure et le lieu du mariage. Faites votre marché on-line, vous allez forcément dénicher votre bonheur !
www.alittlemarket.com

INSPIRATIONS…

Pinterest
Inscrivez-vous sur ce réseau social pour partager vos trouvailles et surtout pour découvrir celles des autres. On puise ainsi dans une multitude d'idées du monde entier pour créer ses faire-part soi-même ou les suggérer à un pro.
www.pinterest.com

ON MET LA MAIN À LA PÂTE !

L'art du papier
Du papier calque aux tampons encreurs, en passant par les rubans et les poinçons, sans oublier les invitations pré-pliées et vierges : vous trouverez tout, même des ateliers créatifs.
48, rue Vavin, 75006 Paris.
01 43 26 10 12
16, rue Daunou, 75002 Paris.
01 42 61 70 64
www.art-du-papier.fr

L'atelier de la sorcière verte
Telle la caverne d'Ali baba, la jolie boutique fourmille d'idées et de matériels pour créer des invitations uniques et personnalisées.
19 bis, rue de la Clef, 59800 Lille.
03 20 12 07 06
http://la.sorciere.verte.free.fr

Poobies
Créer son faire-part sans effort manuel et surtout sans ratage ? C'est ce que vous propose le très ludique site Poobies. Vous créerez en ligne votre faire-part avec la plus grande facilité. Il suffit de choisir le format et le fond souhaités et de placer le texte. Vous pouvez même télécharger des images personnelles pour créer des faire-part uniques. La formule idéale pour toutes celles qui aiment dire « C'est moi qui l'ai fait » sans trop se fatiguer !
www.poobies.fr

Spécial petit budget

1. Optez pour la simplicité : encre noire et non de couleur, texte imprimé et non gravé… Des petits détails qui allègeront le budget des faire-part.

2. Dans la même idée, choisissez un papier basique. On évite les papiers gaufrés ou le papier de riz, très chics mais hors de prix.

3. Bénéficiez des tarifs dégressifs en imprimant les cartons d'invitations, les menus et les cartons de remerciement en même temps que les faire-part.

4. N'achetez pas d'enveloppes spécial mariage. Préférez des modèles classiques que vous personnaliserez avec des tampons encreurs, des cœurs ou des paillettes adhésives.

5. Réalisez vous-même vos faire-part. Mais pas sans avoir vérifié que votre famille et vos amis seront prêts à vous donner un coup de main ! Là encore, privilégiez la simplicité, sauf si vous avez des doigts en or. Papier calque, papier canson, agrafeuse, raphia, ruban, feutres dorés ou argentés feront l'affaire.

6. Pensez à créer votre blog de mariage qui sera pour vous un véritable support. Vous pourrez y relayer toutes les informations qui figurent dans le faire-part en les développant vraiment. C'est autant de temps que vous ne perdrez pas au téléphone et des frais en moins sur votre facture téléphonique.

CHAPITRE 9

MODE

Pour une femme, trouver la robe parfaite peut être l'affaire de toute une vie. Il n'existe pas un placard qui ne contienne une faute de goût, une erreur de taille ou un modèle fétiche complètement dépassé. Pourtant, s'il y a une tenue que l'on souhaite reconnaître au premier coup d'œil, c'est sa robe de mariée. Une seule règle d'or pour trouver LA perfection : coller à son style et à sa morphologie. Une fois la perle rare trouvée, on s'occupe de son homme et du cortège. Tout ce beau monde doit être parfaitement assorti. Finalement, vous verrez, ce n'est pas si difficile de ne pas se tromper.

Pour elle

J-6 mois

Qui dira le contraire ? Choisir sa robe de mariée est le moment le plus jouissif de l'organisation du mariage. Il peut aussi se révéler un véritable cauchemar quand on s'obstine à entrer de généreuses hanches dans une minuscule robe fourreau. Il est capital de choisir une robe de mariée qui colle à sa silhouette et pas à celle de la voisine. Découvrez la robe qui sublimera vos atouts et gommera vos imperfections.

• Que porter si je suis…

Grande et mince

C'est le scénario rêvé car vous pouvez tout vous permettre… Ou presque.

Si votre taille est imposante, choisissez des modèles près du corps et bannissez les robes volumineuses.

Vous pouvez aussi miser sur des robes courtes qui attireront l'attention sur vos interminables jambes.

Si vous êtes très mince (voire trop), jouez des volumes avec des jupes en tulle ou des jupons bouillonnés. Mettez en avant votre taille fine avec un corset très ajusté. Pour le décolleté, préférez les cols bateau ou en U, plus flatteur pour les petites poitrines.

REPÈRES

Le saviez-vous ?

En Occident, se marier en blanc n'est devenu à la mode que sous le règne de la reine Victoria, au milieu du XIXe siècle. Avant, les jeunes femmes revêtaient leur plus jolie robe, souvent colorée ou leur costume régional.

Grande et ronde

Si vos rondeurs se concentrent autour des hanches, optez pour des robes à crinoline qui sont près du corps en haut et amples en bas.

Les bras potelés s'allongent avec des manches trois-quarts ou se couvrent d'un boléro.

Les ventres ronds s'affinent avec des corsets en forme de pointe. Si vos rondeurs se répartissent sur tout le corps, misez sur la robe de style Empire. Elle soulignera joliment votre poitrine et masquera vos rondeurs grâce à sa coupe ample et vaporeuse.

Elle est passée par là

« Je suis dans un fauteuil roulant depuis 15 ans. Je voulais porter une belle robe de mariée avec traîne et tout le tralala pour le jour J, mais j'étais bien embêtée. Il fallait que je pense à un détail important : que ma traîne ne se prenne pas dans les roues et que les volants de ma jupe puissent rentrer dans le fauteuil. Je suis allée voir un créateur qui m'a rassurée et qui a imaginé une robe superbe, près du corps mais fluide, et il m'a convaincue avec raison qu'il fallait que j'oublie la traîne pour la remplacer par un chapeau à voilette spectaculaire.
Le regard d'un professionnel et son savoir-faire ont su me sublimer malgré mon handicap et mes idées préconçues. Ils savent ce qu'ils font. »

PATRICIA

Petite et mince

Il s'agit de vous élancer et d'éviter à tout prix de vous tasser. Exit les robes de princesses volumineuses. À vous les robes fourreau, trapèze et les combinaisons bustier/jupe qui allongent les jambes.

Préférez les bustiers sans bretelles qui dégagent le haut du corps et le grandissent.

N'hésitez pas à porter une robe courte, si vous trouvez vos jambes harmonieuses et bien galbées.

Petite et ronde

Un seul mot d'ordre : simplicité. Choisissez des coupes sobres qui suivent la silhouette sans trop la souligner. Rien de bouffant ni de chargé.

Privilégiez les matières fluides aux tissus brodés et bannissez les froufrous. Misez sur les formes trapèze ou les robes Empire.

Jouez avec les accessoires pour enrichir votre tenue : chapeau, collier, bracelets..., mais surtout ne surchargez pas la robe !

En été comme en hiver, vous pouvez assortir votre robe d'un élégant manteau qui vous allongera s'il est près du corps. Attention toutefois à ce qu'il ne balaie pas le sol.

Enceinte

Traditionnellement, on conseille aux femmes enceintes de porter une robe Empire qui souligne la poitrine et libère le reste du corps. Vos rondeurs ne seront pas marquées et vos atouts seront joliment mis en valeur.

Les chanceuses qui ne prennent que du ventre choisiront une robe courte, de forme trapèze, ou oseront la robe sirène.

Vous trouverez votre bonheur dans des boutiques de prêt-à-porter en prenant une taille large, les enseignes pour femmes enceintes et les boutiques de robes de mariée classiques (prévoir le dernier essayage 10 jours avant le jour J).

• Quelle tenue pour la mairie ?

Vous vous mariez juste civilement

Pourquoi vous contenter de porter un simple tailleur ? Au contraire ! Amusez-vous et arborez la tenue de vos rêves : robe à crinoline, fourreau sexy ou minijupe en cuir blanc. Profitez-en !

Vous vous mariez civilement et quelques semaines plus tard religieusement

Gardez la grande tenue de bal pour la cérémonie qui sera suivie de la réception. Pour la mairie, portez un tailleur-pantalon, une robe aux lignes plus modernes et osez les couleurs ! C'est le moment aussi de porter un chapeau époustouflant.

Vous vous mariez civilement et religieusement le même jour

Ne perdez pas de temps (n'oubliez pas qu'il vous est compté !) et impressionnez tout le monde dès le début avec votre robe de fée.

• Comment choisir votre robe ?

Cette robe inoubliable, vous l'avez sans doute imaginée 1 001 fois, vous l'avez dessinée sur vos cahiers d'écolière, croquée sur les bancs de la fac puis tracée sur votre agenda entre deux rendez-vous. Mais aujourd'hui, vous ne savez plus trop ce que vous voulez, mis à part une tenue unique et inoubliable ! Petit abécédaire de styles, de tissus et d'autres possibilités pour mieux vous y retrouver.

Amazone : inspirée des tenues des cavalières du XIXe siècle, cette tenue est souvent composée d'une jupe fourreau, longue et droite devant mais avec un effet bouffant, ou un faux-cul derrière et une veste ou un bustier cintré.

Asymétrique : une épaule dénudée et l'autre avec bretelle, courte devant et longue derrière. Cette coupe un peu déstructurée apporte une touche de modernité à des lignes plus simples.

Blanc : le plus classique mais pas obligatoire ! Il évoque la pureté, le renouveau… Il a pourtant été supplanté par d'autres nuances comme l'ivoire, le champagne, le blanc cassé et l'écru.

Boléro : sorte de petit cardigan à manches mais court, s'arrêtant au-dessus de la taille. Idéal pour couvrir ses épaules lors de la cérémonie religieuse et pour ne pas gâcher l'effet de la robe.

Broché : tissu travaillé en relief avec des motifs géométriques ou végétaux, généralement ton sur ton mais parfois jouant sur d'insolites associations de couleurs. Une matière sophistiquée et plus lourde qui se prête très bien à un petit manteau ou à une tenue hivernale.

Bustier : il peut être à bretelles ou sans, mais si vous avez une poitrine généreuse, envisagez un bon maintien intégré ou un soutien-gorge adapté. Lacé devant ou derrière, il donne de la personnalité à une tenue. Se terminant en pointe sur le devant, il allonge la silhouette. À choisir en fonction de la forme de votre jupe.

Cache-cœur : cette forme qui se croise sur la poitrine crée un joli et subtil décolleté et convient à toutes les poitrines. À porter près du buste et à équilibrer avec une jupe plus évasée.

Charleston : un style qui rend hommage aux Années folles, robes mi-longues à franges, bas évasé et larges bretelles.

Couleurs : il n'est plus rare de voir une mariée porter du rouge passion (très demandé), du rose, du noir. Si vous n'osez pas encore, optez pour des touches de couleur sur le bustier ou des imprimés fleuris.

Crêpe : tissu fin, légèrement ondulé et qui permet de très beaux drapés.

Crinoline : le synonyme de la robe de princesse. Le bas est bouffant (grâce à de nombreux jupons ou par un astucieux cerceau sous la jupe) et le haut plus près du corps afin de marquer un peu la taille. Attention à l'effet « meringue », si vous vous lâchez sur le volume…

Décalé : en robe kimono, en smoking blanc, en minijupe en cuir, en jean avec une blouse en dentelle, vous affirmerez votre différence.

Décolleté : plongeant ou pudique, devant ou derrière, il doit mettre en valeur sans trop dévoiler. Un subtil équilibre à trouver. Pensez toujours au soutien-gorge adapté.

Dentelle : un travail d'orfèvre qui joue la transparence sur une manche et la timidité sur une doublure de tissu. Vérifiez bien sa qualité et la différence de prix qu'elle peut engendrer.

Empire : d'inspiration gréco-romaine. Coupe cintrée juste sous la poitrine puis évasée. Pensez à Joséphine de Beauharnais.

Esprit lingerie : la forme nuisette ou la chemise de nuit à l'ancienne en lin ou en broderie anglaise à larges bretelles font de charmantes tenues estivales, très féminines.

Essayages : commencez la quête de la robe idéale de 6 à 8 mois avant le jour J. Les nouvelles collections sont présentées en boutique aux mois de septembre et octobre. Pour le prêt-à-porter : un premier essayage puis un éventuel passage pour les retouches. Chez un créateur : prévoir trois essayages. Chez la couturière ou pour du sur-mesure : prévoir de trois à quatre essayages.

REPÈRES

Essayages : mode d'emploi

Essayez votre robe avec les chaussures que vous porterez le jour J ou avec un talon équivalent.

N'hésitez pas à faire des mouvements amples pour vérifier que votre décolleté ne devienne pas indécent : baissez-vous, virevoltez et imitez des pas de danse.

Essayez-la devant une lumière pour juger de la transparence de la jupe… Idéal pour prévoir un jupon.

Demandez un échantillon du tissu de votre robe pour pouvoir l'assortir à vos chaussures ou à une étole.

Ne vous focalisez pas sur un modèle de robe. Gardez l'esprit ouvert.

Fourreau : forme glamour qui ne laisse rien passer. Près du corps, moulante et plus ou moins longue.

Fourrure : même si la vraie fait un réel come-back, on ne saurait que trop vous conseiller de la choisir fausse. Elle orne avec panache une étole, un manchon ou une toque. Parfait pour se marier sous la neige.

Gazar : tissu transparent et vaporeux, un peu plus rigide que de la gaze donc plus facile à manipuler et à fixer. Il s'utilise pour des manches volantes, des étoles légères, des manteaux d'été.

Guipure : dentelle très fine et très fragile. Elle est doublée pour être appliquée sur des manches ou des bustiers.

Lingerie : optez pour des sous-vêtements près du corps, sans couture, ni motif ni relief. Ils doivent savoir se faire oublier. Si vous portez une robe très près du corps, entraînez-vous à porter un string (couleur chair et une taille au-dessus de votre taille habituelle si vous avez des rondeurs). Adaptez le soutien-gorge à votre décolleté et choisissez des bretelles amovibles. Il existe aussi des soutiens-gorge adhésifs qui font pigeonner les seins, tout en leur assurant un vrai maintien (surtout pour les petites poitrines). Évitez les bretelles transparentes qui font gadget. Vous pouvez aussi en profiter pour tricher un peu : un soutien-gorge ampli forme, une culotte gainante…

Manches : longues, courtes, à l'américaine, bretelles, trois quarts, ballons. Elles répondent à tous vos besoins de proportions, de saison, d'esthétique. Pensez aux manches amovibles, souvent en dentelles, qui permettent de couvrir vos bras lors de la cérémonie religieuse et de les dévoiler ensuite.

Marquise : directement inspirée des robes sexy de la fameuse Angélique, elle est resserrée à la taille par un corset baleiné, elle fait pigeonner votre poitrine et s'élargit au niveau des hanches. Pour encore plus d'effet, portez-la ouverte devant pour dévoiler des jambes de gazelle ou un pantalon.

Moire : tissu scintillant qui révèle ses beaux reflets brillants à la lumière. Assez lourd mais très sophistiqué, il est conseillé pour les robes d'hiver ou pour de petites pièces : cape, boléro, étole…

Mousseline (de soie ou de coton) : tissu vaporeux, très rarement opaque, fluide et léger. Facilement malléable. Parfait pour des tenues estivales, pour créer des volants ou des superpositions de jupons.

Olympe : un style inspiré de la toge des déesses grecques. À la fois fluide mais près du corps avec de beaux effets de drapés. Un choix très féminin.

Organdi : tissu très léger, vaporeux, utilisé pour les grandes jupes. Crée un très beau mouvement.

Organza : un tissu onéreux, assez rigide et soyeux mais léger. Idéal pour de belles capes structurées, de grandes jupes volantes.

Ottoman : matière lourde, brillante, sophistiquée et ancienne. Souvent utilisé dans l'ameublement. À privilégier en hiver.

Pantalon : pas aussi courant qu'une robe le jour J, mais de plus en plus souvent porté. À la japonaise : large, en soie sauvage et serré à la taille par une grande ceinture. Un pantalon de smoking, un corsaire en dentelle… À vous de le décliner.

Piqué de coton : double-étoffe de coton qui rappelle le nid d'abeille, léger effet de relief. Aspect très frais, très classique.

Plume : de plus en plus utilisée pour accessoiriser une tenue sobre, elle peut être cousue en relief sur la robe, appliquée sous un volant. Une touche d'originalité et de légèreté à la fois.

Princesse : forme très classique et consensuelle. D'une seule pièce, la taille à peine marquée, le haut enveloppe le buste et dévoile les épaules et la jupe presque droite s'évase quelque peu.

REPÈRES

Votre robe a une vie avant et après le jour J !

Avant

Vous ne glisserez pas facilement votre robe dans un sac à main. Souvent, les boutiques vous les confient protégées dans une housse, assez volumineuse, il faut bien l'admettre. Glissez-la dans un immense sac-poubelle ! Elle voyagera très bien ainsi et il vous suffira de lui faire prendre un bain de vapeur ou de lui offrir un passage au pressing pour qu'elle retrouve sa splendeur.

Après

Ne tardez pas à la faire nettoyer. Renseignez-vous auprès de votre teinturier pour savoir s'il est spécialisé dans le traitement de ce genre d'étoffe.

Glissez-la précieusement dans une housse et rangez-la dans votre placard ou dans une malle totalement hermétique.

Vous pouvez tailler dans votre robe la tenue de baptême de votre premier enfant.

On en connaît qui n'ont pas hésité à l'accrocher au mur ou à la laisser en exposition sur un mannequin, dans leur chambre.

Satin : étoffe de soie, de laine, de coton ou en synthétique. Son aspect est fin, lisse et brillant. Il peut également changer de couleurs et peut être plus épais et fourni (le satin Duchesse). Il est généralement associé à d'autres tissus pour les robes traditionnelles. Utilisé seul, il est parfait pour les fourreaux et les robes trapèze.

Sirène : une forme moulante mais qui s'ouvre largement telle une corolle au niveau de vos pieds : spectaculaire !

Soie : naturelle, elle est plus lisse, plus souple et plus onéreuse. Sauvage, elle présente quelques aspérités à sa surface et n'est jamais blanche. Elle est plus rigide et moins chère que la soie naturelle. Elle reste la matière préférée des robes de mariée.

Taffetas : étoffe de soie ou de fibres synthétiques. Tissée, elle est brillante et lisse.

Traîne : elle finit avec panache une tenue. Vous la choisirez plus ou moins longue, amovible ou facile à accrocher à votre robe, à l'aide d'un ingénieux petit bouton.

Trapèze : directement inspirée des années 1960 et 1970. Très sobre en haut avec ou sans manches mais s'évase telle la lettre A, à partir de la taille. Souvent courte.

Tulle : tissu léger et transparent. Parfait pour les jupons et s'utilise en plusieurs épaisseurs.

• Les accessoires

L'accessoire fait la différence ! Toutes les femmes sont unanimes là-dessus : pour rehausser une modeste robe, détourner un modèle classique ou tout simplement accompagner la tenue de son choix. Attention à la panoplie, il ne s'agit pas de tout mixer. Choisissez les accessoires qui collent le plus à votre style.

Astuces budget

Les accessoires peuvent rapidement peser dans votre budget. Pensez à emprunter des bijoux à votre entourage ou à porter ceux de votre famille. Pour les chaussures, privilégiez les boutiques classiques. Les magasins de chaussures spécial mariage sont en général plus chers et leur choix plus limité. Traquez le blanc durant les collections d'été et profitez des soldes.

Le voile

Pour qui ? Une mariée traditionnelle mais aussi champêtre, citadine ou ethnique. Le voile est l'accessoire le plus symbolique du mariage. Son choix dépendra du degré d'attachement aux conventions de la future mariée.

Comment ? Porté mi-long sur les épaules ou en forme de traîne de 4 à 5 mètres, le voile se choisit traditionnellement blanc, en dentelle ou en tulle. Il doit couvrir le visage de la femme quand elle entre dans l'église et se retire après la bénédiction pour embrasser le nouvel époux. S'il est traditionnel, le voile sait aussi surprendre. Il détonne sur un tailleur pantalon et féminise les coupes courtes à la garçonne. Jouez à fond le côté « princesse » en le rehaussant d'un diadème ou en le fixant avec un peigne à strass.

FOCUS

Pour ou contre la jarretière ?

La jarretière est un ancien rite qui a lieu au cours de la réception de mariage. Il prend différentes formes en fonction des régions. Concrètement, il s'agit d'un ruban que la femme passe autour de la cuisse. Elle peut le mettre aux enchères et se le faire enlever par le gagnant devant toute l'assistance. Il est aussi fréquent que le garçon d'honneur doive la dérober sous la table de noces.

Pour
La jarretière porte bonheur à la personne qui l'obtient. C'est la promesse d'un mariage prochain.

Contre
C'est une pratique qui peut paraître sexiste et complètement dépassée. Elle peut incommoder les femmes pudiques. À faire uniquement par conviction mais ne jamais céder à la pression de l'entourage.

Le chapeau

Pour qui ? Les têtes à chapeaux, exclusivement. On n'est malheureusement pas toutes logées à la même enseigne. Avant de renoncer, découvrez les formes qui vous conviennent avec l'aide d'un spécialiste. En général, il en existe au moins une qui fera votre bonheur.

Comment ? Le chapeau s'harmonise avec le style de la robe. L'erreur serait de le porter pour cacher une coupe mal réussie car il s'enlève au cours de la journée. Veillez à le fixer simplement pour ne pas être décoiffée une fois que vous l'aurez retiré. Le chapeau se garde sur la tête à l'église ou à la mairie et se retire au moment de passer à table.

Les gants

Pour qui ? C'est le corollaire du chapeau. Les mariées chapeautées n'y échapperont donc pas. Les gants sont aussi l'accessoire type des tenues de princesse et des robes de mariées rétro.

Comment ? Choisissez des gants longs pour une robe sans manche ou à manches courtes. Préférez des gants courts pour une robe à manche trois-quarts ou évasées. Les modèles en cuir vont parfaitement avec des tenues rétro, esprit 50's ou 60's ; ceux en satin ou en dentelle avec des tenues classiques.

REPÈRES

Mariée d'hiver

Pour braver le froid, vous aurez droit à toutes les fantaisies. Jouez la carte polaire en ornant vos poignets de manchons en fourrure (vraie ou fausse, à vous de décider !) et drapez vos épaules d'une capeline assortie. Le style inuit est aussi irrésistible. Recouvrez votre tête d'une capuche en fourrure blanche et chaussez de confortables et originales boots. Usez et abusez des accessoires en mohair, en angora, en laine bouillie et en feutre. Sans oublier la touche finale : un maquillage givré et une pincée de neige artificielle dans les cheveux.

Les chaussures

Pour qui ? *A priori* pour toutes les mariées. À moins que les mariées champêtres ne poussent le concept jusqu'au bout en se présentant pieds nus à leur cérémonie...

Comment ? La règle n° 1 est d'acheter les chaussures après avoir choisi la robe de mariée. Harmonie oblige ! La règle n° 2 est de privilégier le confort. Inutile de céder au fantasme du talon aiguille si vous n'en avez pas l'habitude. Vous trouverez de très jolies ballerines ou des escarpins à hauteur raisonnable. L'astuce : acheter une paire de chaussures une demi-pointure au-dessus afin d'éviter les ampoules. Portez vos chaussures au moins une semaine avant le jour J afin de les « casser », c'est-à-dire de détendre le cuir. Les mariées perfectionnistes feront réaliser les chaussures dans le même tissu que celui de la robe. Certains créateurs proposent ce service.

REPÈRES

La trousse de secours

Indispensable pour les retouches de dernières minutes et les différents imprévus. Glissez dans votre sac (ou dans une pochette que vous confierez à une amie), un collant, une poudre anti-brillance, un rouge à lèvres, un déodorant ou des lingettes rafraîchissantes, des tampons en cas de règles capricieuses, des pansements contre les ampoules, des gouttes pour les yeux, un paquet de mouchoirs et des pastilles à la menthe pour rafraîchir l'haleine.

Le sac

Pour qui ? Les inconditionnelles. Les autres mariées pourront s'en passer ou se contenteront d'une aumônière, plus discrète.

Comment ? On oublie les cabas beaucoup trop encombrants et l'on opte pour de petits modèles en accord avec la tenue. Confiez-le à un proche lors de la cérémonie, vous aurez besoin de vos deux mains.

Les bijoux

Pour qui ? Toutes les mariées ou presque...

Comment ? C'est le moment de sortir vos plus belles parures. Mais attention ! L'alliance est le bijou vedette de la soirée. Elle doit être mise en valeur et ne pas être noyée sous une tonne d'ornements. Préférez donc la qualité à la quantité. Le style de la robe va bien sûr déterminer votre choix. Si elle est simple, misez un peu plus sur les bijoux et allégez au maximum si elle est chargée.

Pour des accessoires faits main, reportez-vous à notre sélection de DIY page 357 et sur l'application.

• Superstition quand tu nous tiens...

Que vous y croyiez ou non, il s'agit ici de mettre toutes les chances de votre côté :

- Une mariée ne doit jamais coudre sa propre robe.
- Votre fiancé ne doit pas voir votre robe avant le jour J sous peine d'une union malheureuse.
- La mariée ne doit pas se regarder dans le miroir au moment de passer sa robe le jour J... Après oui !
- L'ourlet d'une robe de mariée est depuis longtemps synonyme de fourre-tout ! Autrefois on y glissait des petits mots doux, des intentions, des rubans, des mèches de cheveux, les prénoms des amies célibataires. Aujourd'hui, afin d'alléger un peu la robe, on se contente souvent d'y mettre un ruban bleu comme porte-bonheur.
- Il est toujours de tradition de porter quelque chose de bleu, de neuf, d'emprunté et de vieux.

• Où acheter sa robe ?

Qu'elle soit imprimée sur le papier glacé d'un magazine ou gravée dans votre tête depuis des années, il va désormais falloir passer du rêve à la réalité. Rapide tour d'horizon des endroits où peut se cacher la tenue idéale...

Chez un grand couturier qui modèlera une robe selon vos mensurations et d'après des croquis inédits ou les modèles de la dernière saison. Il vous proposera un large éventail de tissus. C'est un long travail (4 ou 5 mois), avec de nombreux essayages, qui se rémunère assez chèrement... Pour les gros budgets.

Chez un créateur qui vous proposera de réaliser une robe unique, originale et à partir de plusieurs modèles. Elle pourra être faite en « kit » (en adaptant des patrons existants) ou directement sur vous mais avec la patte de l'artiste ! Il est de plus en plus courant d'avoir une robe de créateur. Prévoir entre 3 et 4 mois d'attente. Mais ils l'avouent tous, ils savent faire face aux urgences !

Le sur-mesure chez une couturière qui confectionnera votre robe d'après un patron en papier puis en toile avant sa réalisation dans le tissu. Vous aurez toute liberté de choisir l'étoffe et le modèle ou de venir avec votre propre croquis. Votre robe sera unique. Prévoir plusieurs essayages et un délai d'au moins 4 mois.

Dans une boutique où vous pourrez trouver des modèles maison et/ou multi-marques. Les robes sont quasiment prêtes à acheter telles qu'elles, mais des retouches sont toujours envisageables. Ces tenues de prêt-à-porter (selon votre taille habituelle) ont l'avantage d'être moins onéreuses que des créations et le choix est aussi souvent plus vaste.

Dans un magasin discount où vous trouverez de nombreux modèles de robes à des prix très intéressants. Les matières sont souvent basiques et les retouches sont généralement en sus.

(Voir Carnet d'adresses en fin de chapitre.)

HUIT QUESTIONS À LAURE DE SAGAZAN, FONDATRICE DE LA MARQUE ÉPONYME

Son nom est sur toutes les bouches des futures mariées. Laure de Sagazan est la nouvelle créatrice dont les femmes raffolent. Elle dessine une silhouette à la fois romantique et moderne. Absolument irrésistible. Suivez ses conseils.

Quels sont les impératifs à respecter pour bien choisir sa robe de mariée ?

Il est important d'être bien conseillée. Autant par la boutique dans laquelle vous choisissez votre robe que par une proche (amie, sœur, mère) qui vous connaît bien. Et surtout qui ne projettera pas ses propres envies sur vous !

Ensuite, il faut savoir analyser sa morphologie, comprendre quelles sont les formes qui mettent en valeur la silhouette. L'exercice peut être réalisé à partir des tenues de votre garde-robe que vous estimez flatteuses et dans lesquelles vous essuyez fréquemment des compliments.

Faut-il caler sa tenue sur le style de sa réception ?

Sans être « assortie » à la salle ou au lieu, il est évident qu'une tenue très stricte à la campagne ou à la plage peut dénoter, tout comme une tenue très bohème peut être en décalage si le mariage a lieu dans une salle très chic en ville. Il est donc important de considérer le style du mariage dans le choix de la robe.

Choisir une robe intemporelle ou plutôt dans la tendance ?

D'après moi, il n'y a pas de tendances ultra marquées dans la robe de mariée, il y a plutôt des courants… Il est évident que l'on est dans une période de robes plus floues qu'il y a quelques années, avec des tissus moins « rigides ». D'ailleurs, cette allure est peut-être en train de devenir le nouvel intemporel.

Je dirai donc qu'on peut suivre la tendance sans se retrouver avec un style ultra marqué. L'important est de se reconnaître dans le modèle choisi.

Quelles sont les formes de robes les plus plébiscitées par les futures mariées ?

À l'atelier, nous proposons essentiellement des robes floues, sans jupon ou armatures rigides en dessous. C'est donc une silhouette

…/…

…/…

vaporeuse, aérienne qui est plébiscitée par les mariées venant chez nous. J'aime l'idée qu'une mariée se sente libre de ses mouvements, que l'on retrouve sa démarche du quotidien. Les mariées d'aujourd'hui ont moins envie de se sentir « déguisées », elles préfèrent une silhouette plus moderne, plus simple.

Peut-on oser la couleur ? Et le court ?

On peut oser la couleur mais en petites touches, comme la ceinture de la robe par exemple. Et attention à ne pas opter pour un coloris trop présent, sur lequel l'œil s'arrêtera, avant même de découvrir la robe ! Si on souhaite vraiment de la couleur, on peut oser des tons poudrés ou *nude*, qui se marient très bien avec le blanc cassé.

Pour ce qui est du court, oui on peut tout à fait oser ! Nous avons beaucoup de mariées qui portent parfois le court bien mieux que le long. Bien porté, c'est magnifique et moderne !

Côté accessoires : on fait le minimum ou on sort le grand jeu ?

En général, je conseille le minimum. Rien de pire qu'une mariée « endimanchée » ! L'idée est d'équilibrer et de ne surtout pas porter toute la panoplie : *headband*, boucles d'oreille, collier, bracelet et bague… Il faut savoir faire des choix !

Quelles sont les pièces phares de votre marque et les matières que vous aimez travailler ?

Les pièces phare de notre marque sont les pièces dénudées dans le dos. Les mariées aiment beaucoup mettre cette partie-là de leur corps en valeur, et j'avoue que je trouve un dos dénudé plus élégant qu'un décolleté plongeant ce jour-là.

Ces pièces dénudées fonctionnent très bien avec des petites blouses ou vestes en dentelle de Calais ou macramé, qui créent une allure moderne et très « cool ». Nous n'utilisons que des qualités mates, notamment beaucoup de crêpes de soie. C'est donc très beau de les relever avec des jeux de transparence et des détails assez travaillés.

Votre définition de la robe idéale ?

Une robe dans laquelle on se sent magnifiée, soi mais en mieux. J'aime l'idée qu'en s'approchant de la mariée on découvre des détails et la délicatesse du modèle. Que tout ne soit pas dit au premier regard.

Pour en savoir plus : www.lauredesagazan.fr
102 rue du Faubourg Poissonnière,
75010 Paris.
Sur rendez-vous. Tél. : 01 53 16 46 31

Pour lui

J-6 mois

Pour les hommes, l'époque où beauté rimait avec futilité est complètement révolue. La nouvelle génération de mâles assume sans complexe son désir d'esthétisme en matière d'habillement, de cosmétiques et de forme physique. La tenue du mariage n'échappe pas à cette révolution. Pour ces messieurs, elle se doit d'être parfaite. Voici quelques conseils pour être au top le jour J.

• Que porter si je suis…

Grand et mince

Faites une croix sur les ensembles larges pour ne pas donner l'impression de flotter dedans. Privilégiez les vestes cintrées ainsi que les pantalons près du corps, mais pas trop fuselés. Jouez des épaulettes, elles accentueront votre carrure.

La redingote est la tenue idéale. Elle met l'accent sur votre grande taille sans déséquilibrer votre silhouette.

Grand et costaud

Le gilet sera votre meilleur allié pour masquer les rondeurs du ventre. Évitez les couleurs vives, les motifs à carreaux et les rayures horizontales. Ils épaississent la silhouette. Privilégiez les matières fluides qui vous donneront une certaine légèreté.

Petit et mince

Toutes les vestes longues sont à proscrire (redingote, queue-de-pie et jaquette). Choisissez un costume cintré que vous ferez réaliser sur mesure ou retoucher chez un couturier.

Petit et costaud

Faites particulièrement attention aux proportions entre la veste et la longueur du pantalon afin de ne pas déséquilibrer votre silhouette. Le gilet ainsi que le port de couleurs sombres sont vivement recommandés.

REPÈRES

Le bon col de chemise

Son choix ne se fait pas au hasard. Il doit correspondre à votre morphologie. Si vous avez un long cou, choisissez un col montant de type col Mao ou col officier. Si au contraire il est court, optez pour une chemise sans pied de col. Les visages ronds seront amincis grâce à un col à pointes rapprochées et les visages fins seront mis en valeur par un col italien.

• Comment choisir sa tenue ?

Pensez global

C'est la meilleure astuce pour harmoniser la tenue. Partez d'un accessoire qui donnera le ton de votre silhouette : une pochette colorée, une cravate slim, un nœud papillon à pois, etc. Réfléchissez ensuite au costume et à la chemise qui colleront le plus à l'esprit de l'accessoire. Accordez les couleurs et choisissez les matières en fonction de la saison durant laquelle vous vous mariez. Coton, lin ou laine légère en été. Tweed en hiver.

Menez votre enquête

Inutile d'insister, votre future femme ne vous montrera jamais sa robe. En revanche, elle peut vous décrire son esprit, vous renseigner sur sa couleur et sa matière histoire d'être un minimum assortis. La bonne idée ? Jouez sur un détail commun : une pochette dans la même couleur que les chaussures de madame, la doublure de la veste dans le même tissu que son corset, une boutonnière avec les mêmes fleurs que le bouquet de mariage…

Respectez votre style et l'esprit de la fête

Ce n'est pas à votre grand-tante qu'il faudra plaire le jour du mariage mais à vous-même, sans oublier votre promise ! Personne ne vous oblige à vous déguiser. Bien au contraire ! Il est important que vous vous sentiez à l'aise dans votre tenue. Faites-vous plaisir et adaptez votre look au jour J. Si vous êtes rock, misez sur un costume près du corps (veste ajustée et pantalon cigarette) accompagné d'une cravate slim négligemment nouée. Le smoking noir cintré marche aussi très bien. Si vous êtes champêtre ou kinfolk, à vous les bretelles, le nœud papillon, la chemise beige sur un pantalon chocolat. Pas d'hésitation pour les dandy : la veste croisée est un incontournable du style. Jouez-la comme Gatsby le Magnifique avec un modèle à fines rayures porté sur un pantalon large. Autre option : le costume trois pièces et le foulard noué autour du cou, en lieu et place de la cravate. Les « *casual* chic » dégaineront une veste blazer bleu marine portée sur un pantalon chino et une chemise déboutonnée (juste le premier bouton !).

Misez sur la tenue zéro défaut

Vous n'avez vraiment aucune idée ? Vous avez peur de vous tromper ? Pour éviter les impairs, rien ne vaut les ensembles qui ont fait leurs preuves. Vous ferez un sans-faute en portant un costume. Ces dernières années, il a largement détrôné les queues-de-pie, jaquettes et autres redingotes jugées trop guindés. Les mariés *casual* porteront un costume deux-pièces qu'ils boosteront avec une belle cravate, une pochette assortie ou une boutonnière à fleurs. Les mariés chics sauteront dans un costume trois pièces, très élégant et intemporel. On le choisit uni, mais on peut aussi dépareiller le gilet et la cravate, qui eux doivent toujours être assortis. Côté chemise, ne jurez que par les modèles blancs, non satinés ni brillants. Côté couleurs, visez les valeurs sûres comme le bleu profond ou le gris clair. Mais rien ne vous empêche de vous amuser un peu avec des tons plus fantaisistes ou des camaïeux de couleurs.

• Tout, vous saurez tout sur la tenue de mariage

Parcourez ce petit abécédaire pour mieux vous retrouver.

Ascot : cravate-plastron en tissu fin, le nœud tient avec une épingle et il se porte avec la jaquette.

Chemise : vous ne prenez aucun risque en la choisissant blanche ou bleue. Mais pourquoi ne pas mettre un peu de fantaisie dans votre tenue en arborant un tissu à rayures ou à fleurs ? Choisissez-la assez large pour être à l'aise et veillez à ce que le pan arrière soit plus long que devant... Confort oblige !

Col : il détermine la cravate ou la lavallière que vous porterez. Il doit toujours être apparent.

Standard : celui de tous les jours avec un petit bouton pour bien le maintenir. Idéal pour la cravate classique.

Cassé : celui qui permet le port de la lavallière et du nœud pap. Impossible avec une cravate.

Italien : pas tout à fait « pelle à tarte » mais presque ! Une cravate peut l'habiller ou pour un style plus décontracté, il s'ouvre sur un cou viril...

Mao : très discret, il remonte à peine et se passe de tout nœud. Une ligne moderne.

Costume : la tenue citadine par excellence. Troquez celui que vous portez au bureau contre un trois-pièces, parfaitement coupé et avec un gilet assorti ou coloré. Évitez les marrons, les velours côtelés et les tissus qui brillent.

Cravate : amusez-vous un peu en la nouant de manière plus sophistiquée que d'habitude. Sachez que les imprimés pois et rayures ne sont pas du tout télégéniques. Vous pouvez aussi la choisir ton sur ton avec votre chemise.

Gilet : il apporte la petite touche de sophistication ou d'originalité à n'importe quelle tenue. C'est l'occasion de le porter. C'est aussi l'accessoire commun que pourront porter les pères et vos témoins. On ne ferme jamais le bouton du bas.

Jaquette : veste aux basques longues et arrondies, elle est l'amie des mariages traditionnels. En flanelle grise, elle se porte avec un pantalon et un gilet assortis ou finement rayés. Elle est parfaite avec une lavallière, un haut-de-forme et des gants gris perle.

Lavallière : variante distinguée de la cravate, souvent en soie et plus souple. Se porte toujours avec un col cassé.

Manches : ni trop courtes, ni trop longues, elles dévoilent subtilement les boutons de manchettes.

Pantalon : évitez le revers, les plis et les pinces. Et surtout veillez à ce qu'il tombe parfaitement sur la chaussure.

Queue-de-pie : appelée aussi « frac ». Un habit de cérémonie qui semble avoir rejoint les oubliettes ou qui, au contraire, joue sur le registre « décalé ». À porter avec une chemise-plastron, un nœud papillon et un haut-de-forme noirs. On va jusqu'au bout avec des gants blancs et un œillet rouge piqué à la boutonnière.

Redingote : veste plus longue, arrivant à mi-cuisses, elle peut être en velours et correspond au « dandy » qui sommeille en vous. À conseiller aussi aux témoins et aux pères des mariés.

Smoking : Évitez le blanc et privilégiez le noir avec chemise blanche et nœud papillon noir. Pour la touche grand gala, ajoutez une écharpe de soie blanche.

Uniforme : si vous sortez d'une grande école ou si vous faites une carrière militaire, faites-nous plaisir et sortez le grand jeu !

Veste : Elle doit parfaitement tomber sur les épaules. Privilégiez les coupes droites, sans fente dans le dos, les deux ou trois boutons (on ne ferme jamais le dernier !) et les tissus de qualité. On la tombera seulement après le dîner…

REPÈRES

En vogue : le nœud papillon

Vous pensiez qu'il était ringard ? Eh, bien vous vous trompiez ! Le nœud papillon est à nouveau un accessoire phare qui apporte une touche de fantaisie à la tenue de mariage. Coloré ou à motifs, il déride le costume. En maille, en laine ou en bois, il complète une silhouette urbaine. À adopter.

• Questions de style

« Je me marie dans un pays ou une région chaude. Que porter ? »

Jouez la carte décontractée, mais pas négligée. Exit le noir et les tenues trop formelles. À vous les costumes deux ou trois boutons dans des tons pastels, avec une chemise blanche. Osez le *color block* (mélange de couleurs fortes) si, et seulement si, vous maîtrisez le concept. Bien sûr, les chaussettes sont *persona non grata*. Portez vos derbies ou mocassins, pieds nus.

« Quelle tenue pour un mariage civil ? »

Optez pour l'indéboulonnable costume, qui est une valeur sûre. Privilégiez le modèle trois pièces qui est un poil plus chic, dans les coloris gris ou bleu. Boostez la chemise blanche avec le duo cravate et pochette de couleur, dans le même ton.

« Je peux oser les motifs ? »

Oui… mais pas n'importe lesquels. Évitez les costumes à carreaux ou à pois beaucoup trop risqués. Amusez-vous avec de fines rayures ou un discret motif Prince de Galles, qui assurent élégance et originalité.

« Montre : avec ou sans ? »

Sans, évidemment ! Pour une fois, vivez un moment hors du temps, vous ne le regretterez pas.

« Je peux zapper la cravate ? »

Si le mariage est décontracté, faites-le sans complexe. Vous pouvez même déboutonner un peu votre chemise (deux boutons maximum). Par contre si le mariage est formel, la cravate sera de rigueur. Rien ne vous empêche de la choisir dans une jolie couleur ou avec des motifs élégants pour débrider la tenue.

« Chemise, dedans ou dehors ? »

Sans hésitation dedans ! Même si le style du mariage est cool, il faut absolument éviter le look débraillé. Que vous portiez un chino ou un pantalon à pinces, la chemise se glisse obligatoirement à l'intérieur. Cela structure la silhouette et la rend plus élégante.

« Côté couleur, je suis condamné au noir ? »

Non, à moins que vous ne portiez un smoking, dans ce cas le noir s'impose. Sinon, d'autres couleurs s'offrent à vous. Comme le bleu, qui est très apprécié des mariés. La palette est large : bleu marine (le plus conventionnel), bleu Klein (le plus en vogue), bleu pastel (le plus doux).

« Mariage gay : on s'accorde ou pas ? »

Oui ! L'effet « *twins* » est toujours agréable visuellement. Vous pouvez pousser le concept en adoptant exactement la même tenue, comme deux smokings noirs. Ou optez pour la cohérence en assortissant vos tenues. Choisissez un même costume, dans une version foncée pour l'un, claire pour l'autre. Un accessoire (cravate ou nœud papillon identique) fera le trait d'union.

REPÈRES

Costume ou Smoking ?

Tous les deux ont la côte. Lequel choisir ?

Smoking : On le réserve aux mariages luxueux, ou aux cérémonies décalées avec une touche rock. Hormis ces deux cas de figure, le smoking doit rester dans le placard. Il fait très habillé et ne convient pas du tout aux fêtes plus décontractées.

Costume : Il est le partenaire privilégié des futurs mariés qui l'apprécient dans sa forme contemporaine. Veste assez cintrée et pantalon près du corps, quand la morphologie le permet. L'idée est d'allonger la silhouette. Le costume deux pièces sied aux réceptions classiques. Le modèle trois pièces convient aux mariages plus chics.

• Le choix du sur-mesure

Pourquoi ? Parce qu'il est la promesse d'un costume au tombé et à la coupe parfaits. Vous pourrez créer un modèle unique, qui collera à votre personnalité et flattera votre morphologie. Tissus, couleurs, matières, détails : guidé par le tailleur, vous vous amuserez à choisir tous ces éléments pour réaliser le costume idéal.

Comment ? Plusieurs séances sont nécessaires pour créer la tenue de mariage. La première est la plus importante car le tailleur va cerner vos envies, observer votre silhouette, pour imaginer un costume qui vous ressemble et qui colle au style de votre mariage. Il prendra ensuite vos mesures et vous présentera des échantillons de tissus, de boutons, de doublures pour composer la tenue. Une fois ces choix faits, le costume sera confectionné dans un délai d'1 ou 2 mois. Un premier essayage permettra de vérifier si le modèle imaginé sied bien au marié. En cas d'imperfections, le costume sera retouché. Un deuxième essayage permettra de vérifier que les corrections ont été bien réalisées.

Quand ? Contactez un tailleur 3 mois minimum avant le mariage. Le sur-mesure ne souffre pas la dernière minute car il nécessite plusieurs rendez-vous avant de repartir avec le costume sous le bras.

Combien ? Exit les idées reçues. Le sur-mesure n'est plus réservé aux privilégiés. Aujourd'hui, les premiers prix aux alentours de 500 € avoisinent ceux du prêt-à-porter. Plus question de se priver !

• Les accessoires

Aujourd'hui, la tenue de mariage n'est plus vécue comme une punition. Elle est au contraire un moyen de s'amuser et d'affirmer sa personnalité. Les accessoires permettent cela. Ils apportent ce petit truc en plus qui donne du caractère à la plus classique des silhouettes et complètent avec panache les tenues affirmées.

La pochette

Il s'agit de quelques centimètres de tissu qui font la différence dans une tenue. Pour être 100 % chic, la pochette se choisit en soie. Sa couleur doit trancher avec celle du costume pour qu'on la remarque. Choisissez-la dans une matière soyeuse et faites-vous plaisir avec de jolis imprimés, si vous le souhaitez. Elle se place dans la poche pectorale de la veste, après l'avoir soigneusement pliée.

La boutonnière

Elle apporte une touche romantique à la tenue. Elle s'assortit au bouquet de la mariée, pour une jolie harmonie.

Les boutons de manchette

Un détail chic qui habille discrètement les poignets de la chemise. Grande classe assurée !

Les chaussettes

Non, elles ne sont pas obligées d'êtres noires, grises ou bleu marine. Amusez-vous avec une couleur flashy qui tranchera avec votre costume ou avec des imprimés pop. Le tout étant d'assumer cette fantaisie.

Les chaussures

Laissez vos baskets au placard. Le jour de votre mariage, vous porterez des souliers impeccables et cirés de près. Richelieu, mocassins à gland, derbies complèteront avec style votre tenue. Mat, plutôt que vernis, c'est mieux!

Comment nouer sa cravate

Rares sont les hommes sachant très bien faire un nœud de cravate. Au quotidien, ils s'en accommodent plus ou moins bien, mais pour le grand jour, l'approximation ou le négligé n'auront pas leur place. Petit cours de rattrapage…

Le nœud simple, facile à réaliser, convient à tous les cols et cravates. Parfait avec un costume aux lignes droites et classiques.

Il doit être près du col et pas riquiqui. Pour commencer, la partie la plus large de la cravate doit arriver au niveau de la ceinture.

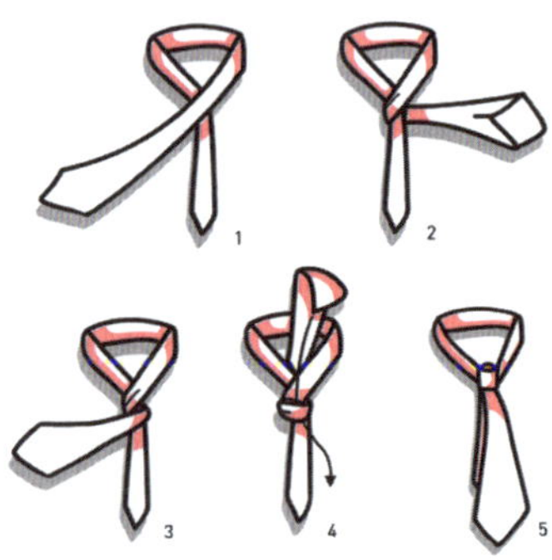

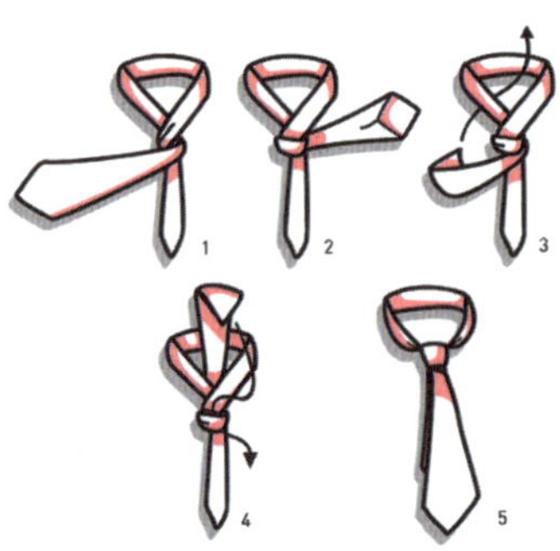

Le double-simple ressemble au simple mais avec un enroulement supplémentaire. Il convient aux cols italiens et est très rapide à réaliser.

Le Windsor est plus sophistiqué que les autres nœuds, il est plus volumineux, se porte avec des cols larges et se confectionne avec des cravates fines et souples. Un peu plus délicat à réaliser.

Pour voir plus de modèles : www.noeud-de-cravate.com

Pour des accessoires personnalisés à la main, reportez-vous à notre sélection de DIY page 357 et sur l'application.

• Trois règles d'or pour un marié soigné

Règle n° 1 : chouchouter sa peau

Si vous n'êtes pas un maniaque des points noirs, c'est l'occasion de prendre une nouvelle habitude : celle de nettoyer votre peau en profondeur avec un masque ou un gommage. Adieu les impuretés qui ternissent le teint. Bonjour à une peau fraîche et lumineuse. Offrez-vous un soin du visage en institut. L'assurance de retrouver une peau de bébé.

Quand ? Une semaine avant le mariage, histoire de laisser la peau se reposer.

Règle n° 2 : Dompter les poils

C'est acté. Le poil est à nouveau sexy. Mais ce n'est pas une raison pour débarquer avec une barbe broussailleuse le jour J. Faites un tour chez votre barbier pour qu'il vous la taille. Les adeptes de la barbe de trois jours doivent viser un résultat impeccable. Pas question de faire négligé. Faites-vous aider par un professionnel en cas de besoin.

Quand ? Trois jours avant le mariage.

Règle n° 3 : Rafraîchir sa coupe

Ce n'est pas le moment de faire des expériences. Allez juste chez le coiffeur pour qu'il donne un coup de fraîcheur à vos cheveux. Rien de trop court, ni d'original, juste la bonne retouche.

Quand ? Une semaine avant le mariage.

Indispensable : faire du sport pour retrouver sa ligne ou la maintenir. Pas deux jours avant le mariage mais au minimum durant les trois mois qui précèdent la cérémonie.

Pour se faire plaisir : s'offrir une manucure et un massage la veille du mariage. La bonne formule pour décompresser !

• Des pistes pour un témoin raccord

Plus tard, quand vous regarderez avec nostalgie vos photos de mariage, vous apprécierez d'avoir accordé un minimum la tenue des témoins à la vôtre. Visuellement, l'effet est génial. Et ça souligne la complicité entre vos proches et vous. Sans prise de tête, jouez sur les accessoires. Vous pouvez leur suggérer de :

- Porter des chaussettes de la même couleur que les vôtres. L'effet sera meilleur avec un ton vif.
- Opter pour des lacets colorés.
- Porter la même boutonnière sur la veste. Le marié pourra se distinguer avec une forme plus épaisse.
- Adopter des bretelles identiques.
- Porter la même cravate ou le même nœud papillon. Pour laisser la vedette au marié, les témoins arboreront un camaïeu plus clair ou foncé, un motif différent, etc.
- Porter un chapeau, type canotier. Le marié pourra choisir un modèle à ruban.
- Porter des pochettes dont la couleur se décline d'une personne à une autre. Exemple : un camaïeu de bleu.

TROIS QUESTIONS À BENOIT WOJTENKA, CO-FONDATEUR DE BONNE GUEULE ET SPÉCIALISTE DE LA MODE MASCULINE

Quels sont les trois grands conseils pour qu'un futur marié soit stylé le jour J ?

1. Le plus important dans le choix d'un costume, c'est indiscutablement la coupe. Sa matière peut être banale mais il peut bien passer en photo si la coupe est impeccable. On voit encore trop de costumes trop grands. En ligne de mire : les manches trop longues (elles doivent s'arrêter au niveau de la boule osseuse du poignet) et les pantalons trop longs (la bonne longueur est celle où il fait juste un seul pli en tombant sur la chaussure, au-delà c'est un effet accordéon). Si l'on sent que la veste est ajustée mais qu'il n'y a pas de plis de tension, on est à la bonne taille. En effet, s'il y a beaucoup de plis autour du bouton quand la veste est fermée, c'est que la veste est trop petite. Si l'on flotte dedans, c'est que la veste est évidemment trop grande. Enfin, le passage chez un retoucheur pour la longueur des manches et le cintrage doit être une obligation pour le plus beau jour de sa vie, c'est non négociable !

2. Au niveau des couleurs, je conseille le bleu marine ou les nuances de gris. Il y a beaucoup de possibilités rien que pour ces deux teintes. Entre les micro motifs type « œil de perdrix », « *nail head* » ou les armures nattées, il y a bien plus de choix qu'on peut le penser !

.../...

.../...

Certes, le noir est réservé à ce genre de cérémonie, mais la vie est trop courte pour vivre son mariage avec une couleur qu'on porte aussi pour les enterrements. C'est la solution de facilité.

3. Il ne faut jamais considérer son costume de marié uniquement comme « un poste de dépense » qui doit être le plus bas possible. C'est quand même l'un des plus beaux jours de sa vie qu'on s'apprête à vivre. Il faut donc se sentir au top de soi-même... et à la hauteur de sa future moitié qui s'est aussi donné du mal.

Pour ceux qui se sentent un peu trop guindés dans un costume, ils doivent absolument apprendre à apprécier ce qu'ils dégagent dedans. Tous les hommes aiment se sentir élégants, masculins et charismatiques, il n'y a pas de raisons pour que ça ne soit pas le cas pour tous ! Arrêtons de voir le costume comme une contrainte. Pourquoi ne pas le considérer comme son meilleur allié pour son mariage ? Il est là uniquement pour nous aider à être le plus bel homme devant sa promise.

Et les trois choses à éviter à tout prix pour ne pas risquer la faute de goût, l'inconfort ou la honte en regardant ses photos de mariage plus tard?

1. Jamais de chaussures neuves le jour du mariage ! Surtout, on n'hésite pas à porter plusieurs fois sa paire des semaines avant l'événement, car le jour J, on va devoir les supporter une bonne quinzaine d'heures ! Le moindre inconfort va être très pénible. En revanche, cela suppose de bien les entretenir d'ici la cérémonie : embauchoirs et cirage sont absolument indispensables !

2. Jamais de polyester dans la matière du costume, ça ne doit être que du 100 % laine. Sinon on va bien trop transpirer, et ce n'est vraiment pas le moment d'avoir une chemise trempée au moment du dîner.

3. Pas de négligences sur les détails : poignets et col de chemise doivent être impeccables et parfaitement repassées, les chaussettes remontent jusqu'aux genoux pour éviter qu'on voit la peau des mollets quand on est assis, et la pochette apporte un vrai plus à une tenue.

Avez-vous quelques adresses fétiches à confier aux futurs mariés ?

Pour les chemises : Hast (www.hast.fr) qui propose le meilleur rapport qualité/prix.

Pour les accessoires : Howard's (www.howards.fr).

Pour les costumes : Boggi (http://shop.boggi.com/fr), Suit Supply (http://eu.suitsupply.com/fr/home), De Fursac (www.defursac.fr) ou Husbands (www.husbands-paris.com) pour les plus gros budgets.

Il existe un très bon blog de référence sur l'art tailleur, très bien écrit et bourré de recommandations : Parisian Gentleman.

Pour en savoir plus : on file sur Bonne Gueule, LE site de mode masculine qui donne des conseils pratiques, n'hésite pas à comparer les marques et fait oublier tous les complexes que peuvent avoir les hommes en matière de style !

À lire : www.bonnegueule.fr/reflexions-sur-le-costume-1 et www.bonnegueule.fr/comment-bien-choisir-un-costume-homme-veste-et-marques

(Voir Carnet d'adresses en fin de chapitre.)

Pour les enfants

J-6 mois

Le cortège n'est pas un passage obligatoire et vous pouvez considérer sa composition comme optionnelle. Mais si vous souhaitez vous entourer d'enfants à l'entrée et à la sortie de la cérémonie civile et/ou religieuse, un minimum d'organisation et d'harmonie vestimentaire sont nécessaires.

• Le rôle des enfants d'honneur

Lors d'un petit goûter, avec leur maman, vous leur expliquerez leur rôle et vous répèterez avec eux. Ce sera aussi l'occasion pour eux de mieux se connaître. Demandez à leurs parents de leur rappeler ce qu'ils ont à faire la veille du grand jour.

Ils vous précèdent et vous suivent lors de votre entrée dans la mairie et dans le lieu de culte. Généralement, deux enfants vous précèdent à l'entrée et les autres vous suivent. À la sortie, ils vous précèdent tous.

Ils peuvent vous aider à tenir votre traîne.

Vous pouvez leur confier vos alliances qu'ils vous remettront au moment opportun.

Ils peuvent distribuer des pétales de fleurs, à l'entrée et à la sortie.

Ils peuvent porter les petits paniers qui serviront lors de la quête.

Ils symbolisent les enfants que vous envisagez peut-être d'avoir.

• Le casting des enfants d'honneur

Choisissez entre quatre et six enfants d'honneur.

Soyez diplomates et choisissez-les parmi les membres des deux familles ou ceux de vos amis très proches.

La fourchette d'âge idéale est entre 4 et 10 ans.

Tentez d'équilibrer le nombre de garçons et de filles.

Désignez une jeune fille responsable, d'une douzaine d'années, pour coordonner tout ce petit monde.

• La tenue idéale

La tenue des enfants s'harmonise avec celle des mariés et donne souvent le ton du mariage. Imprimés fleuris pour un mariage à la campagne, robes de princesse pour une cérémonie classique…

Traditionnellement, c'est la famille de la mariée qui prend en charge le coût des tenues des enfants, mais il est de plus en plus courant de confier cette charge aux parents des chérubins.

Il ne s'agit pas de déguiser les enfants. Ils doivent être à l'aise pour jouer et pour courir.

Donnez les instructions aux mamans assez tôt afin qu'elles puissent s'organiser et rappelez-leur bien la date du mariage pour qu'elles prennent en considération la taille et la pointure de leur progéniture le jour J !

Choisissez-leur des chaussures confortables ou demandez aux mamans de leur faire porter leurs souliers neufs quelques jours avant la cérémonie.

Astuces budget

Choisissez des tenues blanches pour que les enfants soient d'emblée en harmonie avec vous. Ils en auront forcément déjà dans leurs placards. Vous n'aurez plus qu'à accessoiriser le tout. Pour les filles : une ceinture de satin coloré nouée à la taille que vous achèterez en droguerie. Pour les garçons : un foulard noué autour du cou façon scout.

Pensez aux accessoires : canotiers, paniers, gants blancs, gilets, nœuds papillon. N'oubliez pas les barrettes agrémentées de fleurs fraîchement cueillies, les broches fantaisie, les pin's originaux accrochés aux pulls des garçons…

Pour la sortie du lieu de cérémonie, faites-leur porter de petites corbeilles contenant des confettis en forme de cœur à la place des pétales de roses, plus abordables.

(Voir Carnet d'adresses en fin de chapitre.)

Pour les mamans

Vos mères respectives devront vous faire honneur le grand jour. Même si vous avez plus ou moins confiance en leurs goûts, il y a des impairs à ne pas commettre et des règles à respecter.

• À faire

Les deux mamans doivent se consulter pour connaître la couleur portée par l'une et par l'autre pour éviter le côté « sœur jumelle », difficile à supporter quand on ne l'a pas désiré.

Elles porteront des chapeaux et une paire de gants, de quoi s'assurer une classe folle sans trop d'effort. Elles garderont leurs chapeaux lors de la cérémonie civile et religieuse et lors du cocktail (sauf s'il a lieu à l'intérieur) et les enlèveront avant le dîner. Si le mariage est mondain, elles prévoiront une tenue plus habillée pour le soir.

• À ne pas faire

S'habiller en blanc

C'est l'équivalent d'une déclaration de guerre ou d'une volonté affichée de voler la vedette à sa fille ou belle-fille. Conseil valable pour tous les autres invités.

Porter une robe longue et habillée à la cérémonie

Ce genre de tenue est déplacé en journée. Elle se porte uniquement lors de la soirée de réception

Choisir la couleur verte pour sa tenue

Pour les personnes superstitieuses, elle porte malheur. Évitez aussi les couleurs trop tapageuses, du style jaune canari ou rouge sanguin.

Astuces budget

Votre mère peut porter sa sempiternelle robe noire qui lui allonge la silhouette, mais à condition de l'accessoiriser d'un chapeau bordé d'un ruban de couleur et d'un foulard autour de la poignée de son sac à main. Une étole colorée, un collier élaboré ajouteront une note festive à sa tenue des grands jours.

Quid des papas ?

Ils seront habillés en harmonie avec le futur marié. Il faut veiller à ce qu'il n'y ait pas de décalage entre leurs tenues. Donc pas de jaquette si le marié choisit un costume ! Le détail qui fait la différence : attacher une fleur du bouquet de la mariée à son revers en guise de boutonnière.

CARNET D'ADRESSES

POUR ELLE

Un style princesse

David Purves
Des matières nobles et des volumes parfaitement maîtrisés. Tel est le secret de ce designer d'origine écossaise et installé à Paris. Le corps de la femme est toujours sublimé sans jamais être trop révélé. Royal !
www.davidpurves.com

Christophe-Alexandre Docquin
Habitué à travailler avec les plus grands noms de la couture (Givenchy, Lacroix...), le créateur saura imaginer avec un soin minutieux la tenue de vos rêves pour valser jusqu'au bout de la nuit dans les allées d'un palais.
http://docquin.fr

Max Chaoul Couture
On ne présente plus le créateur lyonnais. Il fait tout simplement des merveilles. Pour des princesses modernes, un tantinet rock'n roll. Boutiques à Paris et à Lyon.
04 72 41 04 10
www.maxchaoulcouture.com

À savoir : toute l'année, une braderie propose des réductions de 70 % sur plus de trois cents robes de mariée de collections antérieures et sur des prototypes.
04 78 37 81 66

Catherine Varnier
Des volumes romantiques et parfaitement maîtrisés, une silhouette sublimée et de subtils jeux de transparence pour des robes féeriques et dans l'air du temps. Une créatrice qui saura imaginer la robe qui vous sied le mieux.
01 47 34 23 48
www.catherine-varnier.com

Un style champêtre

Quiqui Lamothe
Les créations de cette styliste, blonde comme les blés, subliment les mariées « nature » avec des broderies soleil, des appliqués végétaux et

des jupes qui virevoltent avec le vent. Sur-mesure et prêt-à-porter. Atelier à Aix-en-Provence.
06 03 12 74 35
www.quiquilamothe.com

Zélia Sur la terre comme au ciel
Des noms de collections à vous faire partir dans les étoiles ! Les Poétiques, les Balnéaires, les Champêtres... La créatrice a plus d'un tour dans son sac pour vous parer d'une tenue qui vous fera tourner la tête !
www.zelia.net

Virginie Tougani
Femmes engagées, les deux créatrices créent des robes féeriques mais en tissus bio et en fibres naturelles. À découvrir absolument !
www.tougani.com

Aranel
Caroline Lindenlaub est à la fois globe-trotteuse et styliste ! Elle crée des robes de mariée en coton bio et en matières naturelles comme le bambou et la fibre d'ananas. Les hommes ne sont pas en reste avec des costumes en chanvre ou en toile de coton bio. Le plus : elle se fournit auprès de coopératives de commerce équitable.
06 88 96 22 56
www.aranel-creation.com

Un style rétro

Élise Hameau
Ancienne journaliste de mode, la créatrice connaît les pièges des tendances. C'est certainement pour cela qu'elle a imaginé des collections intemporelles, romantiques et un brin nostalgiques. On aime les coupes qu'auraient pu porter les héroïnes de *Gatsby le Magnifique* et les belles matières comme le crêpe de soie ou la dentelle de Calais. Dans l'air du temps sans oublier la tradition. Voilà ce qui fait le charme de ses créations.
http://elisehameau.com

Bérengère Cardera
Taille haute, chevilles dévoilées, dos dénudés. Les créations de Bérengère Cardera font un clin d'œil aux années 1950. Dans son atelier parisien, elle réalise sur mesure et à la main des modèles qui transforment les futures mariées en pin-up. Le truc en plus : chaque robe porte le nom d'une rue de Paris. Vive Paname !
http://berengerecardera.com

Reinaldo Alvarez
Ce créateur apporte une touche couture à la robe de mariée. Les coupes sont impeccables et sont pour la plupart d'inspiration 50's ou 60's. La grande classe.
9, rue de Jarente, 75004 Paris.
01 42 77 66 51
www.reinaldo-alvarez.com

Maison Floret
Après des expériences en tant que styliste chez Bonpoint et Martine Sitbon, Sidonie Floret décide de revisiter l'univers de la robe de mariée avec une approche très personnelle. Ses robes évanescentes sont ultra-contemporaines. On aime son association de laine et de matières très légères.
1, cité Riverin, 75010 Paris.
09 81 78 11 55
www.maisonfloret.com

Ana Quasoar
Des lignes délicieusement pures, des tailles Empire, des décolletés

hollywoodiens, des jeux de transparence glamour et des drapés olympiens... Il vous faudrait plus d'un mari pour aller avec tous les rêves de cette créatrice !
www.anaquasoar.com

Un style citadin

Rime Arodaki
Rock bohème avec une touche de romantisme, la collection ne tombe jamais dans le gnangnan. La dentelle se fait contemporaine quand les découpes jouent avec la sexyness sans être vulgaires. On aime le jeu des différentes longueurs qui plaisent au regard osé ou plus pudique.
www.rime-arodaky.com

Amarildine
L'épure avec le petit plus dont on ne saurait se passer. Avec des lignes irréprochables, une fluidité qui sublime sans cacher et une quête permanente de l'originalité sans tomber dans la trop grande fantaisie, les robes imaginées par Géraldine s'adaptent à toutes les silhouettes.
www.amarildine.com

Lorafolk
Lorafolk va à l'essentiel en proposant une dizaine de modèles en guise de collection. Des tenues longues et courtes, aux styles intemporels et au twist contemporain. En crêpe de soie ou en dentelle de Calais, ces robes à l'esprit couture visent toujours juste. On aime : le service proposant de recouper gratuitement sa robe après la noce.
www.lorafolk.com

Stéphanie Wolff Paris
Elle aime la musique, et ça se voit ! Cette jeune créatrice donne à chacune de ses robes de mariée des prénoms de chanteuses : Nico, Alela, Vivi... Des tenues joliment baptisées qui s'inspirent de l'esthétique des années 1920 et 1930. Tout en évitant le copier-coller ! Pour une mariée à la fois rétro et bien dans son époque.
88, bd Richard Lenoir,
75011 Paris.
09 67 26 89 71
www.stephaniewolffparis.com

Johanne Riss
Des fourreaux près du corps, des décolletés étonnants, des structures féminisantes, des lignes sirènes, de l'asymétrie... La créatrice n'a pas son pareil pour réinventer la robe de mariée et la rendre contemporaine et sexy. Impossible de vous dire « non » lorsque vous arborez l'une de ses œuvres !
www.johanneriss.com

Delphine Manivet
Ou la déclinaison du style bobo-chic par excellence. Des matières aériennes (voile de coton, satin de soie...). Des coupes pour *baby doll* ou femmes évanescentes et des couleurs féeriques (couleur thé, rose poudré...).
93, rue du Faubourg Saint Honoré,
75008 Paris.
01 45 44 70 01
www.delphinemanivet.com

Mathilde Marie
Ne cherchez pas de robes de princesse chez cette jeune créatrice. Mathilde Marie privilégie les coupes fluides qui suivent les courbes du

corps. Ses points forts : la broderie à laquelle elle apporte un twist moderne et des décolletés de dos ravageurs. Le monde du mariage vient d'accueillir une future grande. Sur rendez-vous.
24, rue de Clichy, 75009 Paris.
06 63 73 36 20
www.mathilde-marie.com

Avec de la couleur

Aurye Mariages
De la guipure noire, un bustier mordoré, des incrustations de fleurs violettes... La robe du jour J prend des couleurs par touches ou en total look ! La marque n'a pas peur de bousculer les codes.
www.auryemariages.com

Elsa Gary
L'amour de la couleur lui vient de sa formation de peintre et de sculpteur. Elle en a fait l'axe principal de son travail. Elle soigne aussi la matière avec une prédilection pour le sisal et la fibre de banane.
183, boulevard de la République,
47000 Agen.
05 53 47 59 47
30, bd du Temple, 75011 Paris.
01 58 30 97 51
www.elsagary.fr

Manon Pascual
Des robes aux teintes pastelles et discrètes. Idéales pour les mariées à la recherche d'un compromis entre le blanc et les couleurs vives.
3, chemin de Boutejoc,
33360 Quinsac.
05 56 20 85 70
www.ateliermanonpascual.com

Un style original

Une robe en papier
Mireille Étienne Brunel a imaginé l'effet éphémère durable avec ses deux robes en une. La base est moulante et indéchirable et la surcouche est transparente et joue sur les lumières.
Showroom à Paris sur rendez-vous :
01 45 48 26 13
Atelier à Saint-Rémy-lès-Chevreuse :
06 60 42 85 22
www.etiennebrunel.fr

Anthropologie Mariage
La boutique en ligne hyper branchouille new-yorkaise se découvre comme on feuilletterait un vieil album photos. On y déniche des robes de mariées vintage et incroyables, de la lingerie de grand-mère pour vamper son mari lors de la nuit de noces et des accessoires indénichables ailleurs. Pour une tenue unique !
www.bhldn.com

Nathalie Elbaz
Du volume, des superpositions de tulle, de la dentelle travaillée sur les bustiers, des jeux de transparence... La créatrice marseillaise propose du spectaculaire et du glamour. Mais elle sait aussi s'adapter aux autres souhaits avec ses créations sur-mesure.
www.nathalie-elbaz-cleuet.com

Les incontournables

Pronuptia
Une enseigne qui ravira les femmes romantiques, ayant un penchant pour les coupes sobres et traditionnelles.
www.pronuptia.fr

Cymbeline
La marque suit les tendances et propose un éventail de robes tant originales que classiques.
Liste des points de vente :
01 43 14 70 55
www.cymbeline.com

Hervé Mariage
Une marque qui séduira les mariées romantiques avec ses robes froufroutantes et ses corsets bien ajustés, comme les mariées plus sensuelles avec ses robes fourreaux ultra-féminines.
Liste des points de vente :
01 43 14 70 55
www.hervemariage.com

Pronovias
La marque espagnole sait satisfaire tous les goûts : glamour, citadine, princesse, bobo, sexy... Chaque année, elle propose des collections très actuelles mais aussi intemporelles. Pour tous les goûts, on vous dit !
www.pronovias.fr

Une robe d'occasion ou une occasion de robe !
Faites un tour dans les dépôts-ventes ou sur les sites de ventes aux enchères en ligne comme www.e-bay.fr pour les internautes françaises et www.e-bay.com pour des achats plus internationaux et souvent plus intéressants. De nombreuses robes neuves sont régulièrement cataloguées. Vous serez très surprise ! D'excellentes affaires ont été remarquées : de très grandes marques à prix imbattable. N'hésitez pas non plus à contacter, pendant l'été, les boutiques de robes de mariées qui changent de collection. Il leur reste souvent des modèles de la saison précédente ou d'exposition pour lesquels vous pouvez espérer un prix.

Tout le monde craque

Metal Flaque
Vera Wang, la styliste plus star que les stars qu'elle habille, Jenny Packham et ses robes de déesses grecques, Leila Hafzi, la couturière écolo-chic, Monique Lhuillier la BFF des *red carpets* ou encore Oscar de La Renta, David Fielden... Tous les créateurs *very very* VIP de la planète se retrouvent dans le premier concept store de mariées en France.
www.metalflaque.fr

Asos
Passez le mot à vos demoiselles d'honneur. Asos, l'incontournable site de vente en ligne, vient de lancer une collection « Bridesmaid ». Des tenues aux imprimés floraux, aux teintes lavande ou aux broderies soignées. Cerise sur le gâteau : le site propose des vidéos tutos de coiffure, vernis et make-up. Pour une silhouette zéro défaut.
www.asos.fr

Pretty Dress It
C'est LE site à consulter en cas de panne d'inspiration. Pretty Dress It propose de créer sa robe de demoiselle d'honneur à partir d'un large choix de modèles, de motifs et de coloris. Un site que l'on peut également utiliser en cas de mariage civil pour créer sa robe à petit prix. Du 34 au 44. De 90 € à 180 €.
www.prettydressit.com

Customisation

Robandco

Formée chez Max Chaoul, Aurélie Vulliet maîtrise bien évidemment l'art de la robe de mariée ultra glamour et sur mesure. Mais la jeune créatrice a choisi d'aller plus loin en proposant à celles qui le souhaiteraient d'adapter à leurs mesures et au goût du jour une robe ayant appartenu à un être cher. Une jolie manière de respecter la transmission et la tradition.
www.robandco.jimdo.com

Louer sa robe

Peu d'enseignes proposent ce service, mais il en existe tout de même quelques-unes.

La femme écarlate

Vaste choix de robes de mariées, de tenues de soirées et de créations haute couture.
42, avenue Bosquet, 75007 Paris.
01 45 51 08 44
www.lafemmeecarlate.com

Au Chat Botté

Aussi étonnant que cela puisse paraître, dans cette boutique consacrée aux déguisements, il est possible de louer une robe de mariée. De style princesse ou un peu kitch, mais à des prix très intéressants !
82, avenue Jean Jaurès,
69150 Décines.
04 78 49 13 70
www.au-chat-botte.fr

ElssCollection

Alberta Ferretti, Carven, Kenzo, Michael Kors... Dans le showroom d'ElssCollection, on trouve les toutes dernières collections de marques prestigieuses à louer pour le jour J. vous serez prise en charge par des stylistes qui vous conseilleront. En prime, la boutique propose des ateliers-chapeaux et des soirées entre amies autour de la future mariée.
5 rue Beaujon, 75008 Paris.
01 45 74 03 19
http://elsscollection.fr

Soyez maligne !

Depuis plusieurs années, le blanc fait un retour en force. Achetez une robe classique dont vous appréciez la base et demandez à une couturière de lui ajouter des détails qui la transformeront en robe de mariée : volant, voile, manches transparentes, jupons en tulle...
Profitez aussi des soldes de fin de saison pour craquer pour la robe de vos rêves dans une boutique de grande marque. Arpentez les stocks ouverts toute l'année des grandes marques, découvrez les magasins d'usine et inscrivez-vous aux ventes privées.
Inscription payante :
01 53 70 67 47 ou
www.espacecatherinemax.fr

ACCESSOIRES POUR ELLE

Les incontournables

Crinoligne

Du voile aux gants blancs, en passant par la jolie pochette assortie à la tenue, la marque reste la spécialiste de l'accessoire pour la mariée !
Liste des dépositaires :
www.crinoligne.net

Mademoiselle Rose
Les fans de chaussures vont adorer cette adresse ! Que vous souhaitiez vos souliers parfaitement assortis à votre robe ou que vous les vouliez dans une autre couleur, vous y trouverez à coup sûr votre bonheur. À noter : après le grand jour, la boutique teint votre paire de chaussures dans la couleur que vous désirez.
04 72 41 97 49 et 01 48 04 55 59
www.mademoisellerose.com

Axes et soirs
Pour la mariée et les mamans. Une modiste vous accueille pour imaginer l'accessoire unique qui viendra parfaire votre tenue : chapeaux, sacs, étoles, bandeaux, serre-tête…
01 42 74 43 06
www.axes-et-soirs.fr

English Garden
À parcourir la collection d'accessoires fleuris, on pourrait se croire plonger dans une exposition de David Hamilton. Couronnes de fleurs pour la mariée, bracelets tendres et poudrés pour ses demoiselles d'honneur, *headbands flower power*, peignes rétro… À découvrir pour la touche bohème-*trendy*.
www.english-garden.com

Cécile Boccara
Pour des *headbands* vertigineux, des boucles d'oreilles coquelicot, des bijoux de tête légers et inventifs, des diadèmes ciselés, on pousse la porte de l'atelier de Cécile et on se laisse envahir par la poésie ambiante.
www.ceciieboccara.com

Clémence Cabanes
Des bijoux de cheveux *made in* France, confectionnés de manière artisanale dans un atelier parisien. C'est ce que propose cette marque, qui se distingue par des créations très mode, aux accents Art déco.
www.clemencecabanes-shop.com

Mes Chaussures et Moi
Un site dédié à la confection sur mesure de chaussures, avec une rubrique mariage. On craque sur les modèles proposés que l'on personnalise avec la couleur et la hauteur de talon de son choix.
www.meschaussuresetmoi.com

Freya Rose
Gros coup de cœur pour cette créatrice londonienne d'accessoires de mariage. On craque pour ses chaussures sexy aux talons vertigineux et pour ses délicats bijoux de cheveux. À découvrir absolument. Vente en ligne et livraison en France.
www.freyarose.com

Charlotte Olympia
Des chaussures qui nous rendent cent fois plus glamour. C'est le pari relevé avec brio par Charlotte Olympia, la pétillante créatrice londonienne qui ne jure que par les talons hauts. On soupire d'extase devant des souliers au twist rétro, qui nous transforment en femmes fatales.
www.charlotteolympia.com

Maison Guillemette
Ne cherchez plus. C'est la marque qui fait battre le cœur des futures mariées. Elles craquent pour les *headband* fleuris, en dentelle précieuse ou en soie glamour. Laissez-vous aussi tenter par les jolis bijoux. Conseils sur mesure à l'atelier showroom.
www.maisonguillemette.com

La bonne idée

Sac de luxe
La solution idéale pour toutes celles qui ne jurent que par le luxe et n'ont pas forcément les moyens de se le payer. Vous choisirez votre sac de mariage parmi les plus grands noms de la mode (Chloé, Dior, Fendi...). Location à partir d'une semaine.
www.sacdeluxe.fr

Feelchic
Un service identique de location de sacs avec la possibilité de l'acheter si vous n'arrivez plus à vous en séparer après la cérémonie.
www.feelchic.fr

La Belle École
Non seulement vous suivez un cours de deux heures auprès d'une modiste et dans un endroit prestigieux, mais, en plus, vous repartez avec votre chapeau fait de vos blanches mains. Un couvre-chef forcément unique ! Et pourquoi ne pas y inscrire les mamans et vos témoins ?
Atelier L'Art du chapeau.
01 47 04 50 20
www.labelleecole.fr

Les bons plans

Mistigriff
Un nom multimarques qui présente des accessoires et de la lingerie de grands noms dans la plupart des grandes villes.
04 78 62 62 17 (Lyon)
04 91 32 62 00 (Marseille)
05 62 62 55 00 (Toulouse)

Braderie Aides
Deux événements par an (hiver/été) à ne pas manquer pour s'acheter à prix réduits des accessoires de grands créateurs. Et le tout pour la bonne cause ! Trouvez vite les prochaines dates à Paris et à Marseille.
http://braderiedelamode.aides.org

POUR LUI

Du sur-mesure

Blandin & Delloye
Des tailleurs passionnés confectionnent sur mesure costumes, chemises et manteaux dans les plus beaux matériaux. Un travail haut de gamme dont on ne peut plus se passer une fois qu'on y a goûté. Sur rendez-vous.
9, rue de Palestro, 75002 Paris.
01 72 34 87 05
www.blandindelloye.com

L'apiéceur
Du chic, du beau, du *trendy*. C'est ce que promet cette enseigne avec des costumes taillés sur mesure. L'adresse qui séduira les dandys du XXIe siècle. Sur rendez-vous.
137, rue vieille du Temple,
75004 Paris.
06 64 90 05 25
www.lapieceur.com

Kees Van Beers
Un créateur de costume sur mesure qui se plaît à souligner la silhouette des hommes. Des coupes conventionnelles tout en étant contemporaines. Sur rendez-vous.
01 44 63 02 15
www.kees-van-beers.com

Fernand Lystig
Le vrai luxe : laissez à un tailleur le soin de vous imaginer un costume de A à Z. De la chemise à la veste, en passant par le gilet. Vous choisirez même le style des manches et des poignets. Choix quasi infini de tissus de grande qualité.
219, bd Jean Jaurès,
92100 Boulogne.
01 46 21 16 16
http://tailleurhomme.fr

Un style classique

Jean De Sey
Les coupes sont impeccables, et les matières triées sur le volet. Chez Jean de Sey, le costume de mariage est un modèle que l'on maîtrise. Ils sont réalisés dans les plus belles laines, dans des ateliers italiens. De facture classique, ils sont disponibles dans un large choix de coloris.
62, rue de Turenne, 75003 Paris.
01 42 74 09 11
www.jeandesey.com

Point Mariage
Des costumes aux lignes sobres et à la coupe parfaite. Nombreux choix de coloris et de tissus. Accessoires à assortir. Du prêt-à-porter de cérémonie à des prix très intéressants.
www.pointmariage.com

Hugo Boss
Que dire d'autre, à part : c'est le boss ! Incontournable, la marque est connue pour ses costumes classiques, bien coupés. Une valeur sûre sur laquelle on parie pour le jour J.
www.hugoboss.com

Smuggler
Des costumes à la fabrication 100 % française : c'est un fait suffisamment rare pour être souligné ! On aime leur coupe impeccable et leur aspect soyeux. Possibilité de tenues sur mesure.
www.smuggler.fr

Un style dandy

Coup de charme
Ou le coup de cœur assuré pour cette boutique où redingotes en velours, lavallière en soie et pantalons à rayures « Gatsby le Magnifique » se côtoient. Costumes de marques prestigieuses et superbes chemises Michel Faret : faites votre très beau choix.
26, rue des Canettes, 75006 Paris.
01 43 26 61 97
www.coupdecharme.fr

Création Morgan
Des costumes réalisés sur mesure dans des tissus nobles choisis avec rigueur. La dernière collection s'inspire du XIXe siècle avec des coupes près du corps très dandy qui ne sacrifient pas au confort.
33, boulevard de Strasbourg,
75010 Paris.
01 48 24 46 43
www.creation-morgan.com

Un style italien

Carlo Pignatelli
Pour des mariés amoureux du chic italien dans sa plus belle expression. Les costumes et les redingotes frôlent la perfection sans jamais nous ennuyer. Du grand art.
Showroom : 01 44 78 66 02
www.carlopignatelli.com

Pal Zileri
Vous choisirez votre tenue dans la ligne Cérémonie ou dans les autres collections de la marque. Elles ont en commun la simplicité et la classe.
Liste des boutiques : 01 44 94 00 20
www.palzileri.com

Francesco Smalto
On choisit sa tenue les yeux fermés avec cette maison italienne passée maître dans l'art du costume depuis des années. Au choix, la ligne de prêt-à-porter, le sur-mesure ou la gamme haute couture.
www.smalto.com

Un style citadin

Paul Smith
Un des créateurs les plus talentueux d'outre-Manche. Il fait honneur à la couleur et aux imprimés. Pour un marié *so british*.
Liste des points de vente :
01 53 63 13 12
www.paulsmith.co.uk

Mr Porter
Givenchy, Saint-Laurent, Berlutti, APC... Ce site présente une sélection des plus belles marques du vestiaire masculin. Vous shopperez en ligne l'ensemble de votre tenue. Jetez un œil sur le journal, histoire de vous inspirer.
www.mrporter.com

Lanvin
La maison de couture fait des merveilles pour la femme comme pour l'homme. Les créations sont chics, soignées et parfois audacieuses. L'esprit du *tailoring* avec une touche urbaine.
www.lanvin.com

La location
La meilleure solution pour s'habiller et à un moindre coût. Attention, pensez à réserver suffisamment à l'avance. Ces adresses sont très courues dès l'arrivée du printemps et l'on se bat pour trouver sa taille.

Les deux oursons
Vous serez habillés des pieds à la tête grâce à cette enseigne dont l'adresse se transmet de génération en génération. Du simple costume à la jaquette, en passant par le smoking, vous y trouverez tout !
106, boulevard de Grenelle,
75015 Paris.
01 45 75 10 77
www.lesdeuxoursons.com

Au cor de chasse
Depuis plus de 150 ans, la maison loue des habits de cérémonie : fracs, redingotes, jaquettes et pantalons habillés. Vous y trouverez même les hauts-de-forme et des chaussures.
25, rue de Condé, 75006 Paris.
01 43 26 51 89
www.au-cor-de-chasse-location-vetements.fr

Stilbo
Un ensemble jaquette, un smoking ou un chapeau gris, faites votre choix pour louer la tenue de votre plus beau jour.
2 bis, allée Paul Feuga,
31000 Toulouse.
05 61 25 09 97
www.stilbo.fr

Soyez malin !
Profitez des soldes d'hiver et d'été pour faire l'acquisition d'un costume. Ces grosses pièces sont assez

indémodables. Faites également un tour dans les magasins d'usine, les stocks des grandes marques et comme madame, inscrivez-vous sur les sites de ventes privées.

Rue des hommes
Des accessoires (du caleçon aux boutons de manchettes en passant par la chemise) de marques réputées que vous pouvez acquérir en deux clics et à des prix cassés. Pour des mariés pressés.
www.ruedeshommes.com

Accessoires

The Nines
Un site qui a fait de l'accessoire masculin son cheval de bataille. Il propose chemises, cravates, chaussettes, boutons de manchette et ceintures, le tout dans un esprit *british*. Chic, forcément chic.
01 75 83 41 00
www.thenines.fr

Saint Sens
Ceux qui ne jurent que par la pièce unique trouveront leur bonheur sur ce site. Il offre la possibilité de créer sa chemise sur mesure. Il existe 250 options de personnalisation ! De quoi imaginer un modèle qui ne ressemble à aucun autre.
0970 805 325
www.saintsens.com

Solovière
Une nouvelle venue dans l'univers de la chaussure masculine. Cette marque propose des souliers légers, colorés, à la confection parfaite, 100 % *made in Italy*. Coup de cœur pour ces accessoires à la coupe classiques et aux détails originaux.
www.soloviere.com

Oncle Pape
Des nœuds papillon comme s'il en pleuvait. Cette marque de fabrication 100 % française propose une large gamme de nœuds pap' en bois et tissus. Des accessoires à personnaliser selon ses envies.
www.onclepape.com

POUR LES ENFANTS

Vertbaudet
Des tenues pour enfants sages et disciplinés. L'adresse idéale pour de vrais petits pages.
Liste des points de vente :
08 92 700 201
www.vertbaudet.fr

Cortège d'anges
Un site pour acheter en ligne les tenues des petits anges qui formeront votre cortège. Les habits pour garçons et filles jouent la carte de la tradition. Pour un mariage classieux.
www.cortegedanges.com

Cyrillus
La marque classique où la faute de goût n'a pas sa place !
Liste des points de vente :
0 892 350 950
www.cyrillus.fr

Les Petits Inclassables
Pour des tenues qui revisitent à la sauce contemporaine les basiques traditionnels. Un zeste d'espièglerie, une pincée de créativité (on peut personnaliser les modèles !) et une belle dose de

matières chics et robustes et on obtient des habits de cérémonie qui plaisent à toutes les générations.
www.lespetitsinclassables.com

POUR LES MAMANS

Divine Création
Des robes de cérémonie qui n'ont rien à envier aux robes de mariée. Elles sont réalisées dans un esprit couture qui ne trompe pas.
72, rue de l'Horloge,
13300 Salon-de-Provence.
04 90 56 80 50
www.divinecreationmode.com

Catherine Varnier
La créatrice de robes de mariée met également son talent au service des tenues de cocktail dans les matières qu'elle affectionne : gazar de soie et mousseline. Mention spéciale aux chapeaux assortis.
7, rue Valentin Hauy, 75015 Paris.
01 47 34 15 37
www.catherine-varnier.com

La Vallée village
L'adresse chic à des prix chocs. Toute l'année les marques prestigieuses proposent des réductions d'au moins 33 %. Imaginez en période de soldes.
3, cours de la Garonne, 77700 Serris (Marne-la-Vallée/Val d'Europe).
01 60 42 35 00
www.lavalleevillage.com

Spécial petit budget

1. Si vous avez une conscience aiguë du caractère éphémère de la fête de mariage, vous ne verrez certainement pas d'objection à louer votre robe ! Vous pourrez vous faire plaisir avec une sublime tenue, que vous restituerez après le jour J.

2. Tout aussi malin : l'achat d'une robe d'occasion. Bien sûr, il ne s'agit pas d'acheter une robe de mariée déjà portée. Ça pourrait porter malheur !

Recherchez plutôt une robe blanche, avec beaucoup de cachet qui pourrait faire office de tenue de mariage. Surfez sur les sites de ventes aux enchères type ebay et faites le tour des boutiques vintage.

3. Faites preuve d'imagination. Choisissez une robe de mariée basique que vous customiserez à loisir, à coup de paillettes, de strass, de plumes, de bouts de dentelle ou de satin… Si vous êtes nulle en travaux pratiques, confiez cette tâche à une amie douée ou à la couturière de votre quartier.

4. Si vous êtes sentimentale, pourquoi ne pas porter la robe de mariée de votre mère ou de votre grand-mère ? Vous pourrez lui apporter un petit coup de frais en la raccourcissant, en coupant les manches, en créant un décolleté…

5. Prenez votre courage à deux mains et demandez à la vendeuse s'il est possible d'acheter au rabais les modèles en exposition.

6. Pour les accessoires, ne faites pas de folie. Ayez le réflexe location ! Aujourd'hui, on peut s'offrir le luxe de la haute joaillerie… à prix mini.

7. N'est pas forcément joli ce qui brille ! Ce qui veut dire : pas besoin d'aller place Vendôme pour trouver de jolis bijoux. Pensez aux marques fantaisistes et aux créateurs qui ont parmi leurs collections des pièces sophistiquées.

8. N'hésitez pas à solliciter vos proches et empruntez à votre mère ses superbes pendants d'oreilles, à votre sœur son tour du cou si délicat, à votre meilleur amie son bracelet ultra fin…

9. Pour la tenue de votre homme, le plus simple et le moins onéreux est de louer le costume, surtout si vous souhaitez sortir le grand jeu avec une jaquette ou un smoking.

10. Autre option : miser sur un costume de tous les jours que l'on relooke avec un beau gilet, une chemise et une pochette en soie.

CHAPITRE 10

BELLE ET ZEN

Allez, pas de fausse modestie : vous êtes déjà belle. La preuve, votre chéri s'apprête à vous dire « oui pour la vie ». Mais vous êtes aussi et surtout une femme et comme nous toutes, vous n'êtes jamais contente et vous aimeriez bien époustoufler tout le monde le jour J avec une silhouette de rêve, des épaules bronzées, une coiffure de star, un maquillage parfait et une peau de bébé. Quelques conseils pleins de bon sens et une dose de bonne volonté suffiront à vous transformer en reine d'un jour. Et pourquoi pas de toujours ? On n'oublie pas pour autant le fameux adage : « un esprit sain dans un corps sain » et l'on s'applique aussi à être au top moralement.

Bien dans son corps

J-3 mois

Un corps de sirène avant le jour J… Et pour les suivants ! Des petits bourrelets par-ci et quelques rondeurs par-là peuvent vous miner le moral et transformer une robe fourreau en sac à patates. Vite ! Quelques mouvements de gym et quelques grammes de conseils bien avisés et tout rentrera dans l'ordre.

• Pour les sportives

On prend son courage à deux mains et l'on se force à faire ces quelques exercices **très faciles tous les jours.**

Contre la culotte de cheval

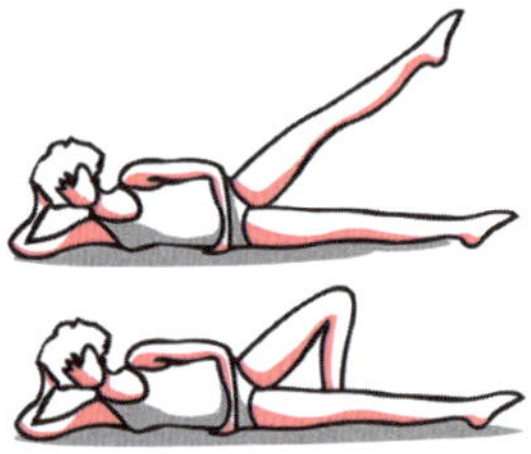

Allongée sur le côté, en appui sur un coude, une jambe pliée et l'autre tendue, vous montez lentement la jambe tendue, puis la redescendez. À faire 30 fois de chaque côté.

Pour avoir des abdos béton

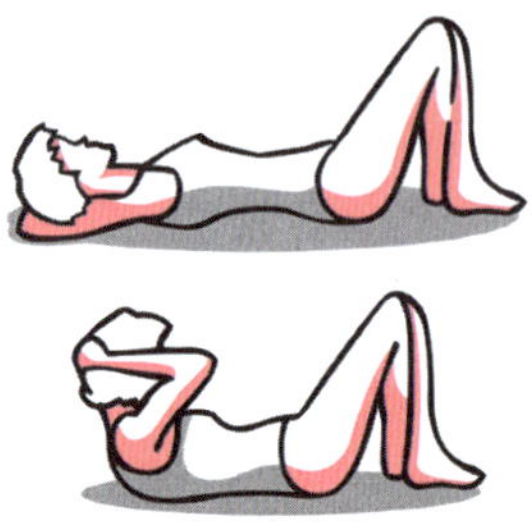

Allongée sur le dos, bien droit et calé, vos deux jambes sont pliées et remontées vers votre poitrine, les bras pliés derrière la tête. En inspirant, montez le buste, toujours en maintenant le dos droit et allez toucher vos genoux. Expirez en redescendant. À faire 30 fois.

Pour remonter les fesses

À quatre pattes, en appui sur vos avant-bras, vous tendez une jambe, en arrière, le plus loin possible et vous la montez lentement, puis la baissez. Vous pensez à rentrer le ventre et à garder le dos droit. Refaites l'exercice 30 fois pour chaque jambe.

• Pour les paresseuses

Solution express : J-2 semaines

Avalez des gélules, des tisanes et des boissons qui déstockent.

Aux grands maux les grands remèdes : portez une gaine qui aplatira tout ce qui dépasse (ventre et fesses), un panty qui gomme aussi la culotte de cheval. Un collant ventre plat peut très bien vous sauver aussi. Et n'oubliez pas de respirer…

Les massages minceur

Le palper-rouler manuel et le drainage effectués par une professionnelle restent un moyen rapide de faire disparaître les petites rondeurs qui vous empoisonnent la vie. Comptez entre 5 et 10 séances. Les résultats sont impressionnants et vous pouvez espérer perdre une taille… Au moins !

Les crèmes minceur

Une application régulière (l'idéal matin et soir) d'un produit ciblé améliore la qualité de la peau et atténue l'aspect peau d'orange et tôle ondulée. Privilégiez les textures onctueuses et riches qui obligent à masser davantage afin de mieux pénétrer la peau. Commencez toujours par le bas du corps pour remonter. Appuyez assez fort avec la paume de la main et tournez autour du ventre dans le sens des aiguilles d'une montre.

En vrac et à retenir !

Ne plus prendre l'ascenseur mais emprunter les escaliers.

Descendre une station de métro ou de bus plus tôt pour terminer le trajet à pied. La marche reste un vrai secret de beauté trop souvent ignoré !

Afficher la pire photo de soi sur son frigo. Un moyen radical pour ne plus avaler n'importe quoi à n'importe quelle heure.

Toujours penser à rentrer le ventre et à serrer les fesses. Y penser en attendant le bus, devant la machine à café, dans la file d'attente du supermarché.

Enfermer à double-tour et dans un placard bonbons, gâteaux et autres insultes à la diététique. Mieux : ne plus en acheter !

Manger dans une plus petite assiette et ne pas se forcer à la terminer…

Une astuce ventre plat. Dès le réveil, commencer sa journée avec un verre d'eau plate additionnée d'un jus de citron. Un très bon moyen pour nettoyer tout votre système des méchantes toxines accumulées pendant votre sommeil.

Boire au moins 1,5 litre d'eau par jour. Au mieux : 2 litres. Attention : boire n'a jamais fait maigrir, mais cela permet de s'hydrater et de calmer l'appétit.

Adopter la *forking* attitude. Une idée qui consiste à n'avaler au dîner que des choses qui se mangent avec une fourchette. Adieu donc sauce, pain, gâteaux…

Mine de rien, on élimine !

Se dire que le moindre effort minceur, c'est toujours mieux que rien !

Allez courage !

(Voir Carnet d'adresses en fin de chapitre.)

Avoir une peau douce

J-1 an et pour toujours

Avoir une belle peau le jour J ne s'improvise pas. Cela nécessite d'avoir de bons réflexes tout au long de l'année. Voici le b.a.-ba d'une peau fraîche, douce et saine.

Astuces budget

Faites l'économie de certains produits. Des gestes gratuits mais néanmoins efficaces peuvent vous garantir une bonne mine toute l'année. Chaque matin, aspergez dix fois votre visage d'eau froide pour retrouver un teint frais. Recyclez les sachets de thé froids en les posant dix minutes sur vos paupières. Elles seront aussitôt dégonflées.

• Les cinq règles en or

Règle n° 1 : Je me démaquille

Quelle que soit l'heure à laquelle vous rentrez chez vous, ne sautez pas l'étape indispensable du démaquillage. Sous peine de vous réveiller avec des lèvres et des paupières gonflées. Utiliser de préférence un démaquillant différent pour les yeux et pour le reste du visage. Les femmes pressées préfèreront les produits sans rinçage.

Règle n° 2 : Je nettoie

Découvrez d'abord quel est le type de votre peau avant de vous jeter sur n'importe quel savon. Les peaux grasses, sèches, mixtes ou à tendance acnéique ne se traitent pas de la même manière. Nettoyez votre peau matin et soir avec un lait, un gel, une lotion ou un pain dermatologique. Donnez-vous un coup de pouce en choisissant des produits 2 en 1 qui nettoient et défroissent le visage en même temps.

Règle n° 3 : Je gomme

Les petites peaux mortes se délogent à l'aide de produits exfoliants. Insistez particulièrement sur les parties rugueuses du corps comme les genoux, les coudes et les talons. Sur le visage, vous gommerez avec plus d'attention le front, le nez et le menton, des zones où le sébum est plus concentré. En fonction du type de votre peau, vous procéderez au gommage une ou plusieurs fois par semaine. Des formules quotidiennes existent pour les peaux à problème.

Règle n° 4 : J'hydrate

Une étape que l'on a tendance à oublier. Elle évite pourtant d'avoir une peau de crocodile pas très sexy. Imposez-vous une séance d'hydratation en sortant de la douche, matin et soir. Privilégiez les produits plus riches en hiver et des formules allégées en été comme les huiles parfumées. Pour le visage comme pour le corps, choisissez la crème adaptée à votre peau.

Règle n° 5 : J'épile

Les poils disgracieux n'ont pas droit de cité chez les futures mariées. L'épilation est donc notre lot quotidien, mensuel ou bi-mensuel. Tout dépend du produit que vous utilisez et de son efficacité : rasoir, cire ou crème dépilatoire. Pour avoir des jambes parfaitement lisses, épilez-vous la veille du mariage. Utilisez le moyen habituel pour éviter toute mauvaise réaction. Les plus courageuses pourront choisir l'option d'une épilation définitive, à programmer longtemps à l'avance. Une sorte de cadeau de mariage avant l'heure.

FOCUS

Recettes maison

Avec trois fois rien, on peut faire des miracles !

Gommage
Mélangez dans un bol une cuillère à café de gros sel marin, 3 cuillères à soupe d'huile d'olive et quelques gouttes d'huiles essentielles. Frottez les différentes parties du corps avec cette mixture très efficace.

Masque
Revitalisez votre visage en l'enduisant d'un mélange d'un jaune d'œuf avec une cuillère à café d'huile d'olive pendant 15 minutes. Rincez abondamment à l'eau.

Être dorée le jour J

J-3 semaines

• Sous le soleil… au naturel

Préparez votre peau deux semaines avant toute exposition avec des gélules qui stimulent la synthèse de mélanine. Vous obtiendrez ainsi un bronzage uniforme et durable. Attention, cette préparation ne protège en aucune manière des coups de soleil. Avant de vous exposer, pensez toujours à la position de vos bretelles et évitez ainsi les marques disgracieuses. Le mal est fait ? Camouflez ce petit ratage à l'aide d'un autobronzant ou d'un fond de teint très couvrant.

• Merci l'autobronzant !

Si vous n'êtes vraiment pas douée...

De nombreux instituts de beauté proposent à leurs clientes une application manuelle et totale du produit. Le résultat est parfait.

La douche autobronzante

Dorée comme un brugnon en moins d'une minute ? C'est possible. Dans une cabine de douche, des jets d'autobronzant brumatisent harmonieusement votre corps. Le hâle ainsi obtenu dure entre quatre et six jours.

REPÈRES

Le saviez-vous ?

Pour faire disparaître les taches de produit, exfoliez ou utilisez un « détachant » spécial autobronzant.

Un maquillage sur mesure

J-2 mois

Rien ne vous oblige à choisir la discrétion si vous la trouvez ennuyeuse. Il existe des solutions intermédiaires. La règle est d'avoir un maquillage appuyé sur la bouche ou sur les yeux, mais jamais les deux en même temps. Par exemple, des yeux charbonneux se marient avec une bouche brillante de gloss. Une bouche écarlate ne tolère qu'une touche de mascara sur les yeux.

Si vous avez recours à un professionnel (en institut ou à domicile), n'hésitez pas à vous fier à son savoir-faire. Sinon, suivez ces conseils pour choisir un maquillage adapté à votre type de peau.

REPÈRES

Le saviez-vous ?

Si vous vous faites maquiller avant de passer votre robe de mariée, protégez votre visage à l'aide d'une gaze légère qui empêchera les tâches de rouge à lèvres sur le col de votre tenue...

• Maquillage trompe-l'œil

« J'ai des petits yeux »

Agrandissez votre regard en posant un trait de crayon blanc à l'intérieur de l'œil et appliquez un fard clair sur la paupière inférieure. En insistant sur le coin externe de l'œil, le mascara ouvrira le regard.

FOCUS

Pensez aux retouches beauté le jour J

Glissez dans votre trousse :
– de la poudre compacte ou libre pour éviter de briller ;
– votre rouge à lèvres ;
– des lingettes démaquillantes ;
– des lingettes déodorantes ;
– du mascara et de l'ombre à paupières ;
– un échantillon de votre eau de toilette préférée ;
– une petite brosse à dents et du dentifrice ;
– un petit miroir de poche.

« J'ai des yeux globuleux »

Bannissez les couleurs claires. Il faut à tout prix creuser la paupière inférieure en utilisant un fard sombre. Un ton plus clair (mais pas trop !) pourra être utilisé sous les sourcils.

« J'ai un nez fort »

Appliquez une poudre foncée sur les ailes du nez pour l'affiner. L'arête du nez est ainsi mise en valeur et paraît plus fine.

« J'ai un nez trop petit »

Allongez-le en étalant un fard clair sur toute l'arête jusqu'à la séparation des narines.

« J'ai des lèvres charnues »

Étalez votre fond de teint jusqu'aux lèvres afin d'en effacer la ligne naturelle. Redessinez ensuite de façon plus fine leur contour et appliquez le rouge à lèvres à l'intérieur. Préférez des couleurs discrètes.

« J'ai des lèvres trop fines »

À l'aide d'un crayon blanc, redessinez le contour de vos lèvres à l'extérieur de leur ligne naturelle. Recouvrez le trait blanc d'un trait de crayon de la même couleur que votre rouge à lèvres, puis posez-le. Ajoutez une touche de gloss pour donner plus de volume. N'hésitez pas à utiliser des couleurs franches.

« J'ai des joues rondes »

Utilisez une couleur de fond de teint plus sombre que sur le reste du visage afin de creuser les joues. Appliquez ensuite votre blush en longueur sur les tempes. Vous veillerez à estomper sur les côtés et en bas.

« J'ai un menton proéminent »

Étalez sur le menton une couche de fard plus sombre que sur le reste du visage afin d'en affiner le contour.

« J'ai des cernes »

Rien ne vaut un bon anti-cernes. Pour un meilleur résultat, étalez sous l'œil une poudre fine, d'un ton plus clair que celui de votre fond de teint.

« J'ai les dents jaunes »

À vous les rouges à lèvres foncés. Plus la couleur sera pâle, plus le jaune des dents ressortira.

• Maquillage ethnique

Les femmes afro-antillaises peuvent éclaircir leurs paupières avec un fard blanc, irisé ou nacré. Si la bouche est charnue, préférez des rouges mats plutôt que brillants car la brillance augmente le volume. Misez sur des couleurs claires.

Les femmes asiatiques vont agrandir leur regard en soulignant le contour externe de l'œil et en garnissant leurs cils de mascara. Elles peuvent atténuer le côté jaune du teint en appliquant une base correctrice violette avant le fond de teint.

Les femmes méditerranéennes doivent éviter les blush trop criards sur les joues. Choisissez plutôt des teintes foncées comme le prune. Les yeux de biche s'accentuent avec un trait de khôl.

Astuces budget

Les apprenties élèves des écoles d'esthéticiennes seront ravies de vous utiliser comme modèle et pour un prix tout doux… Contactez-les ! Profitez également des nombreuses enseignes de maquillage-parfumerie qui proposent désormais de maquiller leurs clientes gratuitement.

Pour retrouver des conseils de maquillage, reportez-vous à notre sélection de DIY page 361 et sur l'application.

SIX QUESTIONS À EDEN, ARTISTE-MAQUILLEUSE

Pourquoi est-il préférable de faire appel à un maquilleur professionnel pour son mariage ?

Un expert saura déterminer la forme d'un visage, la nature d'une peau et adapter ainsi le maquillage selon ces paramètres. Il maîtrise une technique et utilise des produits professionnels qui tiennent plus longtemps. La fiancée va littéralement être sous le feu des projecteurs, être à l'extérieur puis à l'intérieur et connaître beaucoup d'émotions qui peuvent faire filer le maquillage. Surtout, il a ses astuces pour camoufler subtilement les petites imperfections. Soumise à beaucoup de stress, la future mariée peut soudainement connaître un excès de sébum ou développer des irruptions cutanées à quelques heures de dire « oui » ! J'ai toujours pour habitude de faire un petit massage facial afin de relaxer l'héroïne du jour mais aussi pour relancer la circulation sanguine et préparer le visage à recevoir les produits.

Que faut-il éviter de faire avant le jour J pour réussir son maquillage de mariage ?

On fuit les séances d'U.V., les épilations, les gommages qui sont des agressions pour la peau et peuvent laisser quelques rougeurs ou assécher… Et ce n'est pas du meilleur effet ! De même, on ne tentera pas quelques jours avant le mariage une nouvelle marque de crème. On ne sait jamais comment on va réagir. En revanche, la veille, je conseille de bien hydrater sa peau avec son soin habituel et de poser un masque relaxant sur les yeux.

Quelles sont les tendances *make up* pour les mariées ?

Le naturel ! Aux oubliettes les visages métamorphosés et trop fardés. Désormais la mariée veut qu'on illumine sa vraie beauté et surtout qu'on la reconnaisse le jour J ! La fraîcheur est au rendez-vous avec un teint sublimé, des joues rosées, un regard mis en valeur et une bouche parfaitement préparée pour affronter les coupes de champagne, les bisous, les discours…

Les futures mariées me demandent souvent d'ajouter des faux-cils mais, lorsqu'elles voient le résultat, elles se rendent compte rapidement que cela ne leur correspond pas. On me réclame beaucoup un « *contouring* » pour ressembler à Kim Kardashian. Lorsque je leur explique ou leur montre le résultat, elles réalisent que cette technique les transforme beaucoup trop et y renoncent. On est là aussi et surtout pour les guider.

Comment assurer les retouches *make up* au long de la journée ?

On glisse dans une pochette de secours une poudre pour lutter contre les brillances ou des petits papiers de poudre de riz qui absorbent très efficacement l'excès de sébum sans retirer le maquillage. On pense aussi aux mouchoirs (parce qu'une mariée peut beaucoup pleurer !), son rouge à lèvres ou son gloss parce que c'est la bouche qui va nécessiter le plus de retouches et surtout un petit miroir !

Si le maquillage a été bien fait et avec des produits waterproof, les yeux ne devraient pas bouger.

Que conseiller à celles qui voudraient se maquiller toutes seules ce jour-là ?

Surtout qu'elles se fassent conseiller pour leur teint, quitte à prendre un cours. Il y a trop de jeunes mariées qui affichent une mine orange le jour J ! Si elles tiennent à porter des faux cils, il est indispensable qu'elles s'entraînent pour acquérir la bonne technique. Ce n'est vraiment pas évident à poser et cela ne va pas à tout le monde.

…/…

.../...

Côté pratique, que faut-il savoir ?

Il est vivement conseillé de faire une séance d'essai. Cette première rencontre est indispensable pour être efficace le jour J. On fait connaissance, on regarde la robe (ou une photo !) pour mieux connaître le style de la future mariée et on fait des tests. On se met ainsi d'accord sur ce qui sera fait pour le mariage. Le jour J, il faut compter grand maximum 1 heure pour le maquillage.

Eden travaille en collaboration avec Pop My Day (voir carnet d'adresses) et également en free-lance.

Pour mieux connaître ses réalisations et son univers : http://edentonda.wix.com/edentonda-makeup

Une crinière de lionne

J-2 mois

Bonne nouvelle ! Le chignon s'est renouvelé. Il n'est plus cette coiffure de mariage stricte et sans fantaisie. Le chignon flirte désormais avec différents styles : rétro, ethnique, champêtre, rock ou destructuré. S'il reste une valeur sûre pour les mariées romantiques, il séduit désormais toutes les autres. Il n'a cependant pas le monopole de la coiffure de mariage. Découvrez d'autres possibilités adaptées à la longueur de vos cheveux.

• Coiffer les cheveux longs

Détacher : la solution idéale pour les femmes qui ne souhaitent pas un changement radical de coiffure. Attention ! Cela ne veut pas dire que vous garderez votre coupe habituelle. Il s'agit de donner du peps à vos cheveux. En les effilant, c'est-à-dire en leur donnant différentes longueurs, vous dynamiserez votre coupe. Vous pouvez aussi parsemer votre crinière de fils d'or. Discret et efficace. Si vous avez les cheveux raides, n'hésitez pas à les gaufrer. Le mieux étant d'alterner mèches raides et mèches gaufrées.

Natter : pour apporter une touche ethnique ou champêtre à la coiffure. Vous pouvez en faire quelques-unes de différentes grosseurs et les mélanger à des mèches libres. La natte couchée sur le crâne est plus rustique. Elle part d'un côté du visage pour rejoindre l'autre extrémité. Rassemblez la natte et le reste de la chevelure en faisant une couette sur le côté. Attachez l'ensemble avec un joli nœud. Vous pouvez aussi laisser les mèches de derrière libres.

FOCUS

Accessoires

Usez et abusez des accessoires. Barrettes, piques à cheveux, nœud en satin, peignes mais aussi feuillages et fleurs relèveront votre coiffure et lui apporteront une touche de fantaisie. L'accessoire suprême étant le diadème. Il féminise les cheveux courts et donne une allure royale aux longues chevelures.

• Coiffer les cheveux courts

Torsader : si vous avez une certaine longueur de cheveux sur le devant, vous pouvez faire des torsades. Vous allez séparer vos cheveux en plusieurs mèches de la même grosseur. Enroulez-les en les maintenant près du crâne et piquez-les d'une pince fantaisie afin de les fixer. Répétez cette opération sur tout le devant de la tête et ébouriffez le reste de la chevelure.

Cranter : les cheveux crantés se marient à la perfection avec une tenue rétro de style années 1920 ou 1930, ou avec un tailleur pantalon. Les cheveux sont plaqués sur la tête en forme de vagues régulières.

Plaquer : les femmes aux cheveux très courts joueront la carte garçonne en les plaquant avec du gel. N'hésitez pas à les séparer d'une raie. Avec un maquillage soutenu, votre allure sera très féminine.

Elle est passée par là

« J'ai les cheveux très courts et lorsque j'ai commencé à organiser mon mariage, je me suis dit que ce serait l'occasion de me laisser pousser les cheveux pour faire un chignon. C'était une obsession ! Au bout d'un moment, je n'ai plus supporté ma tête avec ma longueur intermédiaire et j'ai décidé de tout couper ! Mes amies m'ont rassurée en me disant que je pourrais toujours porter un postiche. Finalement, j'ai choisi d'assumer mes cheveux courts et avec mon coiffeur nous avons décidé de les coiffer avec de minuscules barrettes blanches. L'effet était superbe ! »

Anna

• Les différents chignons

Le chignon reste une valeur sûre en matière de coiffure de mariée : il met en valeur la nuque et le port de tête. Du très strict au flou, en passant par le chignon banane, il est constamment réinventé pour être éternellement féminin. À votre coiffeur de l'imaginer avec des mèches explosées, des tresses, des boucles lissées, monté en ruche, fixé par des liens de raphia…

Le chignon de danseuse

Pour une mariée classique qui n'a pas oublié son passé de petit rat. De grosses perles piquées dans la chevelure ou une résille strassée termineront avec originalité cette coiffure. Pour la moderniser, vous pouvez aussi laisser apparentes de nombreuses épingles à cheveux métalliques.

Le chignon banane

Il est sage et sophistiqué et n'est pas sans rappeler les coiffures des stars des années 1950. Très facile à réaliser, il s'accommode parfaitement au port du voile et peut s'accessoiriser de grandes fleurs à tiges, d'un bandeau ou d'une tiare.

Le chignon romantique

Sa réalisation demande plus de temps mais le résultat est époustouflant ! De nombreuses torsades sont ramenées sur le sommet de la tête et fixées à l'aide d'épingles. Petit air mutin de comtesse assuré. Là aussi, on imagine des fleurs piquées de-ci de-là, des plumes, des rubans…

Pour réaliser vous-même votre coiffure, reportez-vous à notre sélection de DIY page 359 et sur l'application.

FOCUS

Astuces coiffures

Essayez votre coiffure avec les différents accessoires : voile, chapeau…

Ne faites jamais une couleur quelques jours avant le jour J : évitez les catastrophes !

Lavez-vous les cheveux la veille du jour J. Ils sont plus difficiles à coiffer propres.

Ne portez pas de T-shirt ou de haut se retirant par la tête. Optez pour le corsage à boutons. Ainsi vous n'abîmerez pas la coiffure.

Les chignons sont souvent très serrés et fixés à la laque, demandez à votre coiffeur quelques épingles supplémentaires au cas où vous en perdriez.

Si vous êtes sujette aux migraines, précisez-le à votre coiffeur afin qu'il imagine une coiffure plus souple.

Le soir venu, demandez à votre époux de retirer doucement toutes les épingles. Ne perdez pas patience. Brossez bien vos cheveux pour éliminer les résidus de laque ou de gel.

CINQ QUESTIONS À AUDREY, COIFFEUSE-ARTISTE

Pourquoi est-il préférable de faire appel à un coiffeur professionnel pour son mariage ?

Parce que ce n'est pas un jour comme les autres ! Les pros (surtout ceux qui travaillent en studio et qui prennent le temps de suivre les nouveautés) ont un regard plus mode, plus tendance et peuvent faire des propositions plus adaptées à la nature du cheveu, notamment. Surtout, on a la technique. C'est comme pour le sport : si on suit un tutoriel on peut penser qu'on effectue correctement l'exercice alors qu'on peut mal se positionner et donc mal faire ! C'est pareil pour une coiffure ! L'avantage de faire venir un pro à domicile, c'est que cela évite de courir au salon le matin du grand jour. Et puis, n'est-ce pas agréable de se faire chouchouter de temps en temps sans avoir à jouer les contorsionnistes ?

Quels conseils pour que sa coiffure de mariée soit réussie le jour J ?

Il faut faire sa couleur, ses mèches ou son balayage dix jours avant. Cela laisse le temps de se retourner en cas de catastrophe ! On prendra soin de faire, au plus tard, un shampoing la veille du grand jour pour que le cheveu soit plus facile à travailler et que la coiffure tienne mieux. Il faudra aussi prévoir un essai quelques semaines avant le Big Day pour convenir d'une coiffure et d'éventuelles extensions à acheter. Il est très important de signaler si la coiffure fait mal, si elle tire trop même si on veut qu'elle tienne toute la journée. On trouvera une solution ; ce n'est pas la peine de souffrir.

Quelles sont les tendances actuelles ou qui perdurent ?

Pour les coiffures, le chignon a toujours la cote. Mais en version plus bohème, plus floue. La tresse sous toutes ses formes aussi : en couronne, sur le côté, la version épi ou queue de poisson. Les torsades également. Aujourd'hui, les mariées ne veulent plus être déguisées et cherchent surtout à ressembler à elles-mêmes. Mon travail est de révéler leur beauté, leur personnalité. Sans jamais les métamorphoser.

Pour les accessoires, il vaut mieux éviter le diadème qui est devenu un peu ringard. Le *headband* remporte tous les suffrages. Il sied quasiment à toutes les coiffures et surtout il est très versatile. On peut le réutiliser sans problème après son mariage. Les fleurs (toujours en nombre impair comme dans un bouquet) sont les bienvenues. En couronne ou piquées de-ci de-là. On les choisit artificielles ou naturelles mais traitées… parce qu'elles se fanent vite ! Il existe des roses intemporelles qu'on peut commander auprès de son fleuriste. Personnellement, j'aime beaucoup mixer éléments végétaux, échantillons d'étoffe ou de tulle qui rappellent la robe et qu'on va torsader. J'ai un petit faible aussi pour la déstructuration d'un pot-pourri : une pomme de pin dans le chignon avec un bâton de cannelle, subtilement accroché.

Quels conseils donner à une future mariée qui souhaiterait se coiffer toute seule ?

Elle pourrait commencer par prendre un cours pour apprendre les gestes essentiels. Notamment le crêpage, qui est la base pour créer du volume. En général, les non-averties commencent le crêpage à quelques centimètres du cuir chevelu et cela est souvent désastreux ! Il faut partir directement du cuir chevelu, à la racine. Je leur suggère également de puiser l'inspiration sur Pinterest®. Il y a beaucoup plus d'idées tendance et originales que dans les magazines classiques de mariage ou de coiffures.

…/…

…/…

Côté pratique, que faut-il savoir ?

Il faut compter entre 30 minutes et 1 heure le jour J pour la coiffure. Mais il m'est déjà arrivé de coiffer six personnes (dont la mariée) en 2 h 30 ! Et on se fait coiffer et maquiller avant de mettre sa robe !

Pour en savoir plus : Audrey travaille en collaboration avec Pop My Day (voir carnet d'adresses) et également en free-lance.

Pour mieux connaître ses réalisations : www.amcreationcma.com

Les griffes de Lily la tigresse

J-2 jours

La manucure et la pédicure sont faciles à réaliser à la maison. Vous gagnerez du temps, de l'argent et serez très fière de vous. Le tout en trente minutes chrono !

• Manucure maison

Les accessoires indispensables : petit ciseau, lime à ongle, dissolvant, lotion émolliente et crème pour les mains.

5 minutes : si vous portez un vernis à ongles, retirez-le avec du dissolvant puis procédez au limage de vos ongles. Ajoutez quelques gouttes de lotion émolliente à un bol d'eau chaude et plongez-y vos mains pendant 5 minutes. Les cuticules, ces fameuses petites peaux mortes, vont se ramollir.

10 minutes : entourez un bâtonnet en bois d'un bout de coton et plongez-le dans l'eau. Utilisez-le pour retirer les cuticules autour des doigts. À l'aide d'un petit ciseau, coupez les peaux plus résistantes.

15 minutes : appliquez une base avant de passer votre vernis. Une fois le vernis séché, passez une couche de vernis transparent. Brillance et meilleure tenue assurées.

• Pédicure maison

Les accessoires indispensables : lime à ongle, pierre ponce, gel émollient et dissolvant.

10 minutes : limez vos ongles en faisant attention de ne pas toucher l'intérieur de l'ongle afin d'éviter la formation d'ongle incarné. Pour cette tâche, n'utilisez pas de coupe-ongles qui sont beaucoup trop agressifs.

5 minutes : donnez un bain à vos pieds. Dans une bassine d'eau tiède, faites fondre des pastilles effervescentes ou versez quelques gouttes d'huiles essentielles. Pendant que vos pieds se délassent, les cuticules vont ramollir.

10 minutes : essuyez vos pieds et gommez les talons avec la pierre ponce. Badigeonnez vos ongles de gel émollient et retirez les cuticules à l'aide d'un bâtonnet.

5 minutes : vernissez vos ongles de pieds après avoir posé une base protectrice. Pensez à mettre du top-coat, il ravive la couleur, accélère le temps de séchage… Et le tour est joué !

FOCUS

Secrets de femmes

Les poils tu élimineras
Offrez-vous des jambes et un maillot parfaitement épilés en adoptant la cire orientale. Ce savoir-faire ancestral agit tel un massage exfoliant et retire les poils en douceur. Et si vous en profitiez pour surprendre votre mari au cours de la nuit de noces, en lui présentant une épilation intime taillée en forme de cœur ?

L'excès de transpiration tu combattras
N'oubliez pas d'appliquer consciencieusement un déodorant ou un anti-transpirant (les meilleurs sont en vente en parapharmacie). Pour éviter les auréoles sous les bras, talquez vos aisselles. Celles qui préfèrent les méthodes naturelles utiliseront une pierre d'Alun, très efficace et de longue durée.

Tes ambassadeurs, le jour J tu ne recevras pas
N'y allons pas par quatre chemins, avoir ses règles le jour de votre mariage pourrait vous gâcher la journée, surtout si elles vous provoquent d'atroces douleurs.

Pour celles qui sont sous contraception orale : il est possible de sauter un cycle, si vous ne vous arrêtez pas à la fin de votre plaquette et si vous enchaînez directement sur la suivante. Demandez conseil auprès de votre gynécologue.

Pour celles qui ne sont pas sous contraception orale : apprenez à connaître votre cycle et choisissez la date de votre mariage en fonction de ce dernier.

Si vos règles vous font réellement souffrir, n'hésitez pas à prendre des anti-douleurs adaptés. Lisez bien la notice pour savoir si sa prise ne s'accompagne pas de somnolence. Ce serait dommage de passer la journée dans le gaz !

Soyez zen !

L'organisation d'un mariage est généralement source de stress et de tensions. Certes, vous préparez ce que tout le monde appelle « le plus beau jour de votre vie », mais rapidement cette mise en place peut se transformer en réel cauchemar... Pour vous et aussi pour ceux qui vous entourent. Alors suivez ces quelques conseils afin que ces mois de préparatifs soient également les plus beaux moments de votre vie.

• Soyez zen avec vous-même

Un agenda de ministre, des prestataires peu accueillants ou un budget mal bouclé pourront mettre vos nerfs à rude épreuve. Apprenez à vous ménager durant ces mois de préparatifs grâce à des pratiques venues d'ailleurs. Vous garderez paix et sérénité en toute circonstance.

Le yoga est une ancienne discipline indienne basée sur la recherche de l'harmonie entre le corps et l'esprit. Il existe différents enseignements, le plus répandu étant le Hatha yoga, proche de la relaxation. En Occident, le yoga n'a pas forcément une dimension spirituelle. Bon nombre de personnes le pratiquent comme une simple gymnastique dispensatrice de bien-être. Vous le ressentirez rapidement en adoptant certaines postures et des exercices de respiration effectués sous l'œil d'un maître vigilant.

Le shiatsu, originaire du Japon, a pour vertu de libérer l'énergie qui circule mal dans notre corps. Le praticien appose ses mains, les presse sur des points stratégiques et étire le corps afin de débloquer l'énergie. Allongée sur un matelas, vous sentirez la tension quitter votre corps, complètement détendu à la fin de la séance.

Le tai chi chuan, mélange d'art martial, de méditation et de gymnastique, se pratique de préférence en plein air, en groupe ou seul. Vous effectuerez des mouvements lents, proches des gestes de combat, face à un adversaire invisible. Cet exercice détend le corps, l'esprit et chasse le stress. Personnes dépourvues de concentration s'abstenir ! Le regard curieux des passants peut perturber les esprits vagabonds et nuire à la séance.

• Soyez zen avec votre entourage

Aux États-Unis, un terme a été inventé pour décrire les futures mariées qui se transforment en monstre (égoïste, égocentrique et limite hystérique) le temps des préparatifs : la Bridezilla, un petit clin d'œil au fameux Godzilla ! Pour éviter d'être contaminée par ce mal qui peut toucher la plus raisonnable des femmes, il existe des recettes très simples et efficaces.

Organisez des rendez-vous amoureux avec votre fiancé et promettez-vous de ne pas parler du mariage durant toute la soirée.

Appelez de temps en temps vos amis pour leur demander de leurs nouvelles et ne leur parlez pas des détails de l'organisation du grand jour. Concentrez-vous sur leur vie.

Ne dites pas à vos amis célibataires que le mariage est l'accomplissement parfait de l'amour.

Ne vous prenez pas pour une reine le temps des préparatifs, vous aurez assez d'une journée ! Évitez de vous montrer capricieuse et vous ne serez pas la mariée la plus détestée le jour J…

Faites participer vos proches aux préparatifs, sollicitez leur avis…

Précisez bien ce que vous attendez de vos témoins et de vos proches. Ainsi, personne ne pourra reprocher quoique ce soit à quelqu'un.

Soyez réaliste quant à votre budget ou à celui de vos parents : ne demandez pas la lune !

Le mariage d'un enfant est souvent une étape importante dans la vie des parents. Faites leur bien comprendre que vous ne leur préférez pas votre belle-famille. Cela fait souvent partie de leurs craintes.

N'organisez pas un mariage pour impressionner. Il doit vous ressembler et ne pas être un show parfaitement orchestré avec de très beaux figurants. Le but est tout de même que vos invités et vous-mêmes vous sentiez à l'aise.

Soyez souriante le jour J, pensez à dire quelques mots de remerciements à vos invités, lors des discours et ne racontez pas (ou avec beaucoup d'humour !) tous les soucis que l'organisation de votre mariage vous a créés !

N'oubliez pas de régler vos factures. Rien de pire pour un prestataire que de courir après son règlement.

• Soyez zen avec les soucis

Quelques petites contrariétés plus ou moins sérieuses risquent d'intervenir lors des préparatifs. Comme vous le savez, il n'y a pas de problèmes, il n'y a que des solutions ! Nous les avons trouvées pour vous…

Problème 1 : vos parents sont divorcés et vous craignez que votre réception remue certaines choses mal digérées.

Solution : certains mariages peuvent tourner au règlement de compte entre parents divorcés. La mariée se retrouve alors en position d'arbitre. Son rôle : distribuer des cartons jaunes à chaque débordement parental ! Une situation épuisante et génératrice d'un stress dont elle pourrait se passer. Pour retrouver le contrôle de la situation, il faut avant tout exiger des parents qu'ils se conduisent en adultes et leur demander de ne pas prendre votre mariage en otage. Vous calmerez leur esprit belliqueux en équilibrant au mieux la répartition des tâches, le budget et la liste de leurs invités. La question des nouveaux conjoints est aussi délicate. En cas de guerre déclarée, proposez à vos parents de faire une trêve exceptionnelle. S'ils refusent de rendre les armes, demandez-leur de venir seul. Une décision pourtant difficile si vous êtes proche de leurs compagnons. Organisez, avant ou après le mariage, un dîner avec chacun d'eux pour le célébrer en toute intimité et dans la paix.

Problème 2 : la future belle-mère veut tout imposer : ses invités, la salle de réception, le traiteur…

Solution : demandez à votre future moitié de l'en dissuader et de lui expliquer que c'est votre mariage et non le sien. Il n'ose pas ? Invitez-la à prendre le thé et faites vibrer la corde sensible qui existe forcément en elle. Remerciez-la très chaleureusement de tout l'enthousiasme qu'elle met dans les préparatifs. Mais rappelez-lui que vous rêvez de ce moment depuis votre enfance et que vous envisagez d'organiser cette journée à votre manière. Faites-la parler de son mariage pour lui faire comprendre que son tour est passé… Tout en subtilité, bien entendu !

Problème 3 : je commence à me poser quelques questions : est-ce bien raisonnable de me marier ?

Solution : ce qui n'est pas raisonnable, c'est de ne pas se poser la question ! Toute grande décision s'accompagne de doute. Inutile de vous flageller si vous en éprouvez. C'est au contraire bon signe. La décision de se marier n'est pas évidente. Il est normal d'en avoir très envie et de détester l'idée la seconde d'après. Surtout que le mariage n'a pas une image très glamour : prison dorée, tue l'amour, encroûtement assuré… Un conseil : n'écoutez pas les mauvaises langues (et elles seront nombreuses). Restez fidèle à vos convictions et souvenez-vous qu'en la matière, il n'y a pas de fatalité. À vous d'inventer vos propres règles et vous vivrez cette nouvelle étape comme un enrichissement. N'hésitez pas à faire part de vos doutes à votre futur époux. Il doit se poser les mêmes questions. Cet échange sera l'occasion de définir ensemble un projet de vie qui vous ressemble.

Problème 4 : nos parents financent notre mariage, mais les deux familles ne disposent pas des mêmes moyens…

Solution : il s'agit de ne mettre personne mal à l'aise. Heureusement le temps où la famille de la mariée finançait la totalité des noces est révolu ! Essayez de calmer la folie des grandeurs de certains et rassurez les autres. Suggérez la méthode équitable du prorata : chaque famille paye selon son nombre d'invités. Et si les parents de votre conjoint insistent vraiment pour vous offrir la plus grosse pièce montée de l'histoire du mariage, faites-leur plaisir et acceptez ! Il faut parfois savoir profiter de la générosité des autres.

Problème 5 : vous êtes un couple mixte, de couleur, de religion, de nationalité différentes et vous craignez certaines réactions…

Solution : lors du mariage, la rencontre de deux cultures peut être un choc ou une réussite. Un choc si chaque famille se regarde de travers et juge l'autre ; une réussite si elles se mélangent et acceptent leurs différences. Le secret du second scénario est une représentation équilibrée des deux cultures lors de la cérémonie et de la réception. La référence aux origines peut se retrouver dans l'accomplissement d'un rite, dans le choix d'un buffet spécial, dans des animations particulières… Vous serez surpris par la faculté d'adaptation de chacun. Cette solution est d'autant plus importante quand le (la) marié(e) se marie seul(e), sans l'approbation de sa famille. Se raccrocher à certains symboles peut être très important.

Problème 6 : certains membres de ma famille menacent de boycotter mon mariage.

Solution : il n'existe pas de famille idéale, sans conflit. Essayez de les régler avant le grand jour ou proposez au moins une trêve de 24 heures pour le bien de tous. Raisonnez les réfractaires en leur expliquant qu'ils risquent de regretter leur décision toute leur vie, que vous n'allez vous marier qu'une seule fois.

Ils sont têtus ? Envoyez en médiateur votre fiancé, qui saura les toucher dans sa courageuse démarche.

Ils campent sur leurs positions ? N'insistez pas. Tant pis, c'est triste mais c'est ainsi. Ne les laissez pas gâcher votre bonheur.

Problème 7 : un proche est décédé peu avant le mariage. Doit-on annuler ?

Solution : la question de l'annulation du mariage ne se posera que s'il s'agit d'une personne ayant un lien direct avec vous ou votre futur époux (d'où l'intérêt de souscrire à une assurance annulation mariage). Ne maintenez en aucun cas la réception si vous ne vous en sentez pas la force. Sachez que vos invités éprouveront aussi une certaine gêne à faire la fête dans ces conditions.

Si la personne décédée est une personne éloignée, vous pouvez prononcer une prière à son intention lors de la cérémonie religieuse.

Problème 8 : je suis tombée enceinte quelques mois avant le jour J et ma famille est très conservatrice. Que dois-je faire ?

Solution : vous attendez un enfant de l'homme que vous aimez et que vous allez l'épouser : où est le problème ? Tant de bonheurs vous attendent et les personnes censées vous aimer devraient s'en réjouir. Si toutefois cela vous pose un problème, vous avez plusieurs possibilités :

- Vous marier en petit comité. Bref, vous n'assumez pas et vous le regretterez.
- Repousser la cérémonie après la naissance du bébé pour en profiter pleinement. Il sera le plus joli des enfants d'honneur.
- Maintenir la cérémonie et vous avancez fièrement, le ventre rebondi sous votre robe blanche !

Quoi que vous décidiez, il est difficile de faire taire les mauvaises langues. Mais sont-elles assez fortes pour nuire à votre bonheur ? À vous de décider.

CARNET D'ADRESSES

BIEN DANS SON CORPS

Un coach

Objectif-forme
Une équipe d'entraîneurs dans toute la France.
01 48 55 75 91
www.objectif-forme.com

Lydie Raisin
Un vrai coup de cœur pour cette coach, ancienne sportive de haut niveau et habituée à travailler avec les VIP et toutes celles qui souhaitent transformer leur silhouette. Bonne humeur et résultats garantis !
06 31 27 29 31

Un club de gym

Club Med gym
De nombreux clubs présents dans différents arrondissements parisiens.
www.clubmedgym.fr

Fulltime fitness
Vingt clubs en province et en banlieue parisienne.
04 76 46 60 60
www.fulltimefitness.com

Moving
110 clubs en France et à l'étranger.
0 826 460 011
www.moving.fr

Coup de cœur

Pop My Day
Vous allez adorer ce site et cette appli qui vont vous changer la vie et la rendre encore plus belle. En quelques clics et à tout moment, on réserve chez soi, au bureau, en soirée, le weekend une prestation : coiffure, massage, manucure, mise en beauté, séance de sports… Les professionnels sont des experts et adorables. Parfait pour se faire chouchouter avant de dire « oui » ! On applaudit les tarifs abordables et surtout la toute nouvelle offre mariage.
Coiffure de mariée avec essai : 199 €
Maquillage de mariée avec essai : 199 €

Coiffure ou maquillage invitée, de 34 € à 99 €, réduction selon le nombre de participantes.
www.popmyday.com

ÊTRE DORÉE LE JOUR J

Cabines de douche autobronzante

Pour trouver le centre le plus proche de chez vous : www.sunlab.fr

UN MAQUILLAGE SUR MESURE

En institut

By Terry
Offrez-vous le grand jeu et le savoir-faire de la maquilleuse des plus grandes stars !
01 47 48 79 62

Black Up
Le premier salon de maquillage destiné aux peaux noires et métisses. Une révolution pour des clientes en mal de produits adaptés.
01 42 21 36 32
www.blackup.com

Yves Rocher
L'enseigne, présente partout en France, propose des forfaits maquillage adaptés à tous les styles de mariées. N'oubliez pas de faire un essai avant le jour J !
0 811 902 404
www.yves-rocher.fr

À domicile

Allo beauté
Des soins esthétiques et des maquillages adaptés à chaque occasion prodigués par une pro depuis plus de vingt ans.
01 43 98 36 14 ou 06 60 41 36 45
www.allobeaute.fr

La fée paillette
Habituée à sublimer les visages dans des domaines très showbiz (défilé de mode, studio…), cette artiste professionnelle vous propose ses services de maquilleuse à domicile pour le grand jour.
www.lafeepaillette.com

Art & couleur
Un maquillage léger et naturel ou spectaculaire, c'est vous qui décidez ! Géraldine reste à votre écoute et vous conseille selon vos goûts et votre morphologie. Possibilité de prendre aussi des cours avant le jour J.
www.artetcouleur.com

Belle à domicile
Du maquillage à la manucure en passant par l'épilation, il vous est possible d'inviter chez vous tous les soins généralement proposés en institut. Idéal pour ne pas perdre de temps le grand jour !
www.belleadomicile.com

Delphine Druart
Maquilleuse de studio, la douce Delphine est habituée à sublimer les mannequins et les professionnels des médias. Mais elle met aussi son savoir-faire au service des futures mariées. Elle connaît tous les petits secrets pour les rendre magnifiques de l'aube à l'aurore et inversement. Généreuse en conseils, elle saura vous donner mille et une astuces beauté et *make-up* pour le reste de votre vie.
06 13 21 32 76

Cours de maquillage

La belle École
On choisit d'apprendre quelques gestes de gymnastique faciale et l'on retient des astuces de maquilleurs professionnels pour le grand jour. Atelier de 2 heures dans un joli cadre.
01 47 04 50 20
www.labelleecole.fr

Louise Louise
Maquilleuse professionnelle pour les plus grands magazines internationaux, Louise Wittlich vous révèle tous ses secrets lors d'ateliers individuels ou en groupes pour adopter le *make-up* qu'il vous faut en toutes circonstances et selon votre type de peau. Une leçon de coaching beauté dont vous vous souviendrez longtemps puisque vous repartirez avec un petit livret.
06 18 11 56 83
www.louiselouise.com

UNE CRINIÈRE DE LIONNE

Les incontournables

Camille Albane et Jacques Dessange
Ces enseignes présentes partout en France proposent des forfaits intéressants : essai + coiffure le jour J + manucure ou maquillage.
www.camillealbane.com et
www.dessange.com

Coiff1rst
De Paris à Strasbourg, en passant par la Guyane, ces salons moderno-baroques offrent un service de grande qualité et des coiffures extraordinaires. Le plus : coiffures à domicile à Strasbourg.
Pour connaître le salon le plus proche de chez vous : 01 45 08 12 21
Coiff1rst Domicile : 03 88 37 12 12
www.coiff1rst.com

Comme une star !

Carita
Un service 5 étoiles : salons de rêve, écoute professionnelle et toujours de bonnes idées à vous suggérer. On se plie en quatre pour votre beauté !
Pour connaître l'adresse la plus proche de chez vous : 0 811 44 40 11
www.carita.fr

À domicile

Coiffeur à domicile
Un réseau de 3 000 coiffeurs visagistes à travers la France et qui viennent manier les ciseaux et les bigoudis chez vous.
0 825 069 068
www.coiffure-domicile.com

Les 3 C
Confiez votre tête, celles de votre maman et de vos invitées à Christine, coiffeuse et visagiste qui n'a pas peur de se déplacer pour relooker tout votre petit monde. Moments de complicité garantis !
06 11 84 07 29
www.les3c.com

Bons plans

Les centres de training
Pour celles qui n'ont ni peur de changer de tête ni de la confier à des jeunes coiffeurs en herbe. De nombreux centres d'apprentissage échangent leurs coups de ciseaux contre une somme qui va de 4 € à

15 €. Se renseigner auprès des différentes chaînes.

Centre de training de Jean-Louis David à Paris :
0 820 16 02 16

Institut européen de la coiffure à Toulouse :
05 61 29 85 28

Académie Franck Provost International :
01 56 21 10 50

Michel Devyn Academy à Paris, Lille et Lyon :
01 55 35 03 55

ÉPILATION

Institut Saranah
Offrez-vous des jambes et un maillot parfaitement épilés (même en forme de cœur !) et sans douleur en adoptant la cire orientale. Un savoir-faire ancestral pratiqué par des esthéticiennes qui savent sublimer la femme !
1, rue Bosio, 75016 Paris.
01 40 50 12 05
www.saranah.com

Body minute
Entre deux courses et sans rendez-vous, confiez vos poils à des mains rapides et efficaces. Système d'abonnement très intéressant avec des tarifs préférentiels. Près de 150 instituts en France.
www.bodyminute.com

SOYEZ ZEN

Le yoga
Pour trouver un cours proche de chez vous, contactez la Fédération nationale de Yoga.
www.lemondeduyoga.org.

Le shiatsu
Contactez la Fédération française de Shiatsu traditionnel.
01 42 29 64 22
www.ffst.fr

Le Tai Chi Chuan
Contactez la Fédération française de Tai Chi Chuan.
www.ffwushu.fr

Spécial petit budget

1. Pour un maquillage zéro défaut, exercez-vous plusieurs semaines avant le jour J. Faites le tour des grands magasins qui proposent souvent de vous maquiller gratuitement sur des stands beauté. Observez les gestes, repérez les bons produits et à vous de jouer !

2. Zappez l'esthéticienne ! Toujours dans les grands magasins, vous trouverez des beauty bars où l'on vous redessinera la ligne des sourcils en quelques minutes et pour quelques euros. Profitez-en aussi pour vous offrir une manucure. Elles sont souvent également proposées.

3. Si vous n'avez peur de rien, remettez votre crinière entre les mains d'apprentis coiffeurs (dans des centres d'apprentissage). Ils vous feront une nouvelle tête pour trois fois rien. L'astuce : tentez l'expérience plusieurs mois avant le mariage et repérez celui ou celle qui a des mains en or.

4. N'achetez pas vos accessoires coiffure dans des salons spécialisés mariage. Trouvez-les dans vos boutiques préférées et amenez-les le jour des essayages coiffure.

5. Pour afficher une forme olympique, ne passez pas forcément par la case club de gym. Il existe des solutions moins coûteuses et tout aussi efficaces. La plus indolore : la marche rapide. Astreignez-vous à une demi-heure (une heure pour les fortiches) de marche par jour pendant trois mois et vous serez surprise par les résultats. La plus zen : la natation. Fixez-vous un nombre de longueurs à parcourir par semaine et vous allongerez vos muscles en un clin d'œil. La plus exigeante : le jogging. Commencez par courir un quart d'heure, puis augmentez le temps de la séance au fur et à mesure pour atteindre au minimum une demi-heure. Non seulement vous affinerez vos jambes, mais vous travaillerez aussi votre ceinture abdominale, vos hanches et vos bras. À faire au moins deux fois par semaine.

CHAPITRE 11

DÉCORATION

Un mariage impersonnel ! La pire des critiques que l'on pourrait faire de votre mariage. Pour éviter les bouches amères et pour donner une âme à votre cérémonie, n'hésitez pas à miser sur la décoration. Le secret ? Choisir un style et s'y tenir, de la mairie à l'église en passant par la salle de réception. L'astuce, c'est d'adopter un thème et de le décliner tout au long de la journée. Le plus, c'est de personnaliser votre mariage en réalisant des choses vous-même. Si vous êtes un peu paresseuse ou en panne d'inspiration, suivez ce mot d'ordre : harmonie à tout prix.

Les fleurs

J-4 mois

Plus besoin d'attendre qu'un inconnu vous en offre. Des fleurs, vous allez en acheter, et par brassées ! Élément essentiel de la décoration, elles donnent un air de fête au lieu de cérémonie et à la salle de réception. Gerbes, pétales couronnes ou paniers, vous aurez l'embarras du choix. Portez un soin particulier au bouquet de la mariée. Il sera très convoité par vos copines célibataires. Un conseil : ne vous laissez pas corrompre par les plus désespérées. Le bouquet se doit d'être jeté au hasard.

• Le bouquet de la mariée en cinq points

1. La tradition veut que le futur époux offre le bouquet à la mariée. Pour éviter les éventuelles fautes de goût ou les impairs, vous pouvez vous en charger.

2. Pour qu'il soit coordonné, choisissez le bouquet après avoir sélectionné votre robe de mariée et les tenues du cortège. Les petites filles porteront une fleur ou un petit bouquet assorti à celui de la mariée.

3. En fonction de vos goûts, optez pour un bouquet rond, en gerbe ou en cascade. Cette dernière forme, assez longue et volumineuse, est à éviter pour les femmes de petite taille. Si la robe de mariée est fleurie, on préfèrera également un petit bouquet.

4. À la boutonnière, le marié portera une fleur du bouquet. Ses témoins en accrocheront une au revers gauche de leur veste (ou une fleur assortie).

5. Si vous avez choisi un thème, adaptez le bouquet à ce dernier.

• Décodez les fleurs

Il existe bel et bien un langage des fleurs. Il parle bien sûr d'amour, mais pas toujours. Voici quelques astuces pour choisir les bonnes fleurs. Et éviter les gaffes.

On choisit les roses rouges synonymes de passion. Les roses sont un serment d'amour et les blanches évoquent l'amour pur. La tulipe traduit un amour parfait, l'œillet un amour sincère, le jasmin un amour voluptueux, le lilas mauve l'abandon du cœur, l'orchidée la ferveur, l'azalée la joie d'aimer et le lis la pureté.

On évite les roses jaunes, synonymes d'infidélité. Le narcisse suggère la froideur, le glaïeul l'indifférence, la violette l'amour secret, la pervenche la mélancolie, le coquelicot l'ardeur fragile et le camélia blanc l'amour dédaigné.

FOCUS

Pour ou contre les fleurs artificielles ?

Pour
Elles ne s'altèrent pas avec le temps. On peut conserver à vie son bouquet de mariée. Un argument choc pour les nostalgiques.

Contre
Elles n'ont pas la fraîcheur et la délicatesse des fleurs naturelles. Et surtout pas la même odeur.

• Les fleurs de la fête

Vous apporterez une note chaleureuse au mariage en disposant des fleurs dans chaque lieu où vous accueillerez vos invités. Privilégiez les plus résistantes pour qu'elles tiennent une journée.

À la mairie

Souvent froides, les salles de mairie se personnalisent avec les fleurs de votre choix. Pensez aux pétales de fleurs que vos témoins et le cortège vous jetteront en pluie en sortant de la mairie.

Le lieu de culte

Prenez soin de demander à l'officiant l'autorisation de disposer des fleurs. Demandez à un proche de les réceptionner une heure avant la cérémonie. Vous habillerez le pupitre ou l'autel de deux grands bouquets de fleurs, que vous rapatrierez plus tard dans la salle de réception. Vous pourrez accrocher à chaque banc ou rangée de chaise une petite gerbe assortie d'un ruban. Effet garanti ! La tradition veut qu'on laisse au moins un bouquet en offrande au lieu de culte.

Dans la salle de réception

Disposez sur chaque table un centre de table fleuri. Veillez à ce que le bouquet ne soit ni trop haut ni trop odorant, pour ne pas gêner les invités. Si vous avez un bon budget, vous pouvez garnir chaque assiette d'une fleur (par exemple : une pensée) accompagnée d'une serviette colorée. Les invités pourront les garder en guise de cadeau. La table des mariés recevra un bouquet plus conséquent que les autres. Les tables de buffet seront garnies de bouquets en cascade pour un effet assez théâtral.

Sur la voiture

À toutes celles qui trouvent cela ringard, sachez que ce n'est pas obligé. Mais c'est tout de même assez pratique pour distinguer la mariée dans le cortège de voitures. Au lieu d'une gerbe à l'avant et à l'arrière du capot, entourez de discrètes roses les poignets des portes. Remplacez le tulle par du raphia et faites de jolis nœuds.

Et si on osait ?

Rien ne vous oblige à choisir des compositions classiques. Vous pouvez leur préférer des fleurs exotiques comme l'hibiscus, l'alpinia, le bambou, le lotus... Ou encore mélanger les fleurs avec des fruits, des légumes ou des végétaux rares. Et pour les gourmandes, il existe des bouquets de fleurs en chocolat ou en pâte de fruits.

• Entretien des fleurs : le vrai et le faux

Jeter les fleurs de votre mariage serait un sacrilège alors qu'il est si simple de les conserver. Encore faut-il avoir les bons réflexes...

Les fleurs précoupées chez le fleuriste n'ont pas besoin de l'être à nouveau.

Faux. Il faut les recouper en biais et sous l'eau de préférence avec un couteau tranchant. Pensez à retirer les feuilles des tiges pour qu'elles ne contaminent pas l'eau des vases en se décomposant.

Il faut remplir d'eau tiède le vase des fleurs.

Vrai. L'eau froide est trop violente pour les fleurs. On doit veiller à changer leur eau chaque jour. Ne les immergez pas. Juste quelques centimètres d'eau suffisent.

Comme les plantes, les fleurs ont besoin de soleil.

Faux. Elles doivent être conservées à l'abri du soleil car la chaleur raccourcit leur durée de vie et les flétrit.

Le sucre permet de conserver les fleurs plus longtemps.

Faux. Il accroît la propagation de bactéries. Au sucre pur, préférez des solutions nutritives en sachet composées d'agents protecteurs. Tout aussi efficace, quelques gouttes de Javel ou un demi cachet d'aspirine.

On ne peut pas réanimer des fleurs fanées.

Faux. Dans un évier, donnez un bain d'eau chaude aux fleurs durant quelques instants. Puis ajoutez de l'eau très froide et laissez reposer. Au bout d'une heure, elles retrouveront leur vigueur.

• Faites des économies !

- Supprimez la décoration de fleurs de la mairie et de l'église. Privilégiez la salle de réception où vous allez passer plus de temps avec vos invités.
- Préférez au fleuriste de votre quartier les grandes surfaces et les grossistes où vous ferez de meilleures affaires. Pensez aussi aux marchés, aux fermes et aux cueillettes.
- Pour égayer de simples bouquets, pensez à ajouter de l'eau colorée dans le vase. Vous surprendrez à coup sûr vos invités.
- N'hésitez pas à solliciter les personnes de votre entourage ayant des jardins. Elles vous offriront avec joie quelques bouquets.
- Si vous choisissez comme thème l'automne, vous pourrez utiliser en centre de table des feuilles mortes à la place des bouquets. Pour leur donner un air de fête, bombez-les avec une peinture dorée ou argentée. Faites de même avec des pommes de pin.
- Réalisez des fleurs artificielles avec du papier crépon et du fil de fer. Un retour en enfance toujours apprécié.

- Si plusieurs mariages sont organisés le même jour à l'église ou à la mairie, proposez aux autres futurs mariés de partager le coût de la décoration florale.

(Voir Carnet d'adresses en fin de chapitre.)

Mariages à « thème »

Depuis quelques années, on assiste à la grande mode des mariages à thème. Attention, cela n'est en aucun cas une obligation mais tout simplement une tendance.

Si certains se contentent de privilégier une harmonie des couleurs et des styles (décoration, vaisselle, fleurs et tenues), d'autres n'hésitent pas à décliner entièrement l'une de leurs passions.

À vous de choisir…

FOCUS

Pour ou contre un mariage à thème ?

Pour
Il reflète vos passions, vos centres d'intérêt.
Il vous permet d'harmoniser l'ensemble de votre réception et donne un fil conducteur à votre journée.
Il vous permet de développer votre imagination et fait appel à votre sens créatif.
Il personnalise votre mariage.
Il facilite vos choix : faire-part, menus, décoration…
Vos invités s'en souviendront…

Contre
Votre réception peut facilement virer au kitch !
Certaines idées sont irréalisables ou très coûteuses.
On assiste à une réelle course à l'originalité et cela devient très vite compétitif !
Certains invités peuvent être déstabilisés.

• Des thèmes déclinés de A à Z ou presque !

Vous avez cédé à la tentation, mais vous manquez cruellement d'imagination, quelques petites pistes pour vous guider…

La mer

Un petit air de vacances avant l'heure ! Il est l'un des thèmes les plus faciles à réaliser.

Vos invitations : choisissez un papier à caractère marin (bleu et blanc ou avec des poissons et des bateaux) et glissez quelques grains de sable dans l'enveloppe.

Votre salle de réception : réservez une salle en bord de mer, un bateau ou une péniche. Sinon décorez-la avec du sable, des bouées accrochées aux murs et des parasols ouverts. Le cri de la mouette est en option !

Les noms des tables : ceux des plages les plus connues (Malibu, Saint-Tropez...) ou des océans et mers du globe.

Le centre de table : une composition originale de coquillages, d'étoiles de mer et de fleurs. Et pourquoi pas un aquarium avec un poisson rouge ? C'est du plus grand effet et les enfants seront ravis de ramener chez eux un nouveau compagnon pas du tout encombrant.

Le menu : inscrit sur une mini-bouée gonflable, il propose des spécialités de poissons et de fruits de mer. Attention : les allergies aux fruits de mer sont fréquentes. Prévoir une solution de rechange pour les invités incommodés.

Les petits cadeaux pour les invités : un ballotin de roudoudous (ces petits bonbons acidulés et coulés dans des coquillages), un savon aux algues ou une bougie parfumée « Océan » et incrustée de coquillages, des dragées bleues et blanches présentées dans des seaux miniatures.

Pour les tenues : des petits clins d'œil pour chacun. Un chignon incrusté de coquillages, un maquillage dans les tons bleus et argentés, des paillettes sur les bras et le décolleté pour un effet « gouttes d'eau » très réussi, une lavallière avec imprimé ancres, une marinière pour les enfants d'honneur. Les plus téméraires oseront leur faire porter un chapeau de pêcheur et une épuisette.

Les Années folles

Recréez le temps d'une réception l'ambiance survoltée des années 1920. Music-hall, jazz, tenues élégantes et voitures de luxe. Toute la magie d'une époque fascinante au service de votre mariage. Vous avez dit « glamour » ?

Vos invitations : ornez le faire part d'un dessin de camélia, fleur fétiche des années 1920 ou réalisez-le comme une affiche de music-hall.

Votre salle de réception : choisissez une salle classique que vous décorerez d'affiches publicitaires ou de cinéma des années 1920. Réquisitionnez les instruments de vos amis (contrebasse, trompette, piano) que vous disposerez dans la salle en clin d'œil au jazz. Vous pouvez aussi choisir un lieu qui évoque le thème des Années folles : un cabaret, un club de jazz, une salle de style Art déco...

Le nom des tables : adoptez un plan de table classique. Chaque table portera le nom d'une star de l'époque : Coco Chanel, Charlie Chaplin, Colette, Joséphine Baker...

Le centre de table : des bouquets de camélias entourés de bougies de la même fragrance.

Le menu : nommez-le « Jazz Menu » et inscrivez-le sur une partition de musique. L'intro sera l'entrée, le couplet, le plat et le refrain, le dessert.

L'animation : prévoyez un groupe de jazz au vin d'honneur pour jouer les classiques de Louis Armstrong, Sidney Bechet, Billie Holiday, Ella Fitzgerald... Louez une voiture d'époque (Bentley, Daimler, Rolls-Royce...) pour arriver avec classe à la salle de réception. Engagez des danseurs de claquettes ou de charleston pour des interludes rythmés entre chaque plat.

Les petits cadeaux pour les invités : une clé USB avec une sélection de musiques jazzy ou un magnet représentatif des Années folles.

Les tenues : une robe Charleston à franges pour la mariée, un costume croisé avec une taille bien affirmée pour son homme, des tenues rétro pour le cortège (robes à col Claudine, casquettes de gavroche, pantacourts à bretelles...).

• Différents thèmes selon différents styles

Rouge passion

Mona a une passion pour la couleur rouge, qui définit assez bien son tempérament de feu et en a fait le fil directeur de son mariage, avec quelques touches de blanc. D'abord sa robe, longue, près du corps, en mousseline de soie carmin. Le faire-part couleur pourpre donnait le ton. Sur les tables était disposé un chemin de table rouge sur des nappes blanches et au centre trônaient trois grandes bougies blanches entourées d'un ruban de satin rouge.

Une pomme et un bracelet porte-bonheur rouges étaient placés sur chaque assiette. Même les fenêtres furent métamorphosées grâce à des voiles rouges et blancs. Au final, cette décoration peu coûteuse et très chaleureuse fit grande impression.

Paris est une fête...

Patrick et Géraldine ont choisi de décliner le thème de Paris : « Nos invitations reprenaient une reproduction en noir et blanc et quasi en 3D d'un plan de Paris, le timbre a été oblitéré au 1er étage de la Tour Eiffel, où se trouve un minuscule bureau de poste. Une colonne Morris avec des stations de métro fantaisistes, en guise de plan de table, des plaques émaillées à l'image de celles qui indiquent le nom des rues parisiennes pour placer les invités et la musique du *Fabuleux destin d'Amélie Poulain* pour ouvrir le bal ! »

Le 7e art

Férus de cinéma, Margaux et son mari ont convié leurs invités à « une projection privée » ! Le faire-part rappelait une pellicule de film et une silhouette de Chaplin était dessinée. Les répliques de leurs films préférés étaient inscrites sur les nappes en papier, des affiches de films en noir et blanc étaient collées aux murs et d'anciennes chaises de metteurs en scène portaient le nom de chaque invité. Chaque table rendait hommage à un couple mythique du cinéma, fictif ou réel. Une de leurs amies joua les ouvreuses en offrant des claps miniatures aux noms des mariés.

Scotland forever !

Karine et Luc ont choisi d'honorer les origines de mademoiselle. Un nœud écossais fermait les faire-part bilingues, les oncles et cousins de la mariée portaient le kilt et un joueur de cornemuse a enchanté les invités à la sortie de l'église. Les tables portaient le nom des différents clans écossais. Au menu : saumon fumé, whisky bu dans un quaich (coupe traditionnelle celte) et la fameuse panse de brebis farcie, le haggis. Il fut présenté à l'assistance après la lecture d'un célèbre poème de Robert Burns. Mais que les puristes se rassurent, le champagne et les vins français ont également coulé à flots !

Décoration de la salle

• SOS ma salle est trop moche !

Pas de panique ! On a vu de nombreuses salles de fêtes sinistres se transformer en palais féeriques...

1. Remplacez les néons ou les lumières trop blanches par des ampoules colorées ou moins fortes. Privilégiez l'ambiance tamisée grâce à de nombreuses bougies.

2. Les bougies sont jugées trop dangereuses ? Qu'à cela ne tienne. Investissez dans des guirlandes électriques blanches, colorées ou de formes amusantes. Accrochez-les au plafond, sur les murs, autour d'une porte. Certaines fonctionnent avec des piles et pourront être disposées dans des vases transparents ou sur la table des mariés.

3. Des branches de lierre, naturelles ou artificielles, habillent en un clin d'œil une pièce nue. Installez-les tels des rideaux végétaux, autour des tables, des chaises. Achetez ou louez des arbustes, des rosiers ou des palmiers. Vous aurez l'impression d'être dans un jardin d'intérieur.

4. Choisissez des voiles de tissus très colorés et très légers. Installez-les comme des rideaux ou des voiles de bateau.

5. Transformez de grands draps blancs en toiles d'artistes et demandez aux enfants de les peindre. Vous leur donnerez quelques indications pour qu'ils ne se dispersent pas trop dans l'élaboration de leur chef-d'œuvre.

6. Il existe des autocollants qui se repositionnent sans abîmer les peintures ou le papier peint. Faites le choix entre différents motifs et différentes tailles : fleurs minuscules, gratte-ciels vertigineux, impressions vache, cerisiers en fleurs...

7. C'est votre journée et c'est donc un peu vous qu'on célèbre. Accrochez aux murs des photos de vous deux : de votre naissance à aujourd'hui, en passant par vos voyages et vos « années collège » !

8. Les bruits et les odeurs sont essentiels... Une bande-son reprenant le va-et-vient des vagues et un parfum d'ambiance « Océan » et on est tout de suite transportés. Pour une ambiance provençale : le bruit des cigales et des bougies parfumées au miel et à l'eucalyptus.

9. D'immenses ballons blancs, sans ficelle, posés par terre, quelques étoiles phosphorescentes collées sur le plafond et vous voilà au septième ciel !

10. Vous êtes désespérés ? Faites appel à un décorateur qui, moyennant finances, transformera votre citrouille en carrosse !

Pour des éléments de décoration faits main, reportez-vous à notre sélection de DIY pages 351 et 353 et sur l'application.

• On n'oublie pas ses invités...

Les petits cadeaux entretiennent l'amitié. Originale ou classique, cette attention est incontournable. Elle permet ainsi de décorer votre table et d'offrir un petit souvenir de cette grande journée à vos invités.

REPÈRES

Le saviez-vous ?

Si vous réalisez vos cadeaux vous-même ou si vous devez les emballer, demandez à vos enfants d'honneur ou à vos témoins de vous aider. N'oubliez pas le secret de la réussite : déléguez !

Classique : les dragées

Cette tradition, supposée porter bonheur, remonterait à l'Antiquité et fait toujours plaisir. Cette douceur symbolise la pureté et la fécondité. Attention, si sa qualité varie selon les fabricants, son emballage peut aussi faire toute la différence. Du simple pochon au sachet en tulle, en passant par le petit panier, à vous de faire preuve d'imagination.

Pensez également à remplir une immense jarre de ces confiseries et laissez vos invités y plonger la main au cours de la réception.

Astuces budget

Achetez en gros des bonbons gélifiés, ceux qui rappellent notre enfance, et glissez-les dans des sachets en cellophane ou du papier-cristal avec un petit ruban ! Les « adulescents » sauront apprécier les fraises Tagada, les carambars et autres bonbecs !

Cadeaux insolites

Une petite plante : la nature en conserve ou presque ! Offrez une plante ou des herbes à faire pousser chez soi. Une bonne manière de vous rappeler au bon souvenir de vos invités. Les trèfles à quatre feuilles en pot ou les branches de bambou font également de jolis cadeaux porte-bonheur.

Le cigare ou la mignonnette d'alcool : subtilement emballés dans du papier crépon avec une étiquette rappelant la date de votre mariage, ces petites attentions plairont à tous ces messieurs. Préférez un alcool de votre région, plus symbolique. Mais rappelons que le tabac et l'alcool sont dangereux pour la santé.

Une compilation : sur une clé USB ou une adresse vers une playlist personnalisée et en ligne, vous composez votre propre sélection de musiques préférées. Une sélection de chansons d'amour pour les femmes, de rock pour les hommes, de rap pour les plus jeunes et de jazz pour les fans… Ou vice versa ! À vous de choisir ! À réaliser soi-même !

Des senteurs inoubliables : un savon miniature, une bougie parfumée, de la lavande séchée ou des cônes d'encens enveloppés dans un papier de soie ou dans du sisal coloré et vos invitées seront ravies. Un joli souvenir qui préserve leur ligne et embaume leurs tiroirs. À réaliser soi-même !

Boîtes d'allumettes, stylos, briquets… : certains peuvent trouver cela « *cheap* », mais cela reste un cadeau toujours utile. Personnalisés avec photos, date du mariage, vos deux noms ou décorés à la main, ils rappelleront ce grand jour et se glissent dans toutes les poches…

Pour des contenants faits main, reportez-vous à notre sélection de DIY page 355 et sur l'application.

Idées venues d'ailleurs

En Grande-Bretagne, les invités repartent avec un morceau de gâteau bien enfermé dans une petite boîte. La tradition veut que les célibataires le placent sous leur oreiller en pensant très fort à leur futur mari… Elles devraient le voir apparaître en rêve !

En Corée, un œuf peint, symbole de la fertilité, est offert aux convives. Demandez à vos enfants d'honneur de les décorer quelques jours avant la cérémonie.

Dans les pays du Maghreb, on offre des compositions de dattes, figues, amandes au miel et autres petits plaisirs sucrés...

En Asie, il n'est pas rare de se voir offrir un éventail. Vous en trouverez en papier ou décorés à bon marché dans les boutiques chinoises.

CARNET D'ADRESSES

LES FLEURS

Les incontournables

Au Nom de la rose
Cette enseigne s'est fait connaître en proposant un seul style de fleurs : les roses. Et pas n'importe lesquelles : des roses d'une grande fraîcheur et de variétés diverses. N'oubliez pas de commander les cornets de pétales à jeter à la sortie de la cérémonie !
0 892 350 007
www.aunomdelarose.fr

Interflora
Le champion de la livraison partout en France et à l'étranger, 24 h/24. Qui dit mieux ? Vous trouverez sur le site des compositions spécial mariage.
0 810 353 877
www.interflora.fr

Les originaux

Green
Hervé Lemettre, fan de « *land art* », crée de véritables happenings végétaux pour toutes les occasions. Habitué à travailler les plantes exotiques, les fleurs traditionnelles, les graines et les épices, le paysagiste saura dépasser les frontières de l'imagination pour votre mariage.
91, rue de l'Esquermoise, 59000 Lille.
03 20 13 79 88

Élisabeth Delsol
Créatrice d'ambiance, l'artiste trouve une harmonie entre fleurs, végétaux, minéraux et tout ce qui peut lui passer entre les mains. Elle saura imaginer les arrangements floraux qui correspondent au thème de votre mariage et ne sera pas avare d'idées originales et féeriques.
www.elisabeth-delsol.com

La fleuriste du chocolat
Un bouquet de mariée en chocolat ? Une idée gourmande pour les accros qui ne sauraient s'en passer le jour J. Attendez quand même la fin de la journée pour craquer.
www.lafleuristeduchocolat.net

Aux Fleurs et à mesure
Chaque composition est unique et répond à l'ambiance que l'on souhaite

donner à sa réception. Ici, le contenu et le contenant sont aussi soignés et originaux l'un que l'autre : enveloppes de verre, de bois ou de métal et fleurs, racines, feuillages, fruits et minéraux…
03 20 71 00 28
http://auxfleursetamesure.free.fr

Petit budget

Monceau Fleurs
Le fleuriste incontournable connu pour ses prix, souvent les plus bas du marché. Vous trouverez une grande variété de fleurs et des bouquets exotiques.
0 825 057 058
Commande aussi en ligne :
www.monceaufleurs.com

Info-cueillette
Cueillez vos fleurs directement dans une ferme et bénéficiez de tarif alléchant. Une façon ludique et agréable de composer vos bouquets. Les fermes cueillettes sont nombreuses en région parisienne et dans le reste de la France.
01 34 46 01 16.
www.chapeaudepaille.fr

Plus, plus d'adresses !
Commandez vos fleurs en ligne et faites-vous livrer à domicile, dans toute la France.
www.aquarelle.com
www.bebloom.com
www.lejardindesfleurs.com
www.bouquetnantais.com
www.florajet.com

Les cours

La Belle École
Si vous souhaitez réaliser vos propres compositions mais que vous n'en avez pas le tour de main, suivez les cours de l'École des Fleurs, dispensés par des maîtres en la matière tel Christian Tortu, à l'hôtel Crillon, à Paris.
01 47 04 50 20
www.labelleecole.fr

Vert du Décor
En cours particulier ou en groupe, Chloé Fournier vous apprend à réaliser des centres de table et des décorations fleuries. Rien que des choses simples qui blufferont vos invités.
40 bis, rue de la Course,
33000 Bordeaux.
05 57 85 80 49

DÉCORATION DE LA SALLE

Loisirs créatifs

Loisirs et Création
On y trouve tout le matériel pour que l'artiste qui sommeille en soi puisse s'exprimer. On s'inscrit aux ateliers créatifs.
Renseignements : 01 53 33 27 50
www.loisirsetcreation.com

La droguerie
Ali Baba ouvre sa caverne dans tous les coins de la France (8 pour l'instant).
Renseignements : 01 45 08 93 27
www.ladroguerie.com

Petite déco

Casa
Pour les bougies en vrac, les photophores abordables, le raphia multicolore…
www.casashops.com

Déco mariage
Des ballons, des pinces à linge roses, des sets de table en forme de cœur,

des guirlandes de fleurs... Vous trouverez forcément ce qu'il vous faut sur ce site spécialisé.
www.decomariage.com

Mariage avenue
Bougies, pochons pour dragées, flûtes à champagne, feutres décoratifs, photophores, rubans géants... À personnaliser ou à choisir parmi les nombreux coloris qui correspondront à votre thème de mariage. N'oubliez pas de guetter les promotions !
www.mariage-avenue.com

Décorer le bonheur
L'adresse idéale pour dénicher le petit détail chic ou original qui fera la différence. Des serviettes gaufrées, des cœurs-bijoux précieux pour agrémenter la table, des guirlandes végétales pour embellir les chaises, des boules de boutons de fleurs... Vous ne saurez plus où donner de la tête !
www.decorerlebonheur.com

Sous le lampion
Colorés, oniriques et versatiles les lampions et autres lanternes en papier sont de nouveau très à la mode en matière de déco. On les accroche en bouquets harmonieux, on crée avec eux une haie d'honneur poétique à la sortie de la cérémonie ou on illumine subtilement un espace avec les lanternes étoiles. Gros coup de cœur aussi pour les ballons XXL et les guirlandes en papier pour une touche néo-rétro.
www.sous-le-lampion.com

Monsieur plus Madame
On trouve sur ce site ce que l'on était venu chercher et ce que l'on ne soupçonnait pas exister ! Un journal des mariés sous la forme d'une gazette papier que l'on envoie comme remerciement ou qu'on affiche dans la salle, des panneaux en bois personnalisés, des *tote bags* stylisés... On aime l'esprit chic et vintage des créations.
http://monsieurplusmadame.fr

Location

Location de plantes
Pour le jour J, ayez un réflexe vert et économique en louant des plantes, des compositions florales ou d'autres créations végétales pour décorer votre salle, les tables, une allée...
www.location-de-plantes.fr

Vachon Décoration
Un mariage à thème ? Cette enseigne est faite pour vous. Vous y trouverez les décors de films aussi inspirants que les *1001 Nuits, Salaam Bombay, American Grafitti...* Le choix est impressionnant. Par petite touche ou en total look, à vous de décider.
www.vachon-decoration.com

Les Mille et une Nuits Location
Le nom est explicite. Si vous souhaitez transporter vos invités en Orient le temps d'une soirée, vous trouverez tout le nécessaire chez eux. De la tente traditionnelle, au tapis oriental en passant par les poufs en cuir, tout y est.
Pinède Romane
48, avenue Mont Oppius,
83600 Fréjus.
06 18 11 10 95
www.milleetunenuits-location.com

Concept floral
Bienvenue chez les créateurs d'identité végétale. Une bonne initiative qui permet d'inventer des décors naturels

sur mesure. Possibilité de louer des plantes pour le jour J.
www.conceptfloral.net

Kiloutou
Vous trouverez de nombreuses options pour l'éclairage. L'agence de Sainte-Geneviève-des- bois, dans l'Essonne, a une gamme très large : guirlandes électriques, lampadaires, boule à facettes, stroboscope...
Liste des agences en France :
www.kiloutou.fr

LES CADEAUX POUR INVITÉS

Martial-Jeff de Bruges
Les dragées Martial sont réalisées selon la même fabrication artisanale depuis soixante-dix ans. Un gage de saveur et de qualité.
Liste des points de vente sur :
www.dragees-martial.com

Spaf ! Mariage
Le spécialiste du petit cadeau à des prix très intéressants.
04 91 27 24 80
www.spafmariage.com

Mariage.fr
Une boutique en ligne qui offre un large éventail de jolies attentions. Des étiquettes pour bouteilles de vin et de champagne, des pochettes d'allumettes, des serviettes personnalisées...
www.mariage.fr

Nature et Découvertes
La boutique qui n'arrête pas de monter et d'innover. Lieu idéal pour des cadeaux « verts » : bâtons d'encens naturels, bulbes de trèfles à quatre feuilles, jolis sachets d'infusion...
01 39 56 70 12
www.natureetdecouvertes.com

Faire-part Magnet
Pour personnaliser des aimants décoratifs : photo des mariés, dessins, mots doux... À chacun de trouver le modèle qui lui correspond.
www.fairepartmagnet.com

Photo Sculpture
Votre bonheur immortalisé sur un porte-clés ou sur un magnet ! Il vous suffit d'envoyer une photo de vous deux (en tenue de mariés ou non) et cette société la transformera en petit gadget pour vos invités.
01 43 24 69 45
photosculpture3d@aol.com
http://3d-photo-sculpture.com

Baby Tree
Un arbre miniature protégé dans sa capsule qui s'accroche à un porte-clés, à un téléphone portable ou se porte en pendentif. On le laisse grandir avant de le planter dans un pot.
www.babytree.fr

Escarboucle
Si vous avez choisi d'organiser un mariage vert, offrez à vos proches des petits présents *green-friendly* ! Une clé USB en bois, un cabas de course en coton bio, de la papeterie recyclée... Une pensée éthique pour une journée unique !
www.escarboucle.com

Spécial petit budget

1. Si votre budget est déjà très serré, privilégiez une salle dont la déco se suffit à elle-même. Une péniche pour un thème nautique, un cabaret pour un style Années folles, un restaurant exotique pour décliner l'idée du voyage… Vous n'aurez que des détails à peaufiner.

2. Pour une ambiance champêtre, optez pour des bouquets composés d'épis de blé ou de maïs, entourés d'un joli nœud en satin. Ils donneront une touche bucolique sur les tables ou accrochés aux bancs ou aux chaises du lieu de culte et de la réception. Selon la saison, vous pourrez aussi utiliser une branche de sapin, de houx ou de gui.

3. Pour un mariage automnal, imaginez des centres de table naturels : des feuilles mortes, des marrons, des pommes, des pommes de pin et mettez-les dans des corbeilles ou des grands vases transparents.

4. Pour les bouquets de fleurs ou les compositions à base de fruits, ayez le réflexe « de saison ». Ainsi, vous payerez moins cher des tournesols en été qu'en hiver !

5. Pensez à emprunter à votre entourage quelques plantes en pot (buis, arbustes, oliviers, palmiers…). Vous les dispatcherez à travers la salle et pourrez ainsi camoufler des murs tristounets.

6. Pour un effet féerique : ressortez vos guirlandes lumineuses de Noël. Elles décoreront et illumineront le buffet, les murs, les arbustes ; placez-les aussi dans des vases transparents et percés (pour la prise)…

7. Les ballons de baudruche ne sont pas chers et peuvent se transformer en jolis bouquets aériens. Choisissez-les dans une même teinte et rassemblez-les en grappe, lestez le tout d'une pierre et glissez cette création dans de très hauts vases.

8. Adieu chaises en plastique si peu esthétiques ! Cachez-les sous des housses de location ou habillez-les d'un gigantesque nœud en satin coloré.

9. Nul besoin de prévoir un menu imprimé par convive, cela représente un coût important et prend beaucoup de place sur la table qui va se charger au fur et à mesure du repas. Deux menus par table sont largement suffisants ou optez pour une grande ardoise par tablée sur laquelle aura été écrit à la craie le menu.

…/…

…/…

10. Jetez votre dévolu sur l'éclairage à la bougie. Tellement plus romantique que le néon ! Entre les chandeliers, les lanternes posées sur le sol, les cierges et petits chauffe-plats posés sur des assiettes miroir, des petites bougies flottantes dans de grands vases translucides… Vous n'aurez que l'embarras du choix !

CHAPITRE 12

ANIMATIONS

Allez, vous pouvez l'avouer : vous aimeriez que votre mariage soit classé dans le top dix des événements de l'année. Rien de plus naturel lorsque l'on connaît l'énergie que demande l'organisation d'un mariage. Aujourd'hui, dresser une belle table et soigner les petits fours ne suffisent pas à assurer la réussite de la journée. Le nouveau leitmotiv est de divertir les convives. Mais attention : il ne s'agit pas de les étourdir d'activités de midi à minuit ! Tout le secret réside dans un juste dosage entre les temps calmes et les moments d'animation. Maintenant que le principe est posé, découvrez nos idées pour rendre votre D-Day inoubliable. De l'enterrement de vie de célibataire à la réception de mariage, vous trouverez dans ce chapitre des propositions originales et faciles à mettre en œuvre. Un pari : vous allez prendre un sacré plaisir à imaginer des moyens de surprendre vos invités. Il y a des chances que vous en redemandiez après le jour J…

Tout pour la musique

Que vous soyez ou non mélomane, vous allez devoir vous pencher très sérieusement sur la question de la musique. C'est simple : pas de fête réussie sans une programmation musicale béton ! Mais pas de panique : personne ne vous demandera de vous transformer en David et Cathy Guetta. Il suffira de déléguer cette tâche à des prestataires triés sur le volet et de respecter quelques principes incontournables. Voici les trois règles d'or à suivre pour que votre fête de mariage reste dans les annales :

- Choisir une musique fédératrice, capable aussi bien de faire danser votre bande de copains que vos arrière-grand-tantes.

- Trouver la musique la plus adaptée à chaque temps fort du jour J.
- Maîtriser le niveau sonore et l'adapter aux différents moments de la journée.

Entourés d'une équipe musicale efficace et avertis des choses à faire et à éviter grâce à nos conseils, vous aurez forcément tout bon !

• Bien choisir la formule musicale

Le DJ

C'est la formule la plus classique... ce qui ne veut pas dire qu'elle est sans risque. Le premier impératif pour éviter les faux pas est de choisir un DJ qui a l'habitude d'animer des mariages. Une personne très talentueuse en clubs peut se montrer décevante dans ce type de réception, car il faut savoir s'adapter à un public de mariage et bien rythmer la soirée. Le top reste que le DJ vous soit conseillé par un proche ou que vous l'ayez déjà vu à l'œuvre. Amusez-vous à jouer les chasseurs de tête à chaque réception de mariage à laquelle vous êtes invités !

Pour obtenir le meilleur du DJ, il est très important de fixer les paramètres de son show, à commencer par le choix des titres. Même s'il vous semble tout à fait fiable, ne lui déléguez pas entièrement la tâche. Il est capital que vous ayez réfléchi au style de musique que souhaitez entendre le jour J. N'hésitez pas à dresser une liste de vos *best of* ; au DJ par la suite de l'étoffer avec les titres de sa discothèque. Vous pouvez aussi lister tous les don't (les morceaux que vous détestez) pour éviter les mauvaises surprises.

Même si vous êtes fan de hip-hop, veillez à bien équilibrer les différents styles musicaux qui seront joués. Valse, vieux rock et quelques tubes de variété française raviront les jeunes comme les anciens.

Très important : indiquez au DJ l'ambiance que vous souhaitez pour la soirée. Si l'usage d'un micro vous semble définitivement ringard, demandez-lui de s'en passer. Si vous voulez qu'il anime un peu la soirée, définissez ensemble le type d'intervention. Les vannes sur les invités et les jeux de mots bien lourds sont à proscrire !

Si vous avez défini un thème pour votre mariage, parlez-en au DJ et déterminez avec lui les morceaux les mieux adaptés. Pensez à lui communiquer à l'avance le déroulement prévu de la soirée en lui précisant où vous souhaitez caler les différentes interventions et animations. L'organisation doit être fluide !

FOCUS

Les questions à poser au DJ

Avant l'entretien avec le DJ, préparez quelques questions pertinentes à lui poser :
- Dispose-t-il d'un matériel son et lumière ? Dans l'affirmative, demandez-lui de vous fournir une liste que vous communiquerez à la salle de réception pour vérifier que tout s'accorde bien.
- Que comprend son tarif exactement (déplacement avec le matériel, forfait horaire...) ?
- Quel est le coût des heures supplémentaires ?
- Que faut-il verser au moment de la réservation ?
- À quelle heure peut-il se présenter pour tout installer ? Il est bon de lui suggérer de venir au moins deux heures avant le début de la réception.

Plus vous anticiperez les problèmes, mieux vous pourrez y faire face. Vérifiez que la salle de réception est dotée d'un groupe électrogène en cas de panne de courant, et assurez-vous qu'un technicien y sera présent le jour J.

SEPT QUESTIONS À JULIEN FUENTES, RESPONSABLE DE BLACKSTONE ÉVÉNEMENTS

Quel est le concept de votre société d'évènementiel ?

Nous sommes des créateurs d'ambiance. Nous proposons aux futurs mariés d'assurer l'animation musicale de leur soirée *via* un *pool* d'une vingtaine de DJ. À côté de notre cœur de métier, nous offrons un autre service : celui de coordonner l'ensemble des prestataires le jour J. Avant de passer aux platines, nos DJ font en sorte que les différentes prestations (traiteur, photo, vidéo...) s'enchaînent parfaitement. Grâce à un planning établi en amont avec les futurs mariés et communiqué à l'ensemble des professionnels, la réception se déroule de manière fluide. Nous fournissons aussi une décoration lumineuse afin de créer une jolie ambiance.

Combien de temps avant le mariage faut-il réserver le DJ ?

Un an avant pour les plus prévoyants. Sinon, six à huit mois avant la réception suffisent.

Quel budget faut-il prévoir ?

Nous proposons une formule à 990 € HT pour 150 personnes, comprenant la sono, la décoration lumineuse, la coordination de prestataires et un DJ de secours en cas d'empêchement de l'animateur sélectionné.

Comment reconnaître un vrai professionnel d'un amateur ?

Il ne faut pas se fier au matériel clinquant car ce n'est pas un gage de la qualité du travail. Le vrai pro est au service du client. La seule

.../...

…/…

chose qui lui importe est sa satisfaction. Le nombre de mariages effectués dans l'année est aussi un bon indicateur. Le reste se voit à des détails : la bonne tenue et un comportement correct.

Comment définissez-vous la playlist avec les futurs mariés ?

Nous ne créons pas de playlist. Nous proposons aux couples une trame musicale avec différents styles : hip-hop, funk, disco, pop, électro, etc. Ils nous indiquent leurs préférences et parfois nous précisent les morceaux incontournables à jouer. Le jour J, le DJ mixe en live et réadapte la trame définie en amont en fonction de l'ambiance du *dance floor*.

Quelle est selon vous la bonne formule pour réussir une soirée de mariage ?

Chaque soirée de mariage est différente selon les tranches d'âge, les origines, les catégories sociales. La seule solution pour que ça fonctionne, c'est de permettre au DJ d'essayer un maximum de styles musicaux afin d'adapter sa sélection à l'ambiance et de fédérer un maximum d'invités. Aux futurs mariés de se montrer souples et de ne pas s'enfermer dans des genres trop définis. C'est le meilleur moyen pour que tout le monde s'amuse.

Quelles sont les choses qu'un bon DJ doit proscrire ?

Jouer des disques pour se faire plaisir. Son travail est de satisfaire le client.

Tomber dans la ringardise avec des animations bruyantes.

Faire danser les invités trop tard, à un moment où ils n'ont plus l'énergie de le faire.

Pour en savoir plus : 09 84 27 33 70
www.blackstone-evenements.com

Le groupe

S'offrir un mini-concert pour le jour de son mariage est le rêve de nombre d'entre nous. Avec la musique *live*, on est sûr d'épater ses invités ! Petit hic : le coût d'un groupe (ou plusieurs, soyons fous !) est assez élevé. À moins d'avoir un gros budget, il ne pourra pas être la seule animation musicale de la fête. Il convient donc de mixer groupe (parfait pour lancer le début de la soirée) et DJ.

N'étant pas Kate Moss qui veut, il faudra malheureusement faire une croix sur les groupes à la renommée internationale pour mettre le feu à votre mariage (*bye-bye* The Kills, Rolling Stones et consorts). Mais pas de regret : les agences d'événementiel ont des catalogues d'artistes très intéressants à des prix raisonnables. Un impératif : écouter leur démo, visionner une vidéo ou aller les découvrir en *live*.

Pensez aussi à votre entourage direct. Des amis d'amis connaissent certainement des groupes talentueux dont la musique est adaptée à un mariage.

Les petites bourses privilégieront les formations restreintes, type trio. Une chanteuse accompagnée d'un clavier et d'un guitariste peut largement suffire.

Veillez à ce que la salle de réception ait un espace pour aménager une petite scène. Il faut que les musiciens soient à l'aise. Si vous prévoyez de faire le concert à l'extérieur, pensez à une solution de repli en cas de pluie.

L'orchestre

C'est la formule la plus chic, qui crée une ambiance douce et romantique. Elle est aussi la plus onéreuse – avis aux budgets minis !

En général, les orchestres sont composés en majorité d'instruments à cordes. Ils jouent donc des morceaux assez traditionnels. Cependant, vous pouvez surprendre vos invités en leur demandant de jouer des reprises de rock, de pop ou de reggae. Originalité garantie !

Demandez à l'orchestre de reprendre quelques airs traditionnels de votre région d'origine. Cela ravira tous les invités concernés.

• Et si l'on s'amusait ?

Si vous souhaitez apporter une dimension ludique à votre mariage, vous pouvez prévoir quelques animations musicales. L'idée, c'est de s'amuser avec vos invités, sans que personne ne ressente d'obligation pour autant ! On évite donc de les désigner et on laisse faire la spontanéité. Autre impératif : le *timing*. Plus c'est long, moins c'est drôle. Privilégiez donc les animations courtes et ayez le souci de bien les placer. En plein repas, c'est carrément interdit. En revanche, vous pouvez convenir avec votre traiteur de laisser dans ce but une plage de 15 à 20 minutes entre le dessert et le café.

Pensez au *blind test*. Préparez une liste de titres assez connus dont vous ferez écouter les premières secondes à vos convives. Aux plus mélomanes de deviner titre et interprète. Autre possibilité : faire deviner des génériques de séries télévisées. L'occasion de balayer plusieurs décennies et de raviver de bons vieux souvenirs.

Préparez des lots (symboliques bien sûr, inutile de se ruiner !) pour les deux meilleurs participants. Le jeu n'en aura que plus de piquant. C'est bien connu : tout le monde adore pousser la chansonnette. Pourquoi ne pas proposer un karaoké à vos invités ? Avant de se lancer, il faut savoir qu'un minimum de matériel est nécessaire : micro, écran et DVD. Des éléments que votre DJ peut peut-être vous fournir – à vérifier avec lui.

Pour ce jeu, inscrivez sur des papiers les noms des personnes les plus désinhibées de votre entourage et dont vous connaissez le goût pour la chanson (là encore, il ne faut forcer personne). Demandez à quelqu'un de tirer au sort les papiers qui désigneront les « Nouvelles Stars » de la soirée. Et c'est parti pour quelques tours de chant, toujours très personnels...

Autre jeu autour de la chanson : séparez la salle en deux groupes et demandez à vos convives de découvrir des chansons en fonction de thématiques lancées. Par exemple : chanson avec des titres comprenant le mot « plage », « montagne », « feu »… Une des personnes du groupe qui aura trouvé le plus vite devra alors chanter la chanson en question (ou du moins les paroles dont elle se souvient !).

• La bonne musique au bon moment

Trouver la musique idéale pour votre mariage, c'est bien, mais la passer au bon moment de la journée, c'est encore mieux ! Voici quelques pistes pour éviter les couacs.

La cérémonie

Dans un lieu de culte
Vous ne pourrez rien décider sans avoir l'accord préalable de l'officiant. Soumettez-lui l'animation musicale à laquelle vous avez pensé pour qu'il la valide.

Pour la cérémonie, oubliez les styles musicaux trop remuants. L'heure est à l'émotion et au recueillement. Parmi les formules très en vogue : le recours à une chorale de gospel. Leurs voix chaudes donnent une couleur particulière à la cérémonie. Les chanteurs d'opéra et les orchestres sont aussi très demandés.

En formule plus *light*, pensez à embaucher un soliste, si votre lieu de culte dispose d'un piano ou d'un orgue. Il pourra jouer de grands classiques comme l'*Ave Maria* de Schubert, mais aussi Bach, Vivaldi, Mendelssohn, Fauré ou Haendel. En l'absence de piano, faites-vous plaisir avec un duo violoncelliste-flûtiste.

Si vous n'avez pas le budget pour embaucher musicien ou chanteur, un CD fera parfaitement l'affaire. Compilez les morceaux dans leur ordre de passage et confiez à un proche la tâche de le lancer. Vérifiez juste avec l'officiant que vous pourrez installer votre matériel sans problème.

Pensez à habiller musicalement les temps forts : l'entrée dans le lieu de culte, l'office et la sortie des mariés.

À la mairie
Là aussi, il faut baliser le terrain à l'avance. Demandez au secrétariat de la mairie si vous pouvez passer de la musique durant l'échange des consentements. C'était autrefois inimaginable, mais on l'observe désormais de plus en plus souvent. En cas de refus, ne boudez pas votre plaisir et prévoyez une sortie tonitruante (au son d'une fanfare ou de percussions cubaines) ou tout en douceur (avec un trio de jazz ou un accordéoniste, par exemple).

Le vin d'honneur

Commencez la soirée tranquillement avec une musique pas trop festive. Après les émotions de la cérémonie, les convives apprécient de se détendre au vin d'honneur et de discuter calmement. Le mot d'ordre est donc qu'ils puissent s'entendre !

Une des formules les plus fédératrices est le jazz band qui joue la musique de La Nouvelle-Orléans (délicieusement rétro), du swing et des standards de jazz. Habillés en tenue d'époque (gilet et canotier), les musiciens feront sensation.

Des trios jouant bossa nova, rythmes traditionnels cubains, fado ou morna (musique capverdienne) sont aussi à privilégier. Un poil plus toniques, les guitaristes tziganes sont également très appréciés.

La réception

L'entrée du couple sur fond musical dans la salle de réception, juste avant le dîner, est kitsch pour certains, incontournable pour d'autres. À vous de choisir votre camp !

Si vous penchez pour la seconde solution, prenez le temps de choisir une musique qui vous ressemble et donnez-en les références au DJ. Elle peut être romantique, énergique ou humoristique (on a vu des couples hilares faire leur entrée au son du générique de *La Guerre des étoiles* !).

Allez jusqu'au bout du concept en imaginant la scénographie : lumière tamisée, boule à facettes, fumée artificielle... Ne vous refusez rien, tant que vous assumez !

Vous pouvez choisir d'être accompagnés par vos témoins, vos parents et vos demoiselles d'honneur. Dans ce cas-là, tout ce beau monde doit vous précéder, et vous, le couple du jour, ferez votre entrée en dernier.

Une fois les dernières bouchées de pièce montée avalées, c'est le moment d'ouvrir le bal. À partir d'une liste que vous aurez élaborée ensemble, le DJ passera les chansons les plus fédératrices en début de soirée. C'est l'occasion pour les anciens d'esquisser quelques pas de danse avant d'être trop fatigués.

Le milieu de soirée doit au contraire s'axer sur les musiques les plus en vogue afin d'attirer tout le monde sur la piste. Incontournable : le quart d'heure de groupes vénérés par les plus jeunes (Magic System, David Guetta, Black Eyed Peas et consorts). Même si ces groupes n'ont pas droit de cité dans votre iPod, ça sera pour les ados une bonne occasion de se défouler et d'animer la fête avec des chorégraphies décomplexées !

• Playlist

Piochez dans cette liste non exhaustive quelques idées de morceaux qui ont fait leurs preuves aux mariages.

Cérémonie

Dans le lieu de culte
Marche nuptiale, Felix Mendelssohn
Marche des fiançailles, Richard Wagner
Les Quatre Saisons, Vivaldi
Cantate, Jean-Sébastien Bach
Ave Verum Corpus, Wolfgang Amadeus Mozart
Ave Maria, Franz Schubert
Ave Maria, Stevie Wonder
Go Down Moses, Louis Amstrong
Amazing Grace, London Community Gospel Choir

À la mairie
When a Man Loves a Woman, Percy Sledge
Angel, Aretha Franklin
Let's Get It on, Marvin Gaye
All You Need Is Love, The Beatles
I Will Always Love You, Whitney Houston
Hallelujah, Jeff Buckley
Tu es mon autre, Lara Fabian et Maurane
Un homme heureux, William Scheller
If I Ain't Got You, Alicia Keys
One, U2

Réception

Entrée des mariés
You're the First, the Last, My Everything, Barry White
Never, Never Gonna Give You up, Lisa Stanfield
Crazy in Love, Beyoncé featuring Jay-Z
You Are the Sunshine of My Life, Stevie Wonder
Feeling Good, Nina Simone
Somebody to Love, Queen
I Say a Little Prayer, Aretha Franklin
Endless Love, Lionel Richie & Diana Ross
Beautiful, Cristina Aguilera
Angels, Robby Williams

« *Elle est passée par là*

« Mon homme joue dans une batucada, une sorte de fanfare brésilienne composée uniquement de percussions. Dans le plus grand secret, j'ai demandé à tout son groupe d'être présent le jour du mariage, vêtu entièrement de blanc. La salle de réception étant seulement à cinq minutes à pied de la mairie, nous avons organisé un petit cortège tout en musique. En sortant de la mairie, mon mari fut très agréablement surpris de retrouver tous ses partenaires ! Les invités ont suivi le groupe jusqu'à la salle de réception en dansant. De quoi donner le ton à une journée qui fut très festive. »

SONIA »

Fête

Alexandrie, Alexandra, Claude François
Laisse mes mains sur tes hanches, Adamo
La plus belle pour aller danser, Sylvie Vartan
Où sont les femmes, Patrick Juvet
Don't Be Cruel, Elvis
Rock Around The Clock, Bill Halley
Twist again, Chuck Berry
What'd I Say, Ray Charles
Everybody Needs Somebody to Love, The Blues Brother
Celebration, Kool and the Gang
Just an Illusion, Imagination
A Night to Remember, Shalimar
And the Beat Goes on, The Whispers
Boogie Wonderland, Earth, Wind and Fire
YMCA, Village People
Daddy Cool, Boney M
Blame It on the Boogie, Jackson Five
Femme, Jean-Luc Lahaye
Partenaire Particulier, Partenaire Particulier
Quand la musique est bonne, Jean-Jacques Goldman
Marcia Baila, Rita Mitsouko
Les Démons de minuit, Image
New York avec toi, Téléphone
Sex Bomb, Tom Jones et Mousse T
I Like to Move It, Real to Real
I Miss You, Everything but the girl
Murder on the Dancefloor, Sophie Ellis Baxtor
People Hold on, Lisa Stanfield
Can't Get You out of My Head, Kylie Minogue
Lady, Modjo

One More Time, Daft Punk
Machistador, M
Love Don't Let Me Go, David Guetta
Music, Madonna
SOS, Rihanna
Telephone, Lady Gaga
Alors on danse, Stromae
Désolé, Sexion d'Assaut
Waka Waka, Shakira

Astuces budget

Si vous n'avez vraiment pas le budget pour faire appel à un DJ ou à un groupe de musique, compilez des semaines avant le jour J vos morceaux préférés sur un iPod que vous connecterez à une bonne sono. Pensez bien à l'enchaînement pour que la musique suive une certaine logique. Si vous ne vous en sentez pas les compétences, demandez à un ami mélomane de s'en charger.

Eh bien dansez, maintenant !

Le monde se divise en deux catégories : ceux qui savent ou qui aiment danser, et les flippés qui prennent la fuite dès qu'on veut les entraîner sur le *dance floor* ! Quelle que soit celle à laquelle vous appartenez, vous, les jeunes mariés, serez de toute manière attendus sur la piste pour esquisser quelques pas. Bien évidemment, les phobiques pourront toujours zapper cette animation, mais ils prennent le risque de décevoir leurs convives et surtout de passer à côté d'un excellent moment de véritable détente. D'autant plus que la soirée dansante est souvent l'animation préférée de tous ! Eh oui, avec le temps, rares sont les occasions de se défouler et de se déhancher sur des tubes qui font l'unanimité ou qui rappellent « le bon vieux temps ». On se retrouve à guincher avec son grand-oncle, à faire la Soca Dance avec son cousin un peu ringard ou à se prendre pour John Travolta dans *La Fièvre du samedi soir* avec ses potes de fac… Vous allez adorer !

On respecte simplement quelques règles pour mieux en profiter :

- Avant de louer une salle, on vérifie qu'elle offre un espace suffisamment grand pour cette activité : 60 m pour une centaine de personnes.
- Si la réception a lieu en plein air ou dans un lieu non équipé, on prend soin de louer une piste de danse modulable qui protégera la pelouse ou un parquet ancien.

- On charge plusieurs proches qui n'ont pas froid aux yeux d'inviter à danser les plus timides ou les invités venus seuls – mais sans forcer personne !
- On prévoit plusieurs styles de danses intergénérationnelles, pour que tout le monde puisse s'amuser.

• Dix conseils pour bien occuper le *dance floor*

1. On crée la surprise ! Quelques semaines avant le jour J, imaginez une chorégraphie avec vos témoins, exercez-vous, et arrivez ou sortez de la cérémonie civile en dansant. Effet garanti, et puis ça change des marches nuptiales tellement sinistres !

2. On se procure du matériel d'exception pour une ambiance unique : une piste de danse disco qui change de couleur en rythme avec la musique, un projecteur de lumière noire pour une soirée fluo, un canon à confettis, une machine à bulles...

3. Et si l'on bousculait un peu l'ordre établi ? On n'attend pas la pièce montée pour valser et on propose tout au long du repas des intermèdes dansants. Entre chaque plat, on patiente (et on brûle des calories !) en bougeant son corps sur quelques tubes. Ça y est, l'ambiance commence à prendre !

4. Pour respecter la tradition, on peut aussi prévoir d'ouvrir le bal avec une valse. On respecte le protocole suivant : soit juste avant, soit juste après le dessert, la mariée exécute quelques tours de piste avec son papa, et au bout de deux minutes, ou à la fin du morceau (selon l'endurance de chacun !), le marié les rejoint au bras de sa maman. Échange de partenaires : les mariés dansent ensemble et les autres invités peuvent les rejoindre sur la piste.

5. Vraiment pas à l'aise dans la peau de Sissi impératrice ? Qu'à cela ne tienne, on n'hésite pas à prendre quelques cours de danse de salon avec son papa, son futur époux, et tous ceux qui souhaitent faire des étincelles le jour J. En seulement trois ou quatre leçons, on fait illusion. Ouf !

6. Lors du cocktail, entre chaque plat ou au moment du dessert, on fait appel à une troupe professionnelle pour une démonstration. Selon la thématique de la réception, les origines des mariés ou tout simplement les goûts, on choisit un spectacle de charleston, de derviches tourneurs, de danses régionales, de rock acrobatique... Attention toutefois à ne pas dépasser les trente minutes d'affilée, pour ne pas transformer son jour J en simple spectacle et ne pas lasser ses invités.

7. Et si, pour rassembler tout le monde sur la piste, on proposait une petite initiation express ? Pour un mariage oriental, une danseuse du ventre enseignera quelques mouvements clés à l'assemblée, un expert montrera les principaux pas d'une farandole bretonne ou d'une biguine, on pourra aussi se lancer dans une

chorégraphie *made in Bollywood. Une bonne solution pour briser la glace entre les deux familles et pour décomplexer ceux qui hésitent à envahir la piste : tout le monde est au même niveau.*

Elle est passée par là

« C'est en découvrant les images du gigantesque flash mob organisé à Chicago par les Black Eyed Peas pour l'animatrice Oprah Winfrey que j'ai eu l'idée de les copier. Sans le dire à mon futur époux, j'ai envoyé la vidéo à la plupart de nos invités, tous âges confondus, pour qu'ils s'entraînent pendant les deux mois qui précédaient notre jour J. Au moment des discours, on a enchaîné tous ensemble la chorégraphie de *Gotta Feeling* devant les yeux médusés de mon chéri. Cela demande du travail et de la persévérance, mais ça vaut vraiment le coup. Tout le monde se sent concerné, et on est tellement fiers, ensuite ! »

Clarisse

8. Parfaites aussi pour rassembler toutes les générations : les danses en ligne ou à pratiquer en groupe. Rien de plus simple que le Madison ou un quadrille improvisé. On s'emmêle un peu les pinceaux et les talons ? Qu'importe ! On est là pour s'amuser, pas pour passer le casting de Danse avec les stars !

9. On exploite à fond les tubes à chorégraphie. On fait confiance à un leader pour nous rappeler les pas de base et on se lâche tous sur la *Macarena, le MIA, YMCA, Pata Pata*, on se prend pour les Clodettes sur *Alexandrie Alexandra*. Vous avez dit « ringard » ? Non, ce sont bien des classiques qui fonctionnent à tous les coups !

10. Vraiment, vous ne voulez pas faire comme tout le monde et ne souhaitez pas ouvrir le bal de manière traditionnelle sur une valse ? Qu'à cela ne tienne ! Entraînez-vous à bluffer votre public en reprenant avec votre moitié le twist mythique (et facile !) de John Travolta et Uma Turman dans *Pulp Fiction* sur *You Never Can Tell* de Chuck Berry. Un peu plus compliquée, la chorégraphie de la scène finale de *Dirty Dancing* sur (*I've had*) *The Time of My Life*, interprétée par Patrick Swayze et Jennifer Grey, a aussi ses adeptes. La preuve, Vanessa Paradis et Romain Duris nous en ont offert une superbe reprise dans le film *L'Arnacœur*…

Astuces budget

On demande à sa nièce, son cousin ou ses plus jeunes convives de présenter entre chaque plat un petit numéro de hip-hop ou de danse acrobatique pour faire patienter les convives. Attention, l'interlude doit être court et ne doit surtout pas se transformer en un interminable spectacle de fin d'année !

Divertimento pour les grands

Mettons les choses au clair tout de suite : vous n'ouvrez pas un parc d'attraction et vous n'êtes pas non plus les metteurs en scène d'un gigantesque spectacle. Donc, ne perdez pas de vue que vous avez invité vos proches pour célébrer votre mariage et que vous n'êtes pas tenus de vous prendre pour Monsieur et Madame Loyal !

Cela étant précisé, il est bien évident que vous allez vous faire plaisir en leur faisant plaisir avec des animations pour adultes. Eh oui ! Il n'y a pas que les petits qui ont le droit de s'amuser. Des attractions les plus simples aux plus extravagantes, il y en aura pour tous les goûts et tous les budgets ! Libre à vous de prendre en charge toute l'organisation des festivités, mais vous pourrez aussi faire appel à des pros qui auront plus d'une idée dans leur sac et vous feront profiter de leur savoir-faire. Sans oublier que vous devez laisser un peu de place à l'imprévu : vos témoins et amis vous ont certainement réservé quelques surprises !

Si tout (ou presque !) est permis le jour J, certaines règles sont tout de même à respecter pour que tout se déroule le mieux possible.

- On fuit les animations qui dépassent dix ou quinze minutes.
- On évite les animations ou les jeux avec des références trop personnelles qui excluent certains convives.
- On dit non aux jeux qui peuvent mettre mal à l'aise certains membres de l'assemblée : jarretière, quiz sur l'intimité des mariés, prise de micro obligatoire pour chanter…
- On briefe ses témoins pour qu'ils évitent de mentionner dans leurs discours les ex des jeunes époux. Souvenez-vous du fiasco mémorable dans le film *Quatre mariages et un enterrement* !

• Briser la glace

Un mariage, c'est aussi l'occasion de rassembler deux familles, et donc deux univers parfois très différents. Dans l'idéal, on adorerait que tout le monde fasse connaissance et s'apprécie, mais c'est en fait rarement le cas. Voici quelques idées pour faciliter la prise de contact.

1. On ose l'approche « séminaire », mais en plus fun ! On prépare des étiquettes autocollantes de deux couleurs différentes (une pour les invités de la mariée et une pour ceux du marié), sur lesquelles on inscrit le prénom et une très courte description de chaque convive. Exemples : Marianne, cousine de la mariée/Jean-Pierre, ancien collègue du marié / Lucie, amie d'enfance du marié… Promis, juré, cette petite initiative intriguera vos convives et facilitera les premières conversations.

2. Sur chaque table, on dépose un petit livret qui contient l'histoire d'amour des mariés, de leur rencontre à la demande en mariage en passant par quelques anecdotes : voyages, rêves, projets... Cela donnera un premier sujet de conversation aux invités qui ne se connaissent pas.

3. Un petit guide de conversation sera déposé dans chaque assiette. Quelques semaines avant le jour J, prenez le temps de rédiger pour chaque table un très court portrait de chacune des personnes qui la compose. Cela amusera tout le monde, et chacun sera touché de se voir l'objet d'une telle attention. Les convives pourront ensuite discuter plus facilement, en évoquant des points communs ou des informations qui les interpellent. Quelques exemples : Caroline, 32 ans. Après avoir passé trois ans au Japon pour son travail, elle est de retour en France. / Fabrice, 41 ans. Il adore tester des recettes originales et son baba sans rhum reste un secret pour nous ! / Tante Jeannine, 62 ans. Elle est la première à avoir offert une poupée Barbie à la mariée.

• Les jeux

Le jeu du parapluie

Pendant le dîner, on fait passer de table en table un parapluie recouvert d'enveloppes multicolores. Le convive qui tient l'objet au moment où la musique s'arrête choisit au hasard une enveloppe et dévoile son contenu au micro : engagement à inviter les jeunes mariés à fêter les rois, danser avec les grands-parents des jeunes époux, promesse de baby-sitter cinq fois les futurs enfants du couple, aider à tondre la pelouse, etc.

Un grand quiz sur les mariés

On confie à chaque table un buzzer (une cloche, une boîte à meuh, un Klaxon, un sifflet...) et un GO (ou les époux eux-mêmes) pose à l'assemblée des questions pour tester leurs connaissances sur les mariés. Les convives se manifestent avec le buzzer dès qu'ils connaissent la réponse, et les gagnants remportent un petit cadeau. Vous trouverez en fin d'ouvrage quelques idées de questions pour le quiz.

Un cadavre exquis XXL

On fournit à chaque table une feuille de papier et des stylos. On commence par écrire en haut de chaque feuille le nom de la mariée, du marié, ou des deux, puis on replie juste le haut. Toutes les tables font de même. On passe la feuille à la table voisine, puis les convives de chaque table choisissent ensemble un verbe à écrire sur la feuille qui vient d'arriver, sans regarder ce qui a été écrit au préalable. On plie une nouvelle fois la feuille de manière à cacher ce qu'on vient d'écrire, et on passe à ses voisins. Et ainsi de suite ! Il faudra à la fin avoir écrit sur chaque feuille sujet/verbe/complément d'objet direct ou indirect/adverbe/complément d'accompagnement avec le nom d'un people/complément circonstanciel de lieu. Lorsque chaque feuille a fait le tour de toutes les tables, les mariés déplient les pages pour lire à haute voix les phrases abracadabrantes obtenues. Fous rires et étonnement assurés !

Les Z'amours version duo

On place les mariés assis dos à dos, chacun muni d'un tableau blanc et d'un feutre. Un maître de jeux pose d'abord au mari des questions sur Madame. Avant qu'il ne réponde, cette dernière inscrit la réponse sur son tableau, sans le montrer. Monsieur répond à haute voix et Madame révèle alors la bonne réponse. Après six questions sur la jeune femme, on échange les rôles. On pose des questions sur Monsieur à Madame… Alors, lequel des deux connaît le mieux l'autre ? Aux mariés de le dire ! Exemples de questions : Quels sont les autres prénoms de Madame/Monsieur ? Où passait-il/elle ses vacances quand il/elle était enfant ? Comment s'appelait sa peluche préférée ? Quel métier voulait-il/elle faire étant enfant ? Quel est son plat préféré ? Quel est le prénom qu'il/elle aimerait donner à leur premier enfant ?

Le jeu des douze mois

On dispose au centre de la pièce douze chaises sur lesquelles vont s'asseoir des convives. On leur demande d'aller chercher dans la salle différents objets (une alliance, une bougie, des fleurs…) avant de revenir à leur place le plus vite possible. Pendant chaque déplacement, une chaise est retirée. La personne qui arrive en dernier et se retrouve sans siège reçoit un gage, qui consiste en une attention à apporter au couple durant un des mois de l'année à venir : en janvier, un abonnement à un journal, en février, une livraison de fleurs quotidienne (ou hebdomadaire…), en mars, un dîner dans un restaurant gastronomique…

La ficelle

On désigne quatre ou cinq couples que l'on attache par deux avec des ficelles suffisamment longues. Tout le jeu consiste à se libérer de l'emprise de la corde. Le résultat visuel est assez drôle : les gens se contorsionnent dans tous les sens pour trouver la solution la plus efficace pour défaire les nœuds.

Faites vos jeux !

Installez un mini-casino dans votre salle de réception et tentez de remporter la mise aux machines à sous, à la roulette… La magie de Las Vegas sans prendre l'avion…

• On laisse faire les pros !

1. Un couple de convives qui se dispute, un serveur qui renverse son plateau… La cata ? Sauf s'il s'agit de comédiens ! Vos invités seront ravis de pouvoir applaudir cette très amusante et imprévue distraction.

2. Offrez-vous le talent d'un caricaturiste qui se fera un plaisir de croquer l'assemblée. Au fur et à mesure de ses réalisations, vous les exposerez bien en vue pour que tout le monde puisse les apprécier et tâcher de reconnaître les convives déjà représentés.

3. Un cousin coupé en deux, les mariés qui disparaissent dans une boîte mystérieuse, la montre du grand-père qui réapparaît dans le verre d'une convive… Mais que se passe-t-il ? Rien, un prestidigitateur a juste décidé de vous épater !

4. Mais ne serait-ce pas le Dr House qui sert les coupes de champagne ? Et Johnny Hallyday qui discute avec le cousin de la mariée ? Invités VIP ou mirage ? Faites appel à une agence de sosies pour semer le doute et amuser la galerie.

5. Transformez votre salle de réception en chapiteau et découvrez les arts du cirque à cette occasion. Spectacles de cracheurs de feu, dompteur d'animaux sauvages, clowns, trapézistes… Demandez le programme ! Des animations qui resteront gravées dans les mémoires.

« *Ils sont passés par là*

« Nous avons organisé notre réception de mariage dans le jardin de notre maison. Quelques semaines auparavant, nous avons préparé le terrain pour y installer notre potager, et le jour J, nous avons entouré l'espace d'un grand ruban rouge (comme pour une inauguration) et nous avons demandé à nos proches d'y semer tout au long de la journée quelques graines, plants de tomates, herbes aromatiques… Les mains vertes étaient ravies et les amateurs se sont initiés à un nouveau plaisir ! Quelques mois plus tard, on leur a envoyé une photo de notre récolte. »

MATHILDE ET LOUIS »

6. Et si vous proposiez à vos convives de s'initier à des plaisirs inconnus lors du cocktail ou de la soirée ? Un atelier d'œnologie, une démonstration d'origami, un cours de mixage de cocktails…

7. Chouchoutez vos invités en les invitant à être beaux et zen : un bar à oxygène, un bar à ongles, une petite sieste olfactive de dix minutes pour se requinquer, un massage express du cuir chevelu…

8. En faisant appel à des professionnels qui sauront respecter toutes les normes obligatoires de sécurité, assistez à un fabuleux spectacle de pyrotechnie. Oubliez les feux d'artifice classiques et exigez le meilleur avec une œuvre de sons et lumières.

9. Lors du vin d'honneur, laissez vos invités admirer le *work in progress* d'un sculpteur sur glace ou sur sable. L'œuvre pourra ensuite trôner sur la table d'honneur.

• On s'amuse comme des enfants

1. Pour une ambiance Charlie et la chocolaterie, installez au moment de la soirée dansante ou lors du cocktail (s'il a lieu à l'heure du goûter) des machines à barbe à papa, à pop-corn, et une fontaine de chocolat. Ajoutez un joueur d'orgue de Barbarie et les souvenirs d'enfance remontent aussitôt à la surface !

2. Entre le vin d'honneur et le dîner, organisez un gigantesque lancer de ballons fantaisie. Un interlude poétique et symbolique.

3. Pour donner des airs de fête foraine à votre réception, louez des stands de tir, des carrousels anciens, une grande roue… Quand le rêve d'enfant devient réalité…

4. Envie de faire un *hole in one* ? Faites installer un golf miniature et amusez-vous à titiller le club et le tee. Succès garanti !

5. Une petite partie de flipper ? Ou plutôt de Pac-Man ? Installez des jeux d'arcade afin que vos convives puissent tester leurs réflexes et retrouver leurs plaisirs d'adolescence.

6. Et si vous laissiez vos proches s'égarer dans l'allée d'un labyrinthe végétal ? Décoratifs et ludiques, ils peuvent être installés pour la journée. L'occasion aussi de faire de très belles photos.

• On participe à une œuvre collective

1. Dans une pièce à part et avec le matériel adéquat, proposez à vos convives d'écrire un petit mot ou de faire un dessin sur une nappe, une housse de couette, des taies d'oreiller… Une alternative originale et utile au traditionnel livre d'or !

2. Séance *scrapbooking* pour tous ! Proposez à vos convives de réaliser un livre d'or pas comme les autres. Fabriquez ou commandez des poupées en papier à votre effigie, mettez-les à leur disposition avec des rubans, des perles, des ciseaux, de la colle, des photos, des feutres et un album de *scrapbooking* vierge : vos invités peuvent alors laisser libre cours à leur imagination. Tout au long de la journée, ils pourront illustrer de poèmes, dessins, collages, anecdotes votre album de souvenirs.

3. Créez le buzz en réalisant une vidéo amusante dans laquelle chaque convive aura un petit rôle à jouer : un sketch, une chorégraphie, une pyramide géante, une chaîne humaine en forme de cœur visible du ciel… À vous de trouver ce qui

vous correspond le mieux ! Mais prévenez tout de même vos invités afin qu'ils puissent répéter avant le jour J...

4. Au centre de la salle de réception, installez un petit arbre en pot et confiez à vos invités le soin d'y attacher, à l'aide d'un ruban, des messages contenant leurs souhaits de bonheur. Vous repartirez chez vous avec votre arbre à souhaits personnel.

Astuces budget

On fait appel à des étudiants en art ou à des seniors qui prennent des cours de dessin pour venir « croquer » les convives pendant deux heures. En échange de leurs services, ils pourront exposer leurs autres travaux, et éventuellement les vendre. Votre réception prendra ainsi de petits airs très chics d'expo-vente.

Divertimento pour les enfants

Certaines personnes règlent la question de manière assez radicale : il n'y aura pas d'enfant à leur mariage ! Mais pour la majorité des couples, il est difficile d'imaginer le jour J sans ces chères petites têtes blondes qui apportent joie et spontanéité à l'événement. On a tous en mémoire des images de cortège angélique ou de tablée d'enfants hilares. Ça, c'est le tableau idéal. Un autre scénario, moins drôle celui-là, peut se profiler à l'horizon si l'on n'a pas pris la peine de réfléchir à la manière de divertir les enfants. La journée de mariage leur semble souvent interminable et l'énergie contenue pendant un temps finit forcément par exploser... mais pas de manière positive ! Tables renversées, décoration saccagée, course-poursuite entre les invités et hurlements sans fin peuvent transformer la fête de mariage en un véritable cauchemar. Pour éviter ces désagréments, une seule solution : s'or-ga-ni-ser. Réfléchissez aux différentes activités à proposer aux enfants tout au long de la journée ou déléguez cette tâche à des professionnels. Les parents (qui n'auront pas à jouer aux gendarmes) et les autres invités (dont vous assurerez la tranquillité) vous diront tous merci !

• Durant la cérémonie

Des enfants qui bâillent ou qui s'agitent sur leur siège lors de la cérémonie ? Ce n'est pas une fatalité. Vous pouvez trouver différents moyens de les intéresser à ce qui se passe, le mieux étant de les impliquer.

La première idée est de constituer un cortège. Choisissez un groupe de quatre à six enfants, dirigé par une jeune fille qui se chargera de coordonner tout ce petit monde. La fourchette d'âge idéale se situe entre quatre et dix ans. Leur rôle est d'ouvrir et de fermer la marche dans le lieu de culte. À la fin de la cérémonie, ce sont eux qui précéderont le couple vers la sortie. Pour un joli effet visuel, il est d'usage de coordonner les tenues de ce cortège, mais n'allez pas vous ruiner pour autant ! Une unité de couleur suffit à faire sensation. Une robe blanche toute simple rehaussée d'une couronne de fleurs est toujours efficace. Si vous avez un thème, essayez de trouver des tenues ou des détails qui l'évoquent.

Si votre robe de mariée a une traîne ou que vous portez un long voile, certains enfants peuvent se charger de les tenir. Confiez cette tâche aux plus âgés, pour éviter que de tout petits pieds ne s'emmêlent dans le tissu.

Demandez aux enfants de distribuer des sachets de pétales de fleurs à l'entrée et à la sortie du lieu de culte.

Si vous avez vous-mêmes des enfants, confiez-leur la tâche d'apporter les alliances sur un petit coussin. Ils seront très fiers ! Sinon, proposez à des enfants du cortège de s'en charger.

Les plus grands (à partir de huit ans) pourront lire des textes sélectionnés par le couple. Il faut bien sûr pour cela choisir les enfants les plus à l'aise oralement et prévoir une petite répétition avant le jour J.

• Durant la réception

Si le mariage est avant tout une fête d'adultes, les enfants ont aussi droit à leur part de réjouissances. Sans transformer la fête en foire à neuneu, vous pouvez prévoir quelques activités qui raviront les plus petits. Deux règles incontournables sont à suivre pour assurer leur bien-être :

- S'assurer que la salle de réception dispose d'une pièce, loin du bruit, qui pourra être transformée en salle de couchage. Elle sera indispensable aux tout-petits et bien utile aux autres enfants épuisés par une journée bien remplie.
- Ne pas surestimer les papilles gustatives des enfants. Même si vous avez passé de longues heures à choisir votre menu, pas sûr que les enfants s'éclatent devant un « poisson en sauce accompagné de sa farandole de légumes ». Pour éviter le gâchis, réfléchissez avec le traiteur à un menu adapté à leurs goûts, et tant pis si ce n'est pas le plus équilibré ! En général, la formule nuggets + frites + glace remporte tous les suffrages.

• On remonte ses manches !

Bien sûr, vous n'allez pas vous torturer les méninges s'il y a seulement trois minots à votre fête de mariage. Ils seront facilement gérables. En revanche, faites une croix sur l'improvisation à partir de huit enfants. Là, les choses deviennent un poil plus sérieuses. Les activités que nous vous proposons ici peuvent aussi être prises en charge par les baby-sitters, avec lesquels vous vous mettrez d'accord au préalable.

1. Pour les encadrer, faites appel aux adolescents (responsables !) de votre entourage, en prévoyant un planning pour ne pas les mobiliser toute la journée. Un petit billet, pour les remercier et les motiver, sera le bienvenu.

2. Si vous ne pouvez pas vous appuyer sur des proches, ayez recours à des baby-sitters. Il faut compter un adulte pour quatre enfants et un tarif moyen de 8 € de l'heure (pensez aussi à négocier des forfaits « arrondis » type 100 € de 12 heures à minuit, par exemple). Deux options s'offrent à vous : réquisitionner les baby-sitters habituels de vos amis, ou faire appel à une agence. L'atout de cette seconde solution : les agences disposent souvent de matériel (DVD, cahiers de coloriage, jeux de société…) pour occuper les enfants. Du coup, vous serez complètement déchargés de l'aspect matériel de l'animation.

3. Le cas échéant, à vous de vous montrer imaginatif. Certains jeux ont déjà fait leurs preuves, comme la chasse au trésor. Dispersez de petits cadeaux (en quantité égale au nombre d'enfants, pour que personne ne soit frustré) dans toute la salle de réception et dressez une carte menant du point de départ jusqu'au trésor, avec différentes étapes en cours de route et des énigmes à résoudre. Les baby-sitters assisteront les plus petits dans leur mission d'explorateurs. N'hésitez pas à thématiser la chasse : superhéros, princesse, pirate… Les enfants prendront plaisir à entrer dans la peau de ces personnages et le jeu n'en sera que plus drôle. Le top est bien sûr de prévoir des costumes ou des éléments en rapport avec la thématique.

4. La pêche à la ligne est l'activité favorite des trois à six ans. Dans une bassine, disposez des petits cadeaux emballés et dotés d'un nœud ou d'une boucle, qu'ils attraperont à l'aide de cannes à pêche réalisées avec des bâtons, de la ficelle et de petits crochets.

5. Fournissez aux baby-sitters de quoi réaliser un atelier maquillage. Les enfants adorent voir leur frimousse se transformer en papillon, en lion, en girafe…

6. Autre atelier qui fonctionne très bien : la photographie. Réquisitionnez des appareils numériques pour les confier aux enfants, sous la haute surveillance des adultes. Demandez-leur de photographier tous les moments de la journée qui les intéresseront. Le soir, une sélection de photos sera présentée sous la forme d'un album aux mariés et aux invités. Le mariage vu par l'œil des enfants : une vision forcément originale qui réservera bien des surprises.

7. Avec un atelier hula hoop, vous mettrez les petites filles en transe. Proposez-leur de customiser de simples cerceaux de plastique avec des adhésifs fun et des rubans colorés. Une fois leur cerceau confectionné, elles adoreront jouer des hanches avec leurs œuvres d'art.

8. Pour que les enfants dépensent leur énergie débordante, rien ne vaut des olympiades. Lancez-vous dans ce projet seulement si le parc de la fête est suffisamment vaste pour installer les jeux dans un coin à l'écart du vin d'honneur. Sinon, gare à la casse et aux regards exaspérés des adultes ! Les enfants se défouleront en participant à des courses en sac, du tir à la corde ou des parcours chronométrés. Simulez une petite remise des prix avant le dîner, pour réunir tout le monde autour de leurs exploits.

9. Dans le même esprit, vous pouvez réaliser une kermesse avec différents stands d'activités : chamboule-tout, *piñata* de bonbons, jeu de fléchettes… Imaginez un système de points par stand et faites des lots de cadeaux en fonction du nombre de points accumulé.

10. Réveillez les talents des enfants en réalisant une petite pièce de théâtre. Rien de trop exigeant : cela doit rester accessible aux plus petits. Prévoyez des costumes simples et confiez aux baby-sitters le soin de faire répéter les enfants pendant une partie de la journée. Le spectacle sera présenté le soir avant le dîner et recueillera à coup sûr un tonnerre d'applaudissements.

Elle est passée par là

« La danse est quelque chose de très important et de naturel dans notre famille. On a donc prévu un atelier danse pour les enfants présents à notre mariage. Alors qu'on s'apprêtait à ouvrir le bal, on les a tous vus débouler en rythme sur ma chanson préférée de Michael Jackson. Un moment dingue : ils nous ont soufflés par leur bon niveau. Du coup, on a zappé notre valse et on les a rejoints sur la piste de danse. La fête avait commencé. »

Ursula

11. Dans la journée, transformez la salle de repos en salle de cinéma pour diffuser les meilleurs dessins animés. Avec quelques douceurs (les paniers de pop-corn feront leur petit effet), ils offriront un intermède calme dans une journée bien agitée. Vous pourrez aussi mettre dans la salle des feutres, des tubes de peinture et du papier à la disposition des enfants, pour qu'ils expriment leurs talents artistiques. N'hésitez pas à proposer un thème, et affichez plus tard les œuvres dans la salle de réception. Les petits peuvent aussi réaliser ensemble une frise sur un grand rouleau de papier. Quelques tabliers pour éviter les catastrophes sur les beaux vêtements seront très appréciés des parents.

12. Faites travailler les méninges des enfants en prévoyant des jeux de devinettes. Chacun tire dans une corbeille un papier sur lequel sont inscrits des indices qui le guideront vers la bonne réponse.

13. Si vous avez le budget, prévoyez une animation culinaire dédiée aux plus petits comme un stand de crêpes, de friandises ou une fontaine de chocolat.

14. N'oubliez pas les bons vieux classiques comme le jeu de colin-maillard. Rendez-le un peu plus vivant en lui ajoutant de la musique. Bandez les yeux de l'un des enfants et demandez aux autres de lui tourner autour en dansant. Une fois que la musique s'arrête, l'enfant aux yeux bandés doit essayer de reconnaître ses camarades en leur touchant le visage. L'enfant reconnu a les yeux bandés à son tour et la musique reprend.

• SOS Pro

À moins d'avoir beaucoup de temps devant soi ou de vouloir maîtriser chaque aspect de l'organisation du mariage (les *bridezillas* se reconnaîtront !), il est conseillé aux bourses confortables d'avoir recours à des professionnels pour divertir les enfants. Là encore, le bouche à oreille est une garantie, car le nombre de sociétés spécialisées dans ce domaine a littéralement explosé, et on peut y trouver le meilleur comme le pire…

Pour savoir si vous avez affaire à des personnes sérieuses, gardez quelques règles en tête. Pour s'occuper d'enfants de six à trente-six mois, la société doit vous proposer des auxiliaires de puériculture. De trois à douze ans, il doit s'agir d'animateurs titulaires du BAFA. Pour l'encadrement, un nombre légal d'enfants est prévu : un animateur pour huit enfants de moins de six ans et un animateur pour douze enfants de plus de six ans.

Vous choisirez les prestations adaptées à votre budget et au nombre d'enfants. Avant de faire votre choix, demandez à voir une vidéo ou à assister à un spectacle. Validez avec le professionnel ses besoins en matériel et en espace, et déterminez la durée de son intervention.

Les spectacles de magie suivis de quelques cours pour les apprentis sorciers sont très appréciés. Le clown ne laissera jamais les enfants de glace, *idem* pour le conteur ou le marionnettiste, qui apportent une part de rêve et d'évasion à la journée. Un musicien peut animer un atelier durant lequel il apprendra aux enfants à créer un instrument de musique et des chansons du monde rythmées.

Les enfants les plus créatifs apprécieront qu'on leur propose de la sculpture sur ballons, l'occasion de créer des formes rigolotes et hors du commun.

Certaines sociétés proposent de louer des structures gonflables comme des châteaux, des toboggans, des trampolines… Ce sera le coin idéal pour se défouler en toute sécurité pendant des heures. Pas sûr que les adultes résistent à la tentation de régresser pendant quelques minutes…

Astuces budget

Engager un professionnel pour divertir les enfants est un luxe que vous ne pouvez pas vous permettre ? Vous n'avez pas non plus envie de vous transformer en GO le jour de votre mariage ? Misez sur les jeux traditionnels qui font toujours plaisir aux enfants. Réquisitionnez auprès de vos proches tout ce que vous pouvez : raquettes de ping-pong (avec la table, c'est encore mieux), jeux de pétanque, de quilles, cordes à sauter, jeux de société… De quoi les occuper pendant un bon moment de la journée.

Souvenirs, souvenirs

Tous les mariés sont d'accord sur un point : le jour J passe à la vitesse grand V. Vous aurez beau écarquiller les yeux et emmagasiner le plus d'images possible, tout ne restera pas gravé dans votre mémoire !

D'où la nécessité d'avoir recours à des professionnels de la photographie pour immortaliser les plus beaux moments de la journée. Mais si vous pensiez que ce choix serait un jeu d'enfant, vous allez être déçus.

Vous devrez organiser un véritable casting pour trouver la perle rare. De son talent dépend la destinée des photos de votre mariage : trôner fièrement sur le buffet du salon ou finir planquées au fin fond d'une malle poussiéreuse ? Qui a envie de ce dernier scénario ? Personne ! En suivant nos conseils avisés, vous éviterez ce mini-drame.

Faites-vous plaisir et cédez à la tendance : les mariages à la pointe sont non seulement couverts par un photographe, mais aussi par un vidéaste. Une manière originale et ludique de revivre les meilleurs moments.

Nécessaires pour figer le « plus beau jour de votre vie », les photos et vidéos seront aussi de formidables instruments pour divertir vos proches. Avec un peu d'imagination, vous les transformerez en animations *trendy.*

Alors : 1, 2, 3, convives et mariés, souriez !

• Les quatorze règles d'or pour choisir son photographe

1. À moins que vous ne comptiez Peter Lindbergh parmi vos proches, il est fortement déconseillé de confier à un ami la tâche de photographier le mariage. Pour des clichés mémorables et pertinents, il vous faut l'œil d'un pro. On connaît des amitiés ternies parce que le témoin a passé sa journée à mitrailler une jolie blonde au lieu des mariés !

2. Pour trouver *the* photographe, soyez méticuleux. Commencez par sonder vos envies : désirez-vous plutôt des photos posées, prises sur le vif, noir et blanc, couleur, sépia, avec un effet rétro ou un traité traditionnel… ? Les possibilités sont multiples. Surfez sur Internet et faites un tour sur les salons du mariage. Vous devez avoir des idées bien claires pour ne pas vous laisser embarquer dans quelque chose qui ne vous convienne pas. Après, il sera trop tard pour supprimer le flou romantique ou le halo de lumière kitsch des clichés !

3. Une fois que vous aurez défini le type de photos souhaité, procédez à une sélection de professionnels et rencontrez-les tous. Surtout, ne faites pas votre choix trop vite, vous risqueriez de passer à côté de la perle. Une fois de plus, vos amis fraîchement mariés seront vos meilleurs conseillers.

4. Rédigez sur une petite fiche les points incontournables à discuter avec le photographe, à commencer par le temps de sa prestation : à vous de définir si vous souhaitez sa présence uniquement à la cérémonie et au vin d'honneur, ou toute la journée. Sachez que la tendance est au photoreportage. Le professionnel vous suit des préparatifs jusqu'à la dernière goutte de sueur tombée sur la piste de danse. Le résultat est top, ultracomplet, mais un poil coûteux. À bon entendeur…

5. Ne négligez pas les détails. Si le photographe n'est pas du coin, demandez-lui si vous devez indemniser son déplacement, et à quelle hauteur. Validez avec lui la forme sous laquelle il vous remettra les éléments : nombre de photos, CD, tirage papier, format, DVD, album (compris ou non dans le forfait, à vérifier) et surtout le délai. En général, il faut compter deux à trois semaines.

6. En personnes modernes, vous trouvez les portraits de mariés complètement dépassés ? Minute, ne les enterrez pas trop vite. Les photos de groupe, c'est bien sympathique, mais il s'agit de VOTRE mariage. Les photos en duo sont indispensables, et c'est bien elles qui vous tireront une larme quand vous les découvrirez quelques semaines plus tard. Point non négligeable : dans la tourmente de la journée, vous apprécierez de vous isoler une petite heure au calme avec votre chéri(e) (et le photographe).

7. Cela étant dit, personne ne vous oblige à poser, sourire figé, sous un arbre ou devant un parterre de fleurs. À vous de repérer avant le jour J le lieu idéal et de l'indiquer au photographe. Réfléchissez aussi au style de la photo. Traditionnelle ou décalée : tout est possible !

8. Prenez le temps de désigner au photographe les personnes qui doivent apparaître absolument sur vos clichés. Vous éviterez ainsi les impairs et les rancunes tenaces de vos proches.

« Elle est passée par là

« J'ai une passion pour les années 1930. Le thème de mon mariage était donc tout trouvé ! Il était très important pour moi de trouver un photographe capable d'effectuer un traité rétro. Mes espérances ont été plus que comblées. J'ai trouvé un photographe qui nourrit la même passion que moi et qui travaille à la chambre : un vieil appareil sur pied qui donne une couleur particulière, proche du sépia, et un aspect légèrement flouté. Nous avons adoré son travail. Pour ne pas avoir un résultat trop monocorde, on lui a aussi demandé de faire des photos en noir et blanc. Le mélange est très chic. »

ANNE »

9. Demandez-lui d'immortaliser les « détails » qui vous ont demandé des mois de préparation et pas mal de prises de tête, comme la décoration, les tenues du cortège ou les cadeaux des invités. Vous serez contents de voir que vos efforts ont payé !

10. Et maintenant que tout est bien balisé, prenez le temps de réfléchir à l'aspect ludique de la photo. Comme bien souvent, c'est des États-Unis que vient une des tendances les plus observées dans les mariages : le *photobooth.* L'idée, c'est de créer un coin photo où les convives se font tirer le portrait de manière rigolote. Une bonne façon de dérider les photos de groupe pas toujours folichonnes (on dit non aux rangs d'oignons !) et de créer une ambiance joyeuse. Pas besoin d'un matériel incroyable, il faut juste faire marcher son imagination. Entre deux arbres, étendez un grand tissu imprimé aux couleurs vives qui servira de fond aux photos. Pensez à le choisir suffisamment long pour qu'il couvre aussi le sol. Disposez quelques éléments qui pourront changer au gré des poses : chaises, tables, canapé, pot de fleurs… Lâchez-vous, plus il y aura d'éléments déco, plus ce sera fun ! Pensez ensuite aux accessoires dont pourront s'affubler vos invités. Voici quelques pièces qui font toujours un tabac : grosses lunettes, boa en plume, chapeaux, fausse moustache. Après quelques coupes de champ', vos invités se feront un plaisir de prendre la pose accoutrés comme des guignols. Si vous préférez rester sobres, pensez au grand cadre en bois à travers lequel les convives passent leur tête. Grands classiques aussi : les ardoises sur lesquelles on inscrit des messages, ou les lettres en métal (ou autre matériau) aux initiales des mariés.

11. Pour réaliser un livre d'or original, demandez au photographe d'utiliser un Polaroïd et laissez le soin aux invités de coller les clichés et de les commenter dans un album.

12. Dans le même esprit, disposez dans la salle une imprimante alimentée en papier photo à laquelle vous connecterez des appareils photo numériques à disposition de vos proches. Les photos imprimées seront à coller directement sur un grand album que les invités pourront commenter à leur guise.

13. Les grosses bourses peuvent épater leurs convives en louant carrément un Photomaton, machine mythique qui donne une irrésistible envie de délirer en prenant de drôles de poses. Pensez là aussi à disposer un panier avec des accessoires pour pimenter le résultat.

14. Ils représentent un certain budget, mais l'idée est toujours séduisante : fournissez à vos convives des appareils jetables pour qu'ils photographient eux-mêmes le mariage. Vous découvrirez plus tard cette journée à travers leurs yeux et leur sensibilité.

CINQ QUESTIONS À AYMERIC WARMÉ-JANVILLE, PHOTOGRAPHE

Pour quelles raisons est-il préférable de faire appel à un photographe professionnel pour son mariage ?

Un photographe professionnel, c'est avant tout un regard unique, concentré et constant tout au long du mariage. C'est de l'expérience : quand on a cent cinquante mariages à son actif, on se place mieux, on évite les pièges, on connaît le rythme et on est capable de le tenir ! Bref, on fait de meilleures photos ! C'est aussi un matériel de qualité, en double en cas de panne. Enfin, c'est une prestation qui ne s'arrête pas à la prise de vues mais va jusqu'à un traitement de qualité des images en post-production avant la livraison. En deux mots, un pro est une garantie de qualité et de fiabilité.

Quand faut-il réserver son photographe ?

Le plus tôt possible ! Dès la date fixée. Les mariages en France se concentrent d'avril à octobre. Tous les ans, j'ai plusieurs demandes sur certains week-ends et aucune sur d'autres.

Quel budget doit-on prévoir ?

Pour un reportage complet : des préparatifs jusqu'à la soirée, et des images sérieusement travaillées en post-production (indispensable), il faut compter un budget minimum de 800 à 1 200 euros. Attention ! Quand on compare plusieurs propositions, il faut regarder le tarif, mais surtout à quelles prestations il correspond.

Quelle est votre spécificité ?

Mon objectif est de raconter l'histoire du mariage avec mes images, à travers mon regard. Un jour, on m'a dit : *« Tes photos de notre mariage, c'est mieux qu'un film ! »* Comme pour tout reportage, pour bien raconter une histoire, il faut bien la connaître et la comprendre. L'information en amont est primordiale. Je rencontre les mariés longuement avant le mariage pour un point très précis sur ce qui va se dérouler et qui sont leurs familles, amis et autres invités. J'établis une vraie relation de proximité avec eux, afin de donner le plus de sens possible à mes photos. Je prends soin de l'humain.

Votre meilleur souvenir ?

Mon mariage ! Plus sérieusement, j'en ai presque autant que de mariages ! Quand on s'intéresse à l'humain, le mariage est une mine d'or. Ce jour-là, les énergies de dizaines de personnes convergent vers les mariés, toujours pour le meilleur. Cela produit des moments très forts. Pour n'en citer qu'un : le discours d'un père à sa fille, la mariée. Des mots simples, sincères et importants. Très émouvant. Derrière mon appareil, j'avais les larmes aux yeux.

Pour en savoir plus : http://awj.free.fr awjphoto@free.fr et 06 82 23 00 64

• La vidéo en questions

Pourquoi ? Si engager un photographe est une évidence pour les futurs mariés, beaucoup négligent encore l'option de la vidéo. Pire : certains se contentent d'une vidéo amateur filmée par un ami « qui a l'œil ». Grosse erreur : la photo et la vidéo sont nécessaires, chacune à leur manière, pour témoigner du jour J. Elles sont tout à fait complémentaires. Et pour la vidéo, le recours à un professionnel est encore plus indispensable, car il s'agit d'un exercice technique, exigeant, et seul un pro pourra sortir des sentiers battus pour vous proposer une vidéo originale et bien rythmée.

Quand ? Comme pour le photographe, rencontrez les professionnels de la vidéo six mois avant le jour du mariage. Le but : vous faire une idée précise des options de la vidéo et ajuster votre budget en fonction. Vous ne serez ainsi pas frustrés de devoir vous contenter d'un film à l'ancienne parce que vous n'avez pas les pépettes pour des prestations plus pointues. Autre point : en vous rencontrant tôt, vous aurez le temps de définir précisément vos goûts, de présenter vos proches au vidéaste, photos à l'appui, voire de lui proposer des vidéos personnelles (de votre enfance, de vos premières vacances en amoureux, etc.) dont il pourra intégrer des extraits dans celle du mariage.

Qui ? Là encore, il va falloir que vous partiez à la chasse de la perle rare. Une petite règle pour éviter les combats de coqs : choisir un photographe et un vidéaste qui ont l'habitude de travailler ensemble. On s'explique : il peut y avoir des luttes d'ego et d'espace entre les deux professionnels. Pour éviter de jouer à l'arbitre, choisissez un prestataire qui propose ces deux activités.

Une fois de plus, Internet sera votre meilleur ami. Surfez sur les sites pour faire une présélection et rendez-vous aussi sur des salons du mariage. Ouvrez l'œil lors des rencontres et demandez à visionner quelques vidéos, histoire d'avoir une idée du style du vidéaste. Vous pourrez ainsi écarter les grands amateurs de clips R'n'B si ce n'est pas votre tasse de thé, ou les fans des ambiances *dark,* franchement hors sujet.

Montrez-vous pointilleux sur le montage. En effet, il ne suffit pas de filmer de belles images, il faut surtout savoir les monter ! Visionnez avec le vidéaste toutes les options possibles et indiquez-lui celles qui vous plaisent le plus. Surtout, vérifiez bien qu'il vous sera possible de demander des corrections post-montage. On n'est jamais à l'abri des mauvaises surprises ! Normalement, vous avez droit à deux ou trois retours. Réfléchissez aussi à la musique qui habillera le mieux les images. Un conseil : restez intransigeants sur ce point pour ne pas vous retrouver avec les Black Eyed Peas hurlant à tue-tête pendant 1 h 30.

Vérifiez quel sera le délai de livraison et le nombre de copies que vous recevrez. En plus du DVD, on doit aussi vous remettre la totalité des rushes (les images tournées). Enfin, pensez bien à demander le nombre de mariages que le vidéaste couvre par an, pour juger de son sérieux.

Quoi ? Vous avez toujours rêvé d'être une star hollywoodienne ? Alors, faites-vous plaisir et recréez l'ambiance d'un plateau de cinéma avec plusieurs caméras, voire des grues ! Plus il y aura de matériel pointu, plus il sera possible de filmer tous les angles du mariage et de ne rien louper. Bien sûr, cela a un coût…

À vous de définir le champ de la vidéo : doit-elle couvrir toute la journée, dès les préparatifs, ou juste les moments clés ? Sachez que le clip de mariage séduit par son rythme très vivant et sa modernité. En revanche, il est plus court qu'une vidéo classique (environ 30 minutes). Réfléchissez avec le professionnel à la manière d'enrichir la vidéo. Elle peut intégrer l'histoire de votre rencontre, des photos des enterrements de vie de jeune fille et de garçon, des interviews des convives…

Utilisez la vidéo pour amuser vos invités. Bousculez le traditionnel livre d'or en proposant une version animée. Installez à l'écart du bruit un petit espace que vous pourrez décorer. Disposez-y une chaise et demandez à vos invités d'y laisser, face à la caméra, un message à votre attention. Il peut être parlé, chanté, mimé… Tout est permis !

Avant le mariage, réalisez avec vos proches un *lip dub* que vous pourrez montrer fièrement à tous les convives le jour J. Qu'est-ce que c'est ? Une vidéo sur laquelle vous vous amusez à chanter en play-back sur un morceau choisi. Avec l'aide du vidéaste (ceux qui couvrent les mariages sont nombreux à proposer cette animation), vous réfléchirez au choix du bon morceau (il faut qu'il soit suffisamment rythmé pour enchaîner les plans sans temps mort) et au scénario. En effet, on augmente le potentiel humoristique de la vidéo lorsque les images correspondent aux paroles de la chanson.

Avis aux amis qui ont des talents de comédiens ! On peut aussi uniquement chorégraphier chaque plan : là, vos proches ayant le rythme dans la peau sont les bienvenus. Bien sûr, tout cela ne s'improvise pas et demande un minimum de répétition.

Tant d'efforts ne doivent pas s'oublier après le jour J. Avec l'accord des participants, offrez une seconde vie au *lip dub* en le mettant en ligne sur YouTube ou Dailymotion. Toujours bien pour l'ego d'avoir des fans sur le Net ! Encore mieux : vous pourrez remettre en cadeau un DVD de vos exploits à chacun des invités.

Astuces budget

Évitez les photographes et les vidéastes indépendants. Faites plutôt appel à des agences, qui pratiquent des tarifs moins élevés. Autre avantage : en cas de problème, vous pourrez vous retourner vers leurs supérieurs et faire valoir vos droits. Exigez toujours de rencontrer le professionnel pour qu'on ne vous dépêche pas un inconnu le jour J.

Des transports peu communs

Avouons-le : même au XXIe siècle, un mariage est toujours un peu synonyme de conte de fées. Et l'histoire de Cendrillon manquerait légèrement de piquant sans sa fameuse citrouille transformée en carrosse ! Le jour J, les véhicules ont donc indéniablement leur place dans la liste des animations attendues par les invités, les passants, mais aussi par les premiers concernés… vous, les futurs mariés ! Alors faites vôtre le proverbe populaire : qui veut aller loin ménage sa monture ! Choisissez bien les différents moyens de transport empruntés au cours de votre journée magique.

À part la fusée ou la soucoupe volante, tout semble aujourd'hui possible, alors n'hésitez pas à faire preuve de fantaisie. Et détrompez-vous, vous ne serez pas obligés de casser votre tirelire pour créer l'effet de surprise. Quelques bonnes idées, de bons contacts, un peu d'imagination et de bon sens peuvent suffire à satisfaire vos envies. Et si votre budget est confortable, toutes les excentricités sont permises. Après tout, n'est-ce pas l'un des rares jours de sa vie où l'on a le droit de s'offrir tous les plaisirs ?

• Étonner avec des transports peu ordinaires

Apportez une note orientale à votre mariage en arrivant à la réception ou à la cérémonie à dos de chameau. Attention aux bosses ; cela secoue !

1. Vous souhaitez davantage décliner le style *Out of Africa* ou Bollywood ? Alors accrochez-vous aux oreilles (!) d'un éléphant qui sera dirigé par son indispensable cornac. Pour une petite touche exotique, vous pouvez aussi offrir à vos invités une virée en pousse-pousse nouvelle génération.

2. Vous préférez l'ambiance western ? Pourquoi ne pas vous prendre pour un cow-boy et une cow-girl en montant à cheval ? Le lasso pour attraper votre moitié est en option ! Pour ceux qui ont l'esprit *biker* ou qui veulent se prendre pour BB, chevauchez une Harley Davidson. *On the road again* !

3. Vous croyez toujours au père Noël ? Retrouvez votre âme d'enfant en arrivant dans un traîneau tiré par des rennes. Vous êtes jaloux de la reine d'Angleterre ? Qu'à cela ne tienne : apparaissez dans un somptueux carrosse tiré par un majestueux attelage de chevaux.

4. Si vous préférez une version plus bucolique, vous pouvez opter pour une calèche ou un chariot dignes d'un épisode de *La Petite Maison dans la prairie.*

5. Toujours dans un esprit nature, adoptez le gyropode (type Segway). Ce petit véhicule monoplace électrique fonctionne sur deux roues. On se tient debout sur une petite plateforme et on part ainsi à la découverte des paysages. C'est

the véhicule du moment. *Trendy*, écolo et amusant, il fera la joie de tous : à la sortie de la cérémonie, pour une randonnée post-cocktail…

6. Vous vous sentez l'âme nomade ? Louez une roulotte pour arriver de manière originale sur le lieu de votre réception. En plus, elle pourra vous servir de loge (pour vous maquiller, vous reposer) tout au long de la journée.

7. On peut aussi opter pour la version traditionnelle et classique avec simplement une belle berline, une voiture de collection, une DS comme celle du général de Gaulle… Ceux qui préfèrent un peu frimer le jour J loueront un petit bolide, comme une Ferrari, une Porsche, ou pourquoi pas une vraie voiture de course ?

8. Vous rêvez d'un mariage *made in* Hollywood ? Embarquez à bord d'une limousine à rallonge, d'une Cadillac ou d'une autre grosse cylindrée décapotable… Ça décoiffe ! Pour ceux qui aiment le style *so british*, une arrivée ou un départ en Rolls-Royce fera aussi très bien l'affaire.

9. Vous préférez les célèbres *black cabs*, les taxis anglais noirs ? C'est possible aussi. Faites preuve d'humour et roulez « cocorico » en louant une super deudeuche. Mieux encore, proposez une virée en cortège de 2 CV. Les passants vont adorer ! Et si vous aimez décliner la *dolce vita* à votre façon, roulez à Vespa ou à bord d'une Fiat 500 vintage. Offrez à vos invités la possibilité de participer à un cortège de Vespa aux couleurs pop et acidulées.

10. Les plus sportifs enfourcheront une bicyclette, les amoureux fusionnels choisiront de pédaler sur un tandem, et les nostalgiques oseront l'arrivée sur un grand-bi ! Vous pourrez aussi former un peloton romantique avec tous vos invités. Les plus paresseux pourront aussi arriver et repartir sur un vélo électrique.

Elle est passée par là

« Carlos et moi nous sommes rencontrés lors d'une rando en rollers. En guise de clin d'œil à notre coup de foudre, nous avons décidé de chausser une paire de quads à la sortie de la mairie pour rejoindre la salle de réception, qui était à cinq cents mètres de là. Heureusement que ce n'était pas loin, parce que j'ai connu plus pratique que de rouler en robe de mariée ! »

AÏSHA

11. Vous vous mariez près d'un point d'eau ? Excellente nouvelle ! Offrez à chacun l'occasion de faire une balade à bord d'une barque ou d'un pédalo. Petits et grands vont adorer.

12. Et une arrivée par les airs, y avez-vous pensé ? Un hélicoptère pour les mariés James Bond et une montgolfière pour ceux qui préfèrent Jules Verne. Vous n'oublierez jamais ce moment, et votre entourage non plus !

13. Il arrive souvent que le lieu de réception soit éloigné du lieu de cérémonie. Pour éviter à vos convives d'emprunter leur voiture et de créer des embouteillages, offrez-leur une petite virée dans un bus à impériale ou dans un *schoolbus* américain. Ils profiteront du paysage tout en chahutant un peu, comme dans un bus scolaire ! Vous pouvez aussi faire un joli cadeau à vos invités en les invitant à monter à bord d'un petit train, qui circulera selon un parcours établi autour de votre lieu de réception ou dans les ruelles d'un pittoresque village.

Astuces budget

N'hésitez pas à solliciter votre entourage (pour emprunter à un grand-oncle l'une de ses belles voitures de collection…) ou à faire appel à une association d'amateurs d'automobiles anciennes. Certains collectionneurs seront ravis de vous prêter l'un de leurs joyaux pour le jour J. D'autres proposeront même de venir avec des copains pour un défilé de vieilles coccinelles, 2 CV… Utilisez vos réseaux !

Les *in* et *out* des animations

Le mariage n'est pas épargné par les courants de mode. Certaines animations sont définitivement classées ringardes, d'autres ont au contraire le vent en poupe. Pour être à la page, découvrez une petite liste non exhaustive des *in* et des *out* de l'animation. Ceci étant posé, sentez-vous libre de faire ce que vous voulez ! Qui a dit que la tendance avait toujours raison ?

• Les *in*

Le *photobooth*

On l'a déjà exposé dans ce guide. C'est la grosse tendance du mariage. Dans un coin photo aménagé, les invités s'éclatent à prendre des poses insolites. IN-CON-TOUR-NABLE !

La danse *Dirty Dancing*

Remise au goût du jour par le film *L'Arnacœur* avec Romain Duris et Vanessa Paradis, elle est de plus en plus prisée par les mariés pour faire leur entrée dans la salle de réception.

Le gâteau de mariage à l'américaine

Zappez les pièces montées traditionnelles. Aujourd'hui, à un mariage, on veut déguster des gâteaux au nappage sophistiqué et au design romantique. Faites votre choix chez les sociétés Wedding Cake ou Sugar Plum, et même Lenôtre s'y est mis ! Pour les desserts, les irrésistibles cupcakes font aussi un tabac.

Le lancer de lavande à la sortie de la cérémonie

Cette fleur remplace de manière odorante les très efficaces mais un peu trop vus pétales de rose. Autre option originale qui ravira les « adulescents » : la pluie de bulles de savon.

Les stickers sur la voiture des mariés

En lieu et place du traditionnel tulle, décorez votre voiture avec des stickers pleins de style.

L'arbre à cadeaux

C'est une façon originale de présenter les cadeaux des invités. Louez un arbre artificiel et accrochez-y de petits paquets respectant une unité de ton (par exemple blanc, pour un effet Noël avant l'heure) ou dans un dégradé de couleurs pastel. À côté de l'arbre, disposez une corbeille avec des morceaux de papier pliés perforés d'un trou et de petits rubans de couleur. Suggérez aux invités de vous écrire des vœux et de les accrocher à l'arbre. Un livre d'or qui sort des sentiers battus !

Le *candy* bar

Animez votre vin d'honneur avec des stands culinaires ludiques. Le *candy bar* remporte tous les suffrages et offre de beaux moments de régression. Il se compose d'un bar à bonbons, à gâteaux et à friandises. Les invités se servent librement… jusqu'au mal de dents ! Pensez aussi à des variantes, comme le bar à glaces ou le bar à thé.

Le lâcher de ballons

C'est un des moyens de booster les photos de groupe. Rassemblez tout votre beau monde et remettez à chacun un ballon gonflé à l'hélium (de préférence tous de la même couleur). Vous pouvez si vous le souhaitez les personnaliser avec des messages ou la date du mariage. Au moment où le photographe appuie sur le bouton, tout le monde lâche son ballon.

Les lanternes célestes

Plus *hype* que les ballons, ces lanternes volantes (sortes de minimontgolfières) se lâchent dans le ciel une fois la nuit venue. L'effet magique restera longtemps dans la tête de vos invités.

La session d'engagement

Si vous faites partie des mariés zen qui gèrent bien leur temps, pourquoi ne pas en organiser une ? C'est la nouvelle passion photographique des futurs mariés piquée aux Américains. L'idée est d'immortaliser le moment où le couple se dit « oui » en duo, bien des mois avant les festivités, donc. La séance photo, tout sauf conventionnelle, donne souvent lieu à des clichés décalés et originaux.

Trash the dress (détruire sa robe)

Après le mariage, les moins romantiques pourront s'adonner à une nouvelle folie venue d'outre-Atlantique. Il s'agit de transformer sans ménagement la robe de mariée adulée quelques semaines auparavant. Cette attaque dans les règles donne lieu à une séance photo décalée où l'on voit la mariée dans sa robe peinte, perforée, criblée d'épingles... Elle peut aussi décider d'y mettre le feu, ou de plonger dans une piscine. Les possibilités de « trashiser » sa robe sont infinies. Il faut juste le vouloir...

Les blogs

Surfez régulièrement sur les blogs de mariage qui fourmillent d'idées dans l'air du temps, sans oublier les blogs américains qui sont une mine d'inspiration. À regarder les yeux grands ouverts :

www.unbeaujour.fr
www.desideespourunjolimariage.com
www.lamarieeauxpiedsnus.com
www.jolismariages.com
http://wedinthecityblog.com
http://ohhappyday.com
www.oncewed.com

• Les *out*

La jarretière

On oublie ce jeu dégradant où la mariée, placée au centre de la salle, doit remonter sa robe jusqu'à la jarretière au fur et à mesure que les enchères montent. D'un autre siècle...

Cendrillon

Là encore, on fait appel à des images désuètes de la femme. Une invitée doit se déchausser en secret. Aux hommes de trouver à qui cette chaussure appartient. Celui qui en trouve la propriétaire doit l'inviter à danser. Mouais…

Les morceaux de sucre

Chaque invité emballe un morceau de sucre dans un papier contenant un petit message pour les mariés. Pendant plusieurs jours, le couple les découvrira au petit-déjeuner, en sucrant son café. Une idée certes mignonne, mais qui n'a plus une once d'originalité.

Le limbo

Deux personnes tiennent une barre en dessous de laquelle les invités doivent passer sans la toucher, ni poser les mains au sol. Nous avons une autre idée pour utiliser la piste de danse : danser !

Le feu d'artifice

Il est très contraignant, car il faut obtenir une autorisation et baliser le terrain pour ne prendre aucun risque. De plus, il donne l'impression d'assister à la fête annuelle de la ville. On n'en garde pas que de bons souvenirs.

Quinze idées venues d'ailleurs

Et si l'on allait faire un petit tour chez nos voisins proches ou lointains pour puiser quelques pistes d'animations originales ? À vous ensuite de les adopter ou de les adapter pour apporter une petite touche exotique à votre réception.

• Comme au Maghreb

Plus qu'un élément décoratif, le henné a surtout une portée symbolique. Il est supposé apporter chance, sensualité et fécondité. La tradition veut qu'il soit appliqué sur la promise uniquement en présence de femmes et lors d'une soirée précédant le jour J.

Pourquoi ne pas proposer à vos convives féminines un atelier henné lors de votre mariage ? Elles seront ravies de voir leurs chevilles, mains ou pieds délicatement décorés par une experte.

• Comme en Corée

Le chamanisme est encore très présent dans la culture coréenne. Il est très fréquent de faire appel aux services d'un chaman, généralement une femme, avant un événement important : entretiens d'embauche, examens, compétitions sportives... Et le mariage ne fait pas exception ! Quelques jours avant de s'unir, les fiancés rencontrent une voyante qui leur prédit un avenir commun radieux – ou non. Libre à eux ensuite de croire à ses prédictions !

Et si vous proposiez à vos invités de consulter une cartomancienne ou une diseuse d'avenir pendant votre réception ?

• Comme en Chine

Bien avant l'apparition de la poudre à canon, les Chinois brûlaient des bâtons de bambou sec pour créer un bruit explosif et effrayer les bêtes sauvages. Puis les pétards sont arrivés et sont depuis utilisés pour chasser les mauvais esprits et demander paix et bonheur. Aujourd'hui, des centaines et des centaines de pétards sont tirés pour célébrer le nouvel an, mais aussi lors des mariages.

Pourquoi ne pas en tirer aussi le jour de votre union, pour amuser l'assemblée et vous porter chance ?

• Comme en Arménie

Symbole universel de paix, la colombe occupe une place de choix lors des unions arméniennes. Un couple d'oiseaux est libéré par les jeunes mariés à l'issue de la cérémonie, montrant ainsi qu'ils souhaitent participer à la propagation de la paix à travers le monde.

Un geste poétique et romantique que vous pourrez recréer le jour J à condition de faire appel à des éleveurs professionnels qui sauront vous montrer la marche à suivre. N'ayez aucune crainte pour l'avenir des oiseaux : ils sont entraînés et rentreront ensuite sagement dans leur colombier !

• Comme au Pakistan

La célébration court traditionnellement sur quatre jours. Lors du deuxième, la famille de la mariée attache tout autour de la maison une corde sur laquelle reposent une centaine de lampions multicolores pour annoncer la bonne nouvelle.

Optez pour une alternative en confiant à chaque invité une lanterne qu'il ira, lors d'une procession, accrocher à une corde entourant la salle de réception, déposer sur la table des mariés... Une animation décorative, en somme !

• Comme en Russie

Après le dernier toast porté par le témoin du marié, tous les convives boivent leur coupe de champagne puis la jettent par terre. Si, en tombant elle explose en morceaux, c'est un bon présage pour les nouveaux époux.

Faites de même, mais à condition d'avoir acheté des coupes à bas prix et après avoir signalé votre intention aux propriétaires des lieux !

• Comme dans les pays baltes

Contrairement à la tradition française, la mariée ouvre le bal au bras de son jeune époux et doit ensuite danser avec chaque homme célibataire souhaitant payer une somme symbolique pour avoir cet honneur. La somme récoltée est ensuite offerte aux époux.

Une idée amusante qu'on peut aussi décliner sous nos cieux. À condition de n'accorder que quelques pas à chacun, pour ne pas terminer exténuée ! La somme récoltée pourra aussi, par exemple, être reversée à une œuvre caritative de la région accueillant le mariage.

• Comme en Finlande

Après avoir traversé son village abritée sous un parapluie ou une ombrelle en guise de protection contre les mauvaises ondes, puis avoir récolté dans une taie d'oreiller les offrandes de ses voisins, la mariée ornée d'une couronne dorée doit danser les yeux bandés au milieu d'une ronde de femmes célibataires. Elle s'arrête au hasard de la farandole et confie sa coiffe à une jeune femme qui sera alors, selon les croyances, la prochaine à convoler.

Une alternative originale et exotique au sempiternel lancer de bouquet.

• Comme en Grèce

Décidément, certains aiment casser la vaisselle ! Les Grecs n'hésitent pas à jeter au sol des piles d'assiettes pour porter chance et fortune au jeune couple.

Si le gâchis vous fait peur, demandez à chaque invité de venir avec une assiette déjà ébréchée pour la jeter contre le sol au moment venu.

• Comme à Chypre

Au début de la journée, la mariée inscrit sur l'une de ses semelles (ou les deux !) le nom des invitées célibataires. Au milieu de la soirée dansante, l'assemblée découvre le nom de la bachelorette dont le nom a résisté à l'usure de la réception. Elle sera la prochaine à trouver chaussure à son pied !

Une façon ludique de jouer les entremetteuses. Vous pouvez demander à votre époux de faire la même chose avec ses souliers, mais y en inscrivant le nom des hommes célibataires !

• Comme en Angleterre

À la sortie de la cérémonie, on attache des souliers à l'arrière de la voiture des époux pour leur porter bonheur et pour que les passants sachent que le véhicule abrite des *newly weds* ! Ils pourront alors applaudir et saluer le cortège.

Nettement plus glamour que les rouleaux de papier toilette qu'accrochent certains ! Petit conseil à nos amies fashionistas : ne vous sentez surtout pas obligées de sacrifier votre paire de Louboutin ! Une vieille paire fera très bien l'affaire...

• Comme en Écosse

Lors des guerres claniques, pour éviter toute tentative d'empoisonnement, les Écossais ne buvaient que dans leur propre gobelet en bois, le quaich, qui ne les quittait jamais. De nos jours, ce récipient peu profond, en étain ou en argent et orné de symboles celtiques, sert lors de grands événements. Le jour de leur mariage, les jeunes époux boivent ensemble du whisky servi dans un seul et même quaich, symbole de leur union et des partages à venir.

Nulle obligation de boire du whisky le jour J, mais vous pouvez tout aussi bien partager une coupe de champagne gravée à vos initiales entrelacées.

• Comme en Italie

Juste avant la fin de la réception, les époux transalpins cassent ensemble un verre. Le nombre de morceaux éparpillés annonce le nombre d'années que durera leur union.

À faire uniquement si l'on n'est pas superstitieux...

• Comme aux Pays-Bas

Au pays des fleurs, il est de tradition qu'au lendemain de leurs noces, les jeunes époux plantent en quantité du muguet autour de leur maison pour annoncer le renouveau du bonheur.

Au cours du repas, passez de table en table pour offrir à vos convives un petit pot de muguet à planter chez eux.

• Comme au Mexique

Au pays des Mayas, il est de coutume lors des réceptions nuptiales de bander les yeux aux enfants et de les faire frapper à coups de bâton une *piñata*, une grosse boule en papier mâché, qui en se brisant laissera échapper des friandises, symboles d'opulence et de bonheur à venir.

Quelques jours avant le *Big Day*, confectionnez vous-même plusieurs *piñatas* romantiques et remplissez-les de dragées, de pétales de rose, de plumes… Puis proposez aussi aux adultes de participer à leur destruction !

CARNET D'ADRESSES

TOUT POUR LA MUSIQUE

Hey, Mister DJ !

AVDJ
Un groupe de DJ qui officient à Paris et dans sa région. Leur truc : se distinguer en proposant une animation moderne. Ouf ! Si vous voulez du chic ou du haut de gamme, c'est à eux qu'il faut s'adresser. Cerise sur le gâteau : ils proposent même des cours de deejaying. Si l'envie vous gagne…
www.avdj.fr

DJ de rêve
Chris est un vrai professionnel qui maîtrise aussi bien le son que la lumière. Officiant depuis ses quinze ans, il maîtrise parfaitement tous les types d'événements. Retenez qu'il a déjà travaillé avec Ariel Wizman et Philippe Corti. Déplacement surtout dans le Var.
www.djdereve.fr

Prestiscène
Réseau de prestataires présents sur une grande partie de la France et regroupés sous un label. Tous les DJ offrent le même sérieux, la même expérience et de bonnes compétences techniques. Un gage de qualité, en somme ! Faites un tour sur le site pour trouver le DJ le plus proche de chez vous.
www.prestiscene.com

Dream Night
Des DJ professionnels qui promettent une ambiance survoltée à votre mariage. Les photos du site en attestent ! Malin : ils proposent différents packs en fonction du nombre d'invités et des options qui pourraient vous faire envie (machine à brouillard, jeux de lumière sur pied…).
www.dream-night.fr

Du *live* pour vibrer

Magic Événement
Cette société est une mine de professionnels. Elle vous offre selon vos goûts des DJ, des orchestres, des chanteurs de piano-bar, des saxophonistes… La liste est trop longue pour

la citer entièrement ! Il vous suffit de piocher ce qui vous séduit le plus.
www.magic-evenement.com

Malaca Productions
Un collectif de musiciens spécialisés dans l'animation de soirée. Les formules sont diverses : DJ, orchestre et jazz band. On craque pour les formations de salsa et le duo piano-voix, toujours très efficace.
www.malacaproductions.com

Just For Cab'
Fan de Thomas Dutronc, vous allez adorer Just for Cab'. Cet orchestre de jazz manouche ressuscite avec brio le style de Django Reinhardt. Idéal pour le vin d'honneur. Ils proposent aussi d'autres styles : bossa, musette, tzigane…
www.just4cab.com

Soulness
Si vous aimez les musiques noires, ne cherchez plus, vous avez trouvé ! Ces voix chaudes accompagnées par des musiciens revisitent le répertoire de la *black music*, d'Aretha Franklin à Beyoncé. Formation de trois à douze personnes.
www.soulnesslive.com

Two Swing
Un duo de jazz féminin bien connu en Bretagne mais aussi à Paris et sa région. Derrière sa contrebasse, la chanteuse Sophie Druais entonne de belles chansons douces, parfaites pour créer une ambiance *lounge.*
www.twoswing-jazz.com

Gospel Event
Cette agence artistique propose un large choix de groupes de gospel qui se produisent dans toute la France. Une rubrique « mariage » est présente sur leur site.
www.gospel-event.com

Dakou Orchestra
Un orchestre qui interprète des standards de musique funk, disco, rock et salsa. Son répertoire se compose aussi de musique traditionnelle juive et orientale. De quoi plaire à tout le monde.
06 60 65 12 89
nicodakou@yahoo.fr

Système B

Si vous souhaitez diffuser dans le lieu de culte des CD de chants religieux ou sacrés au lieu de musique live, faites un tour sur le site www.laprocure.com. Vous y trouverez un large choix.

EH BIEN DANSEZ, MAINTENANT !

Prendre des cours

Votre danse
Pour trouver le cours le plus proche de chez vous et dans la spécialité qui vous convient le mieux.
www.votre-danse.com

Votre valse
Spécialiste de la valse de mariage, un danseur professionnel propose des cours à domicile, en groupe, en forfait illimité… Et sa pédagogie est top ! Pour l'instant, les cours ne sont proposés qu'à Paris.
www.votrevalse.com

InPulse
Modern jazz, hip-hop, danses du monde ou danses en couple… Prenez

quelques leçons pour maîtriser les pas qui feront de vous les rois de la piste le jour J ! C'est à Lyon que ça se passe.
www.inpulse.fr

Danse Bordeaux
Selon vos disponibilités et vos préférences artistiques, ce site vous permet de dénicher le cours qui correspond le mieux à vos attentes et à votre planning, à Bordeaux et ses environs.
www.danse-bordeaux.com

Bourse aux services
Ce portail des services à la personne propose désormais des cours de danse (de tous styles) à travers toute la France. Sans engagement, vous pouvez demander un devis par courriel.
www.bourseauxservices.com

Vive le troc !
Budget serré ? Faites appel aux sites de troc. Échangez votre savoir (couture, informatique, langues étrangères, bricolage, soutien scolaire...) contre des cours de danse. C'est gratuit et cela agrandit votre réseau.
www.troc-services.com
www.simpletroc.com
www.gchangetout.com

Des cours en ligne
Vous préférez apprendre chez vous et en solo ? Faites appel à professeur web ! Sur Internet, vous trouverez des vidéos ou des tutoriels très efficaces pour vous initier à quelques pas de rock, valse, tango, hip-hop, disco... En plus, vous pouvez repasser la vidéo autant de fois que vous voulez pour mieux assimiler ! Top !
www.apprendrefacile.com
http://videodanse.canalblog.com
http://dance4you.fr

Du bon matériel

Location de piste de danse
Du matériel de grande qualité qui sert aussi bien pour les compétitions professionnelles que pour les événements privés. Vous n'avez à vous soucier de rien ; le personnel installe tout pour vous.
www.location-piste-de-danse.com

Harmony Sono
Tout pour mettre le feu au *dance floor* ! Piste lumineuse, machines à fumée, à bulles, à confettis, à nuages, tomber de rideau, lumière noire... L'imagination ne semble pas avoir de limite... Comme vos envies ! À découvrir *asap* !
www.harmony-sono.com

Spectacles et initiations

Sweet Ladies
Cette troupe montée par Ingrid, danseuse professionnelle qui a notamment fait ses preuves aux côtés de Madonna ou lors de shows télévisés, propose des spectacles disco, cabaret, afro/ragga, Bollywood... Tout semble possible ! À vous de choisir.
www.sweetladies.fr

L'Escandihado
Pour offrir un aperçu des danses folkloriques provençales, cette troupe accompagne votre cortège ou anime la soirée.
http://escandihado.canalblog.com

Holatrio Hop'sasa
Ce groupe folklorique alsacien enchantera les personnes originaires de la région et celles qui souhaitent la découvrir.
www.holatrio.org

Bachata 'n' Go
Salsa, merengue, bachata, zouk... Offrez un spectacle ou une initiation de danse latine tropicale à votre assemblée, qui ne pourra pas s'empêcher de bouger sur ces notes ensoleillées !
www.salsabachata.fr

Soraya danseuse orientale
Véritable concentré des 1 001 nuits, Soraya se pare de ses plus beaux costumes pour offrir un éventail de danses orientales et initier ensuite les invités à la sensualité de cet art. Tout le monde saura apprécier le moment.
www.soraya-danse-orientale.fr

Bal de mariage
Coachés par des pros, vous allez donner le ton de l'ouverture du bal et du reste de la soirée. Au choix, vous aurez pris le soin d'apprendre une chorégraphie sur mesure pour épater tout le monde, ou bien vous proposerez à vos convives de participer à un spectacle de danse mis en place par des pros. Contactez cette équipe pour exposer ce que vous désirez ou pour les laisser vous faire passer du rêve à la réalité...
www.bal-de-mariage.com

Feeling Dance Factory
Partagez avec vos invités votre passion pour *Fame, Dirty Dancing, Grease*, les chorégraphies de pom-pom girls ou de cabarets, en vous initiant à ces danses, costumes à l'appui ! Fabuleux ! On aime aussi le forfait enterrement de vie de jeune fille proposé par ce studio pas comme les autres.
http://feelingdance.fr

Divertimento pour les grands

Pour faire la conversation

Véronique Deshayes
Cette créatrice de faire-part sur mesure, qui a révolutionné le genre en proposant des modèles très originaux, offre aux futurs mariés un nouveau service sur demande : *Le Petit traité de conversation*. Sur vos recommandations, elle réalise un ravissant livret qui présente les convives. On adore !
www.veroniquedeshayes.com

Les jeux

Le Jeu des mariés
Plus de deux cents personnes peuvent participer à ce jeu de société pas comme les autres. Cerise sur le gâteau : vous pouvez personnaliser le plateau de jeu avec vos photos, noms...
www.lejeudesmaries.com

Blind taste
Rendons à César... C'est Thierry Ardisson qui a lancé ce super-test musical dans son émission *Tout le monde en parle*. Si vous manquez d'inspiration pour créer votre propre playlist, inspirez-vous de l'original.
www.tlmp.net/musiques/credits-musiques-Grand-Blind-Test.htm

Animation Casino
Roue de la fortune, black-jack, tables de roulette... Tout le nécessaire pour organiser une soirée casino, avec des croupiers professionnels pour superviser l'opération.
www.animationcasino.com

Interventions de pros de l'animation

Ligue d'improvisation de Paris
Une troupe de comédiens se met à votre service pour étonner vos invités en trébuchant sur un tapis ou en embrassant votre belle-mère ! Portail de troupes d'improvisation à travers la France (malgré le nom !) : www.impro-paris.com

Artésine
Un site très pratique qui permet de chercher un animateur ou un artiste par date, type de prestation, budget… Il suffit de consulter les offres ou de faire une recherche ciblée. Du sculpteur sur glace au cracheur de feu en passant par les magiciens… Tout est possible !
www.artesine.fr

L'agence des magiciens
Une équipe permanente de neuf illusionnistes. À chacun sa spécialité, son style et ses trucs et secrets !
www.agence-des-magiciens.com

Fred Ericksen
Mentaliste, sorcier de fête, conteur-magicien, roi de l'illusion… Il a déjà subjugué de nombreux publics. Pourquoi pas le vôtre ?
www.fred-ericksen.com

Starway agency
Des *people* comme invités ? Presque… Les sosies de vos idoles s'invitent à votre table et troublent l'assemblée. Excellent coup de bluff !
www.starway-agency.com

Mon événement
Un portail qui permet de trouver en quelques clics un animateur, un artiste, un pro des feux d'artifice, un sculpteur de ballons… On dépose son annonce et on est très rapidement contacté.
www.mon-evenement.com

AM Spectacles
Tout, tout, on vous proposera tout pour animer votre réception : clowns, acrobates, danseuses de cabaret, mimes, ventriloques…
www.amspectacles.fr

Les caricaturistes
Un regroupement d'artistes issus des meilleures écoles, qui se déplacent pour croquer de leur crayon vos convives ou votre couple. Ceux qui n'aiment pas les caricatures seront ravis de se voir offrir une silhouette d'eux-mêmes.
www.lescaricaturistes.com

Sanza
Du dresseur d'animaux sauvages ou domestiques à un show de chevalerie en passant par l'animation d'ateliers interactifs, cette société s'est spécialisée dans les animations très originales.
www.sanza.com

La Feste
Un spécialiste de l'événementiel et surtout des feux d'artifice qui sauront habiller votre ciel de gerbes de lumière.
www.lafeste.com

Culture Zen
Des spécialistes du bien-être se déplacent jusqu'à votre lieu de réception pour proposer des animations zen et belles : un bar à ongles, un bar à senteurs, une cabine de sieste olfactive (dix minutes chrono pour retrouver assez d'énergie pour fouler le *dance floor* !), un bar à fruits moléculaires,

une séquence d'aromathérapie… Vous allez chouchouter votre petit monde qui ne voudra plus repartir !
www.culturezen.com

Pour réaliser des vidéos

Menthol Prod
De grandes entreprises ont déjà confié de A à Z leur projet audiovisuel à cette maison de production. Mais elle se met aussi au service d'événements pour particuliers. Les yeux fermés, remettez votre idée entre leurs mains et leurs caméras.
www.mentholprod.com

Ratel Prod
Une société habituée à réaliser des reportages audiovisuels et des *lip dubs* pour des entreprises et pour des particuliers.
www.ratelprod.com

Location de matériel

Kiloutou
L'adresse incontournable pour tout louer : machine à barbe à papa, friteuse, gonfleur de ballons…
www.kiloutou.fr

Steff Anim
Tout le matériel festif en location : gaufrier, machine à pop-corn, crêpière, lâcher de ballons, sculptures en ballons…
www.steffanim.com

Clémentine Henrion
Cette scénographe de grand talent propose des ballons fantaisie et éternels de toutes les formes imaginables. À garder pour décorer la salle ou à lâcher pour faire plaisir à celui qui le recevra.
www.clementinehenrion.com

Le ballon publicitaire
Et pourquoi ne pas faire un lâcher de ballons à votre effigie ? Ou avec la date de votre mariage ? Personnalisez-les pour faire connaître au monde entier votre bonheur.
www.le-ballon-publicitaire.fr

Location Manèges
Depuis 1865, cette enseigne est spécialiste de la location de matériel forain. Le choix d'attractions est si large que vous aurez envie de vous marier plusieurs fois !
www.location-maneges.com

Valcréations
Pour louer des parcours de minigolf à neuf trous. Un plaisir pour les grands et les petits !
www.valcreations.com

Locarcade
Livraison, installation, mise en service et récupération du matériel. Que demander de plus ? Vous pouvez désormais louer pour le jour J une borne de jeu d'arcade. Fabuleux, non ?
www.location-bornes-arcade.fr

Phixion
Cette société belge propose d'installer de magnifiques labyrinthes végétaux pour agrémenter votre réception. Ses paysagistes se déplacent en France.
www.phixion.be/fr

Travaux manuels

À deux mains
Propose un kit de taies d'oreiller et feutres spéciaux afin de personnaliser son linge de maison.
www.adeuxmains.fr

Jordan Grace
Un site américain absolument délicieux qui propose de réaliser pour vous des poupées en papier à votre effigie, d'après photos.
http://jordangrace.com

Les mots sont des cadeaux
Sur ce site très poétique et philosophique, vous pourrez commander, entre autres, des arbres à vœux japonais en bois.
www.lesmotssontdescadeaux.com

DIVERTIMENTO POUR LES ENFANTS

Animadom
Location de structures gonflables, stands d'animation (olympiades, activités artistiques, magie...), babysitting et gestion des repas : tout, cette agence vous propose tout pour divertir les enfants le jour J.
www.animadom.net

JM-Anim
Vous rendrez fous de joie les enfants en faisant appel à cette société qui s'est spécialisée dans la location de structures gonflables. À vous les châteaux, les toboggans, les piscines à boules, les maisons de clowns...
www.jm-anim.com

Kids Events
Engagez-les les yeux fermés ! Cette boîte est lauréate du concours des jeunes entrepreneurs de l'Essonne en 2009. Avec ces professionnels, tous diplômés du BAFA, vous remettez vos enfants entre des mains sûres. Au programme : jeux éducatifs, magie, chasse au trésor, sculpture sur ballons...
www.kids-events.fr

Agence Ludique
Spécialisée dans les enfants de trois à douze ans, cette agence regroupe une multitude de talents : conteurs, plasticiens, magiciens et musiciens pour animer la journée comme il se doit.
www.agenceludique.com

Prestidigitation
Il s'agit d'un collectif de magiciens qui partagent leur passion lors d'événements privés. Ils savent aussi l'enseigner au cours d'ateliers très ludiques.
www.prestidigitation.com

Vinz le magicien
L'air de rien, il s'approche des invités et leur propose un tour de cartes ou leur rend leur montre qu'il leur avait subtilisée quelques instants plus tôt ! Vinz est un artiste qui pratique le *close up* mais aussi le mentalisme et la magie digitale. Toujours avec originalité et élégance. À rencontrer absolument !
06 64 13 00 42
www.vinzmagicien.com
www.facebook.com/MagicienVinz

À la Ribambelle
De la magie, des clowns et surtout des marionnettes (c'est leur spécialité) : voilà ce que propose cette société

qui fait autorité depuis 1984, date de sa création. On aime le classement d'activités par tranche d'âge.
www.ribambelle.fr

Tchekchouka
Parmi ce formidable collectif d'artistes se trouve la conteuse Sylvie Mambo. Elle capte l'attention des enfants avec des histoires venues d'ailleurs, le plus souvent d'Afrique. Ses mots s'accompagnent parfois de musique ou de danse. Elle se déplace dans toute la France.
www.tchekchouka.com

Flore et Jeanne
En Gironde et dans les départements voisins, on ne les présente plus. Ces deux passionnées de l'animation proposent différentes formules pour que les parents se détendent le jour J et que les enfants s'éclatent. Mention bien au premier rendez-vous gratuit à domicile.
www.flore-et-jeanne.com

Les Loustics
Rien que le nom fait envie ! L'agence, dans la région nantaise, propose tous les grands classiques : chasse au trésor, olympiades, château gonflable. Les plus : ils peuvent assurer l'encadrement du dîner et un service de baby-sitting.
www.les-loustics.com

Les Enfants fêtards
Dans la région lyonnaise, cette agence propose des formules très pratiques aux noms rigolos (« les zigotos », « les déglingos »...) pour divertir les enfants. Le plus : vous obtenez directement sur le site une idée du coût de l'intervention. Pas besoin d'attendre un devis !
www.lesenfantsfetards.com

Alpha Récré
Cette agence de baby-sitting ne se contente pas de faire les sorties d'école mais s'est spécialisée dans la garde d'enfants durant les fêtes. À vous de choisir la formule qui convient : simple garde ou divertissement.
www.alpharecre.com

Chapi Chapo
Située dans les Pyrénées-Orientales, cette agence regroupe aussi bien des baby-sitters que des animateurs pour garder et amuser les enfants.
www.chapi-chapo.fr

SOUVENIRS, SOUVENIRS

C'est dans la boîte !

Modern Confetti
Une pancarte pour annoncer le chemin vers le studio photo (ou le *photobooth*), un chapeau melon, une moustache, un béret, des lunettes loufoques... On commande tous les accessoires indispensables pour que vos invités se griment le temps d'un cliché dans votre cabine aménagée.
www.moderncontetti.com

My Pola
Pour des photos un peu 70's ou 80's, on apprécie le style polaroïd. Mais à l'achat, ce type d'appareil et surtout ses pellicules peuvent rapidement devenir onéreux. Alors merci à cette société qui propose de louer le matériel le temps de son événement. Pas besoin de se déplacer, on est livré à domicile !
www.my-pola.com

Flashmat
On oublie le cliché hyper conventionnel et pas rigolo du tout exigé par l'administration pour pouvoir enfin s'amuser avec le photomaton ! On loue une cabine le temps de son mariage et on laisse les invités prendre la pose. Une animation garantie 100 % succès.
www.flashmat.fr

David Cardoso
Tous les mariés qui l'ont engagé en parlent avec beaucoup d'enthousiasme. C'est simple : David Cardoso fait partie des photographes qui se distinguent par une véritable patte. Il joue des plans, des couleurs et des formes pour un résultat magnifique. Le coup de cœur.
www.davidone.fr

One and Only Paris
Une approche très chic et élégante du mariage : c'est le point fort de ces photographes qui séduiront tous les esthètes. Les clichés sont tout simplement à tomber. Les professionnels bilingues sauront mettre à l'aise les couples internationaux.
www.oneandonlyparisphotography.com

Sophie Delaveau
Voici une photographe qui s'est fait un nom dans l'univers de la photographie de mariage. Elle fait autorité avec de très beaux clichés où la lumière est la vedette, après les mariés ! À découvrir aussi pour ses très jolis plans.
www.sophiedelaveau.com

Encre noire
Ces professionnels sont des amoureux du reportage du mariage. Ils apprécient avant tout de suivre les mariés de A à Z durant cette journée particulière. Une valeur sûre.
www.encrenoire.com

Pierre Atelier
Rien ne lui échappe ! Ce photographe a le don de capter tous ces petits détails qui font la richesse d'une journée de mariage. On aime son approche moderne et son véritable amour des grands jours. Se déplace en France et à l'étranger.
www.pierreatelier.com

Caroline Vidal
Cette photographe aime s'amuser avec les mariés, et eux se laissent prendre au jeu. Résultat : les clichés sont très frais, romantiques, avec une pointe d'humour. Un bel équilibre.
www.carolinevidalblog.com

Wop
Derrière ce drôle de nom se cache un couple qui a découvert la passion de la photographie en mitraillant leur petite fille une fois par jour ! Au vu des résultats bluffants, ils ont élargi leur propos et se sont spécialisés dans les événements familiaux. Ils portent un regard frais et très poétique sur le mariage.
www.wideopen-photographies.com

Sophie Boulet
Elle nourrit un amour pour le noir et blanc mais ne boude pas la couleur. On aime la force qui se dégage de ses clichés, mais avec cette photographe au regard tendre, la douceur n'est jamais bien loin.
www.sophieboulet.com

Les Productions de la Fabrik
Une approche classique comme on les aime de la cérémonie de mariage, immortalisée en noir et blanc ou en couleur. Ces photographes réalisent un sans-faute, des préparatifs jusqu'à la réception.
www.lesproductionsdelafabrik.com

Hoppy Kindanda
Un nom insolite qui donne envie de savoir qui se cache derrière ! Eh bien, c'est un couple terriblement amoureux qui a décidé d'immortaliser tous ces moments où l'on se jure fidélité pour l'éternité. On aime la sensibilité de ce duo de photographes.
www.hoppykindanda.com

La Photoboîte
Une cabine photo à louer pour amuser vos invités avec des photographies décalées. Ils repartent avec leurs clichés et les mariés reçoivent un DVD avec l'ensemble des souvenirs.
www.laphotoboite.fr

Fotoautomat
Pour une séquence seul ou à plusieurs dans un Photomaton vintage, on loue une machine le jour J. Vos convives et vous-mêmes allez adorer ! Des photos souvenirs qui changent et qui se collectionnent.
http://fotoautomat.fr

You Cube
On organise un *photo call* dans... un cube ! Pierre-Yves Le Strat et son équipe installent sur votre lieu de réception une structure dure en forme de boîte. Libres à vous ensuite de trouver la position qui vous convient le mieux, la mise en scène la plus originale. Le résultat est top ! On a un vrai coup de cœur pour cette idée originale, ludique et artistique ! En plus, on récupère son cliché aussitôt.
www.you-cube.fr

Etsy
Un site marchand qui propose des accessoires top pour réaliser un *photo-booth* original. Vous y trouverez aussi plein d'objets intéressants pour la déco de mariage.
www.etsy.com

On tourne !

Vidéo de mariage
Une agence qui a la bonne idée de regrouper en son sein photographes et vidéastes de talent. L'offre, très pratique, présente différents packs avec des options au choix.
www.videodemariage.net

Agence Sofiacome
Ces vidéastes n'ont qu'une obsession : faire des mariés les vedettes d'un jour. Leur œil, toujours juste, les met vraiment en valeur. Cerise sur le gâteau : l'agence propose des photographes tout aussi talentueux.
www.sofiacome.fr

Sweet Love Wedding
Un nom d'agence tout doux qui présage le meilleur. Ici, on chouchoute vraiment les mariés. Le plus de l'agence : proposer des vidéastes et des photographes qui travaillent en étroite collaboration. La bonne synergie.
www.sweetlovewedding.com

Wild Box
Chanel et la Fnac (pour ne citer qu'eux) ont déjà fait appel à cette agence de

communication audiovisuelle spécialisée dans la vidéo. Depuis quelques années, elle a étendu son champ d'action en couvrant des mariages. L'assurance d'un travail de pro.
www.wildboxproductions.com

Love Story
Ce studio (ils refusent le terme agence) vous promet deux choses : un travail en osmose entre le vidéaste et le photographe, et une véritable direction artistique. Le traité des images est tout sauf artificiel ou conventionnel.
www.lovestory-mariage.com

VIP Box
C'est une cabine photo et vidéo virtuelle ! Les invités s'installent devant une machine et réalisent des clichés automatiquement mis en page. Chaque invité repart avec un modèle imprimé. Grâce à une caméra intégrée, la box permet aussi de filmer et d'enregistrer des messages audio. Les mariés reçoivent par la suite un DVD avec l'ensemble des témoignages.
www.vip-box.fr

DES TRANSPORTS PEU COMMUNS

Le royaume des animaux

Crealys
Chameaux, éléphants, chevaux, rennes... Toujours accompagnés par leurs dompteurs, les animaux sont transportés par la société jusqu'au lieu de réception.
www.location-animaux.fr

Carrosses et autres calèches...

Mariage en calèche
Du carrosse de Cendrillon au chariot du Far West, en passant par un attelage du grand Nord, vous ne pourrez pas rater votre arrivée ni votre départ !
http://mariageencaleche.fr

Provence Attelages
À jour exceptionnel, moyen de transport unique ! Rien n'est plus romantique qu'une calèche digne de celle de Scarlett O'Hara.
www.provence-attelages.com

Voitures

Visibuzz
Faites sensation en débarquant dans un taxi londonien ou en offrant à vos invités une virée en bus à impériale entre le lieu de cérémonie et celui de réception. *So british, dear* ! D'autres choisiront un *schoolbus* jaune américain. Chacun ses goûts !
www.visibuzz.com

Le Voiturium
Cette enseigne travaille avec les productions de cinéma et possède un garage très impressionnant.
www.levoiturium.fr

French Riviera Car
Cette agence loue des voitures de collection à travers toute la France en mettant en relation les propriétaires avec les futurs mariés. Très vaste choix.
www.frenchrivieracar.com

Classic Rent
La location de voitures de collection de toutes époques. Ça va vrombir sous les capots et dans le cœur des *aficionados* !
www.classic-rent.fr

American Limousines
Limousines XXL, Cadillac, Rolls-Royce, berlines, cabriolets... Une enseigne présente dans dix grandes villes françaises.
www.americanlimousines.com

Just 4 VIP
Aston Martin, Ferrari, Porsche, Lamborghini... Une écurie qui vous propose ses plus beaux bolides pour frimer le jour J.
www.just4vip.com

4 roues sous un parapluie
Cette entreprise amoureuse de 2 CV propose des forfaits pour des sorties amusantes et romantiques. Vous allez aimer le concept !
www.4roues-sous-1parapluie.com

Deux-roues

Vespa Tours en France
Pour des locations de courte durée de la célèbre Vespa. Nombreux coloris proposés !
www.vespatoursenfrance.fr

Harley Davidson
Pour une expérience unique, louez l'un de ces bolides à deux roues aux lignes reconnaissables entre toutes.
www.harley-davidson.com

Cyclogreen
Basée à Lille, cette société propose de louer des deux-roues verts : vélos classiques et électriques, scooters électriques, tandems...
www.cyclogreen.fr

Rent a bike in France
Le spécialiste de la location de deux-roues à travers toute la France. Il y en a pour tous les goûts, tous les niveaux et toutes les tailles, y compris scooters et motos !
http://rentabikeinfrance.com

Vélo Calèche
Faites pédaler un peu vos convives dans un pousse-pousse bicyclette. Au bout de quelques mètres, ils auront déjà l'impression d'être en Asie !
www.velocaleche.com

Gyropode Segway
On craque complètement pour ce véhicule tout-terrain ludique et écolo. On en loue pour soi, mais aussi pour que les invités s'y initient !
www.segway.fr

Dans les airs

Luxury Club
Pour bluffer tout le monde en survolant la terre en hélicoptère. *So VIP* !
www.luxury-club.fr

Air Magic
Montez à bord d'un beau ballon et envolez-vous vers votre nouvelle vie de couple...
www.air-magic.com

Tchou Tchou

Trains touristiques de France
Spécialiste des petits trains touristiques, cette société met à votre disposition sa flotte de véhicules sur pneus pour tous les événements qui vous tiennent à cœur. Enfin une bonne excuse pour jouer les touristes !
www.trainstouristiquesdefrance.com

Spécial petit budget

1. Lors de la cérémonie civile et/ou religieuse, passez-vous des services d'une cantatrice ou d'un organiste pour programmer tout simplement un CD ! Il existe aujourd'hui dans le commerce des compilations avec les meilleures musiques solennelles et de tous styles.

2. Vous ferez une gigantesque économie en zappant la location d'un animateur musical ! Préparez sur votre smartphone ou ordinateur une playlist composée de titres fédérateurs, empruntez des enceintes suffisamment puissantes pour garantir un son irréprochable et lancez la programmation ! Demandez simplement à l'un de vos proches de veiller au bon enchaînement des différents tubes.

3. Si vous avez choisi un DJ, négociez avec lui un forfait illimité pour la soirée plutôt que de le payer pour un nombre d'heures déterminé. Cela vous évitera de payer un supplément en cas de dépassement.

4. N'hésitez pas à faire appel aux assistants des photographes. Vous bénéficierez d'un travail de qualité mais à moindre coût. Et privilégiez les professionnels qui travaillent au numérique. Vous n'aurez pas à payer les pellicules et pourrez uniquement faire tirer sur papier les clichés qui vous plaisent.

5. S'il est difficile de ne pas faire appel à un photographe pro, en revanche, vous pourrez plus facilement vous passer des services d'un vidéaste. Confiez cette tâche à un proche qui adore se prendre pour Steven Spielberg !

6. Faites appel aux talents artistiques de votre entourage ou de vos jeunes invités. Votre cousin sera ravi d'animer le cocktail avec son groupe, votre voisin s'amusera à dessiner ou caricaturer vos convives… Et votre porte-monnaie ne s'en portera que mieux !

7. Faites l'économie d'un clown ou d'un animateur pour divertir les enfants mais prévoyez tout de même quelques activités aussi ludiques mais gratuites : DVD de leurs dessins animés préférés, jeux de société, ballons sauteur, raquettes de tennis, cordes à sauter, jeux de pétanque…

8. Inutile de louer le carrosse de la reine d'Angleterre pour éblouir vos invités ! Empruntez la super voiture de collection d'un proche ou contentez-vous de décorer votre véhicule de tous les jours. Selon les goûts : petits nœuds en tulle, couronne de fleurs, autocollants, gigantesque ruban sur le capot…

CHAPITRE 13

LISTE DE MARIAGE

Adieu le service cent cinquante pièces en trois exemplaires, les cendriers rapportés de Papouasie et les quatre peignoirs brodés « Elle » et « Lui » ! Aujourd'hui, vous avez la possibilité de recevoir des cadeaux qui vous ressemblent, des présents dont vous avez besoin et qui vous font réellement plaisir. Ces étrennes qui passent une seconde fois ont un nom : la liste de mariage. Toute faite ou à réaliser vous-même, traditionnelle ou high-tech, meubles design, tour du monde ou chèques à plusieurs zéros… Tout est possible ! Un grand moment de bonheur à déguster avant, pendant et longtemps après le jour J. Profitez-en !

Constituer sa liste

J-4 mois

L'idée de recevoir un grand nombre de cadeaux peut vous faire perdre la tête. Envolée la peur des chiffres à trois zéros et des marques inabordables. Il ne faudrait pas que cette partie de plaisir se transforme en épreuve pour vos invités ni en véritable casse-tête pour vous. Voici comment l'éviter.

• Les six règles en or

1. Accrochez-vous à la réalité. Dressez une liste très fidèle de ce dont vous manquez en art de la table, en électroménager, en meubles, en linge de maison et en matériel technologique.

L'intérêt : on évite d'avoir en double des objets qui, une fois passé l'attrait de la nouveauté, finiront dans un placard.

2. Complétez la première liste avec toutes les choses qui vous font réellement envie : des bouteilles de vins millésimés, un nécessaire de voyage, un abonnement à l'opéra...

L'intérêt : on se fait plaisir avec une liste de mariage qui allie l'utile à l'agréable.

3. Prenez le temps de faire le tour de vos boutiques préférées et des grands magasins pour regarder leurs offres.

L'intérêt : on décide rapidement si une grande enseigne est suffisante ou s'il faut déposer une autre liste ailleurs pour être complètement satisfaite.

4. Prévoyez plus de cadeaux qu'il n'y a d'invités et pensez à des objets de styles différents.

L'intérêt : les invités retardataires n'auront pas à choisir entre la méridienne Louis XIV et le dernier saladier en inox. Ils pourront vous offrir un objet qui leur plaît vraiment.

5. Veillez à ce qu'il y ait autant de petits cadeaux que d'autres plus prestigieux. La moyenne pour les cadeaux étant d'environ 80 €.

L'intérêt : on évite de se brouiller avec les amis aux revenus modestes.

6. Remerciez vos invités au fur et à mesure que vous recevez vos cadeaux en leur envoyant une petite carte.

L'intérêt : on évite de le faire le jour J et de forcément oublier quelqu'un.

REPÈRES

Comment l'annoncer ?

Recevoir un faire-part qui mentionne la liste de mariage peut choquer certains invités. D'autres, au contraire, vont trouver cela pratique pour prendre leur disposition. Dans le doute, abstenez-vous. Laissez les invités se manifester pour en savoir plus sur la liste de mariage. Il est donc indispensable de la déposer avant l'envoi du faire-part pour pouvoir répondre à toutes leurs questions.

• Pourquoi pas un don ?

Vous trouvez la liste de mariage démodée, égoïste ou inutile parce que vous avez tout ? Pourquoi ne pas en faire profiter les plus nécessiteux ? Vous pouvez décider de donner tout ou partie de son montant à une œuvre de charité, une association ou un centre de recherche. Les causes ne manquent pas. Faites parler votre cœur. Des idées de dons sur : www.goodgifts.org

Trois bonnes raisons de déposer sa liste dans un grand magasin

Les grandes enseignes rivalisent de privilèges pour inciter les jeunes couples à déposer la liste de mariage chez eux. Présentation de leurs arguments communs.

• La simplicité

Pour faciliter votre choix, vous recevrez une liste de mariage type ou proche de vos goûts. En cas de doute, des conseillers peuvent vous aider à la constituer. Une fois la liste déposée, les invités peuvent la consulter sur place, dans la boutique de leur région ou par téléphone. De la même manière, vous allez pouvoir contrôler l'évolution de la liste de mariage.

• Les avantages

Le principal avantage est l'avance faite au couple de l'ordre, en moyenne, de 500 €. Elle lui permet de réaliser des achats avant même que sa liste de mariage ne soit créditée. La plupart des enseignes proposent de déposer le voyage de noces sur la liste de mariage et de bénéficier de nombreux avantages.

Quand la liste atteint un certain montant, vous recevez en cadeaux des articles d'art de la table. Autres avantages, la livraison gratuite à Paris et en région parisienne, des heures de parking gratuit…

• Les réductions

En fonction des boutiques, elles portent sur la robe de mariée, le costume, les alliances ou des produits de beauté achetés dans l'enseigne.

(Voir Carnet d'adresses en fin de chapitre.)

REPÈRES

On n'oublie pas les hypermarchés

Certaines grandes surfaces sont dotées d'un espace liste de mariage. Vous y trouverez des avantages équivalents et un choix de cadeaux assez large. Tout dépend de vos attentes. Découvrez les offres de Carrefour et Auchan.

À chacun sa liste

Vous l'aurez compris, la liste de mariage dépend des besoins de chacun. Pour la constituer au mieux, repérez votre profil parmi les trois qui sont proposés. Vous vous reconnaîtrez forcément dans l'un d'eux.

• Vous n'avez rien ou presque

Vous habitez toujours chez vos parents, vous avez été ermite en Amazonie pendant cinq ans ou vous avez toujours vécu en cohabitation... Bref, vous n'avez jamais eu de chez vous et, mis à part un matelas, quelques casseroles et un réchaud, vous n'avez pas grand-chose pour vous meubler.

Dressez la liste de vos principaux besoins : batterie de cuisine, lit, parure de draps, linge de maison, électroménager, canapé...

Ajoutez quelques objets de déco et du matériel high-tech : tableaux, lampes, téléviseur à écran plasma, lecteur DVD...

Déposez une liste complète et classique auprès d'un grand magasin ou d'une enseigne multimarques.

• Vous avez tout ou presque

C'est le cas de la majorité des couples. Soit parce qu'ils vivent ensemble depuis des années, soit parce qu'ils ont chacun leur appartement. On ne vous conseillera pas de tout bazarder mais de faire un tri honnête parmi toutes vos affaires. C'est le moment de se séparer des vieilleries, des objets encombrants ou du matériel capricieux. La première bonne nouvelle, c'est que vous allez vous faire un peu d'argent : en participant aux brocantes, en mettant vos objets dans un dépôt-vente ou en organisant des ventes privées chez vous. L'autre bonne nouvelle c'est que vous allez renouveler votre maison et perfectionner votre équipement grâce à la liste de mariage. Et comme il y restera de la place, vous allez vraiment vous faire plaisir en la complétant avec ce qui vous tient à cœur. Inspirez-vous de ces quelques idées.

Un voyage

Mettre le voyage de noces sur la liste de mariage est devenu pratique courante. C'est la façon idéale de le financer. Les agences de voyage spécialisées dans ce domaine sont légion. Vous n'aurez que l'embarras du choix.

Des tableaux

Offrir une toile à un proche sans se ruiner est tout à fait possible. De nombreuses galeries misent sur de jeunes artistes et pratiquent des tarifs abordables. Vous pourrez choisir vos tableaux sur Internet et en faire part à vos proches.

Du vin

Les amateurs savent à quel point il est important de bien conserver le vin. Équipez-vous d'une cave digne de ce nom et des accessoires indispensables.

Et si vous souhaitez découvrir tous les mystères du vin, pourquoi ne pas vous offrir un week-end œnologique ?

De l'argent

Si vous n'êtes pas étouffée par les scrupules, faites-le savoir sans intermédiaire. Observez juste quelques règles pour ne pas froisser votre monde. Ne demandez rien directement mais faites jouer le bouche à oreille. Le jour du mariage, disposez une enveloppe dans un endroit visible. Le mieux étant de l'accessoiriser pour renseigner vos invités sur la façon dont vous allez utiliser l'argent : une mappemonde pour un voyage de noces, un plan détaillé pour un appartement, des traces de pneus dessinés pour une voiture…

(Voir Carnet d'adresses en fin de chapitre.)

• Une liste pas tout à fait comme les autres…

Pierre et Sidonie, qui ne manquent pas d'humour et d'esprit pratique, ont fait passer un message très clair à leurs invités, en leur proposant une liste pas tout à fait comme les autres mais qui correspond pourtant à leurs réels besoins et envies. Une manière originale de faire participer vos invités à votre installation :

- Les amendes pour stationnement interdit de Pierre.
- Un abonnement d'un an à son magazine préféré pour Sidonie.
- La collection complète des albums de Tintin.
- Un accès à un service de téléchargement légal pendant un an.
- La peinture de l'aile droite de la voiture de Sidonie.
- Des cours d'anglais pour Pierre.
- Un abonnement à l'opéra pour nous deux.
- L'affiche de cinéma de *Chinatown* pour le bureau de Pierre.
- Des cours de cuisine thaï pour Sidonie.
- Le ramonage de notre cheminée.
- Un abonnement pour deux à un club de gym.
- Une paire d'escarpins haute couture pour Sidonie.
- Un blouson d'aviateur vintage taille 48 pour Pierre.
- Cinq passages chez l'esthéticienne pour Sidonie.
- Un abonnement à la Comédie-Française pour nous deux.
- Trois semaines de cat-sitting pour nos chats Minos et Fidji.
- L'arrosage de nos plantes pendant nos vacances.
- L'aller-retour en taxi vers l'aéroport pour notre voyage de noces.
- Une initiation à Photoshop pour mettre en valeur nos photos de lune de miel.
- Un week-end en Relais & Châteaux.
- Quatre tubes de protection solaire indices 10 et 25 pour Pierre et 30 et 45 pour Sidonie.

- Le coffret DVD de toutes les saisons de la série *Mad Men.*
- Quelques gros bras pour notre déménagement prévu le 15 octobre à 8 heures du matin.

Une liste sur Internet

Vous n'avez pas le temps d'arpenter les allées des grandes enseignes, vous avez des envies très variées et vous souhaitez vous faciliter la tâche en restant chez vous ? C'est possible ! Il suffit de déposer votre liste sur Internet après avoir visionné les multiples produits proposés de marques très différentes. En quelques clics, vos invités auront également fait leur choix... À vos souris, prêts ? Cliquez !

(Voir Carnet d'adresses en fin de chapitre.)

CARNET D'ADRESSES

LES GRANDS MAGASINS

Printemps Listes

Le grand magasin offre de nombreuses réductions aux couples qui déposent leur liste de mariage chez eux et propose gratuitement l'accompagnement par des *wedding shoppers*.
0 892 68 68 91
www.listes.printemps.com

1001 Listes

Le site 1001 Listes, référent dans le domaine, s'est vu confier la gestion des listes de mariage des Galeries Lafayette et du BHV Marais. Désormais, lorsque vous ouvrez une liste sur le site, vous avez accès à l'offre des deux grands magasins : grands noms des arts de la table, marques de décoration pointues, voyagistes haut de gamme... Une bonne nouvelle à laquelle s'ajoutent différents privilèges et réductions pour les futurs mariés. Pourquoi s'en priver ?
www.1001listes.com

Le BHV

L'enseigne des bricoleurs ne cesse de se renouveler. Aujourd'hui, le département mariage s'est nettement développé. Il accueille une clientèle à l'esprit pratique et moderne. Une très grande place a été récemment accordée à la déco.
www.bhv.fr

Le Bon Marché Rive Gauche

L'adresse chic de la Rive gauche propose un service sur mesure pour accompagner les couples. Dès l'ouverture de la liste, un conseiller vous est attitré pour vous guider dans vos choix et même effectuer vos achats. Pour vous aider, le site propose des listes type de mariage illustrées en photos. Bien vu !
www.listes.lebonmarche.com

Ikea

Il est possible de se faire offrir une carte cadeau qui n'est pas nominative et dont la durée d'utilisation est illimitée. Une bonne idée à glisser à ses convives.
0 891 67 00 37
www.ikea.com

LISTES INSOLITES

Voyages

Un Monde à Deux
Une sélection de séjours à tarifs préférentiels pour les jeunes mariés. Un conseiller accueille le couple à l'agence pour un suivi personnalisé.
01 70 38 22 21
www.unmondeadeux.com

Jet tours
Cette agence que l'on ne présente plus soigne particulièrement la mariée en lui offrant de nombreux cadeaux et réductions. Pour le luxe absolu, consultez le catalogue Secret.
0 820 830 880
www.jettours.com

Tableaux

Art Up Déco
Une idée originale et culturelle : se faire offrir des œuvres d'artistes contemporains.
59, quai Saint-Vincent, 69001 Lyon.
04 78 39 32 50
39-41, avenue Daumesnil,
75012 Paris.
01 46 28 80 23
www.artupdeco.com

Antiquités

Ventes aux enchères et antiquaires
Et pourquoi ne pas se faire vraiment plaisir avec des objets rares et de valeur ? Déposez votre liste auprès d'un antiquaire ou des hôtels de vente.
www.conseildesventes.com

Nature

La Liste verte
Des accessoires pour le jardinage, des plantes et des fleurs fraîches tout au long de l'année : donnez à vos amis l'occasion de vous offrir des cadeaux végétaux.
02 48 54 02 29
www.listeverte.com

Vins

Eurocave
Des armoires à vins sophistiquées qui s'intègrent partout.
Liste des dépositaires :
www.eurocave.com

Pro Dégustation
Apprenez en un week-end à identifier et à déguster le vin. L'initiation se déroule dans plusieurs villes de France dont Paris, Lyon, Marseille, Toulouse, Cannes...
0 820 82 10 20
www.prodegustation.com

Liste de mariage sur Internet

Mille mercis mariage
Un jeune site qui monte et qui propose aux futurs mariés de choisir leurs cadeaux directement sur le Web et parmi les références de plus de 200 boutiques. Vos invités ont également la possibilité de déposer des dons sur votre compte bancaire.
01 49 49 06 68
www.millemercismariage.com

Kadeos
500 points de vente en France auprès d'enseignes comme But, Casa, Darty...
www.ticket-kadeos-pme.fr

Lily Liste
Sans bouger de chez vous et à n'importe quelle heure du jour et de la nuit, choisissez en ligne les cadeaux qui vous combleraient de bonheur. Vous allez craquer pour les millions de produits proposés et pourrez profiter des nombreux conseils prodigués sur le site. Archi simple pour vous et pour vos invités. Un vrai coup de cœur pour cette nouvelle venue dans le monde des listes de mariages.
www.lily-liste.com

Notre Liste
Faites votre choix parmi des centaines de marques partenaires. Des enseignes connues de vêtements, bijoux, voyages, décoration, produits culturels, gastronomie et loisirs...
www.notreliste.com

Smartbox
La Smartbox est un coffret qui cache 1 001 idées de cadeaux à thèmes ! Au choix : un séjour dans un palace, des cours de cuisine, un week-end sportif, une initiation à l'œnologie, un saut en parachute en amoureux...
09 69 32 37 33
www.smartbox.com

Zankyou
Quand la traditionnelle liste de mariage rencontre les nouvelles technologies, ça donne ce site archi personnalisable pour lequel nous avons eu un coup de cœur. Comme d'hab, on peut inscrire dans sa *wish list* et sans dépendre d'une enseigne particulière un service de table en porcelaine (pour faire plaisir à sa grand-tante), de l'équipement high-tech, son voyage de noces (avec étapes et activités en plus)... On peut aussi suggérer de faire des dons à des associations caritatives que l'on soutient. Mieux encore, l'appli permet de créer des cadeaux sur mesure en prenant la photo d'un objet que l'on aurait repéré. Et si l'on change d'avis ? Le montant des cadeaux offerts est directement reversé sur notre compte bancaire. Sans oublier que le site est accessible en six langues. Zankyou qui ?
www.zankyou.com

Listes vertes et éthiques

Good gifts
Comme son nom l'indique, cet organisme se charge de faire des « cadeaux bons et généreux ». La somme versée par vos invités servira à payer la note d'électricité ou les frais de scolarité d'une famille défavorisée.
www.goodgifts.org

Climat mundi
Faites-vous offrir le pack « *just Married* » qui compense les émissions de CO_2 d'une réception de 150 personnes et de deux billets d'avion pour les jeunes mariés avec en cadeau quelques excursions sur place. Bien joué !
www.climatmundi.fr

Les grandes surfaces

www.geant.fr
www.carrefour.fr

La bonne idée

Amikado
Idéal pour les cadeaux de groupe. Vos invités déposent, en toute sécurité, une somme d'argent sur ce site qui

centralise les versements et les noms des généreux donateurs. Libres à vous ensuite de transformer ce pécule en un objet (dans l'une des enseignes proposées) ou de conserver cette somme pour la dépenser comme bon vous semble. Diplomate, le site envoie un mail de rappel à ceux qui auraient oublié d'envoyer leur virement !

À utiliser également en d'autres circonstances : cadeaux d'anniversaires, de départ, de pendaison de crémaillère…
www.amikado.com

CHAPITRE 14

LUNE DE MIEL

Évitez le coup de blues post-mariage en pensant qu'une fois les derniers lampions de la réception éteints, la fête est terminée. Au contraire ! C'est maintenant que l'aventure commence… D'abord, avec une nuit de noces forcément magique qui restera dans vos mémoires. Ensuite avec un voyage pas comme les autres, placé sous le signe de la romance. Et après l'effort, le réconfort ! Vous avez bien mérité de partir vous reposer dans un nid douillet, sous les tropiques ou à dos de chameau. À chacun d'imaginer sous quelle lune de miel vous roucoulerez enfin à deux, loin de tout et de tous !

Où passer sa nuit de noces ?

J-3 mois

C'est une nuit pas comme les autres qui marquera votre nouveau statut de femme mariée. Et ça, c'est une petite révolution en soi ! Le choix du lieu de la nuit de noces ne se fait donc pas au hasard. Qu'il soit guidé par des questions de commodité ou de coût, il restera à jamais dans votre mémoire. Autant que ce soit dans la case des bons souvenirs.

REPÈRES

Le saviez-vous ?

Au moment de la réservation de la chambre d'hôtel, du voyage et au moment d'enregistrer les bagages, pensez toujours à préciser que c'est pour votre nuit de noces ou votre lune de miel. Les hôteliers et les voyagistes penseront sans doute à faire un petit geste : coupe de champagne, corbeille de fruits, surclassement dans l'avion…

• Passez votre nuit de noces…

Sur le lieu de la réception

Les hôtels, châteaux et auberges où sera célébré le mariage sont souvent dotés de chambres où vous pourrez passer votre nuit de noces. En général, ils réservent un accueil particulier aux jeunes mariés (bouquets de roses, champagne, chocolats). N'hésitez pas à demander quelles sont ces petites attentions. Elles participeront à la réussite de la soirée.

Dans un hôtel de luxe

C'est le moment idéal pour se faire plaisir. Mettez en sourdine votre côté raisonnable et foncez sur la suite avec une jolie vue. Le lendemain, profitez de la matinée pour faire un saut dans la piscine (en général, elles valent le détour) ou pour vous détendre au spa, une coupe de champagne à la main. Dans votre situation, y'a pas d'heure pour en consommer !

À la maison

C'est la solution pratique quand la fête s'est déroulée à la maison ou dans un lieu à proximité. Rien ne vous empêche d'en faire une soirée spéciale. Surprenez votre homme en décorant la chambre de fleurs pas trop odorantes. Misez sur un éclairage tamisé en recouvrant les abat-jour de tissus et en disposant des bougies un peu partout. Gardez une bouteille de champagne au pied du lit pour continuer la soirée ou pour bien commencer la matinée.

Astuces budget

Les palaces et les hôtels étoilés proposent aussi des nuits à des prix réduits sur les sites Internet consacrés aux achats de dernière minute.

(Voir Carnet d'adresses en fin de chapitre.)

REPÈRES

Nuit torride : fantasme ou réalité ?

Fantasme : la nuit de noces est censée être une nuit d'ébats torrides et bouleversants. La médiocrité comme la banalité n'y ont pas leur place.

Réalité : les nouveaux époux ont vécu une journée marathon, pleine d'émotions mais fatigante. Il n'est pas rare qu'ils tombent de sommeil une fois posée la tête sur l'oreiller. Ne culpabilisez surtout pas si c'est le cas. Vous aurez tout le loisir de rattraper la nuit de noces.

À chacun sa lune de miel

J-5 mois

Traditionnellement, le choix de la destination revenait à monsieur qui organisait le voyage de noces dans le plus grand secret. Mais depuis que vous avez la possibilité d'inscrire votre périple sur votre liste de mariage ou de demander une petite enveloppe pour le financer, le mystère a quelque peu disparu. Discutez donc ensemble de vos goûts, de vos rêves de toujours et concoctez-vous une expédition sur mesure.

• Une lune de miel aventure

Griller au soleil sur la plage ne vous a jamais attirée. Vous refusez l'idée d'un voyage de noces « plan-plan ». Il vous faut votre dose d'adrénaline, de découverte et de challenge physique. À vous les treks en haute montagne, les équipées à cheval, les traversées du désert à dos de chameau ou les descentes de rapides en canoë. Bref, la grande aventure. Privilégiez les destinations telles que :

- l'Afrique (Zambie, Lesotho, Gambie : des terres méconnues des voyageurs qui raviront les curieux) ;
- l'Amérique du Sud (chevauchez en Argentine, marchez le long de la Cordillère des Andes, percez les secrets de l'Amazonie…) ;
- les steppes mongoles (parcourez-les à cheval et dormez dans des yourtes) ;
- l'Alaska (offrez-vous une légendaire ballade en traîneau).

La valise idéale : des chaussures de marche confortables déjà portées, des pantalons larges adaptés à la marche et au sport en général, des tee-shirts manches longues en coton, un chapeau, une cape de pluie, une lampe de poche frontale, une gourde, des barres de céréales, une trousse de premiers soins et des pansements anti-ampoules.

Elle est passée par là

« J'ai toujours été attirée par l'Inde. Et en même temps, complètement paniquée à l'idée d'affronter une certaine misère et la différence culturelle. Mais Jeffrey, mon époux, m'a fait la surprise de réserver deux billets pour le Kerala en guise de lune de miel. Un excellent choix car c'est une première immersion en douceur dans un pays aux mille réalités. Le Kerala, c'est des paysages très verts et des *backwaters* sur lesquels on vogue sur des bateaux en bois. Une destination calme qui dégage une grande sérénité. On a adoré ! »

ROXANNE

• Une lune de miel grand luxe

L'infrastructure hôtelière est un critère capital dans le choix de votre destination. Pour vous, l'ère du camping est révolue. Vous ne concevez vos vacances que dans des hôtels 5 étoiles dotés d'une décoration design, de chefs renommés et d'un spa irréprochable. Casser la routine avec un séjour de rêve est votre plus belle récompense de l'année. Votre lune de miel n'y fera donc pas exception : du luxe comme s'il en pleuvait ! Succombez au charme :

- du riad marocain nouvelle génération, subtil mélange d'architecture traditionnelle et de confort occidental ;
- du lodge en Afrique australe (Kenya, Tanzanie, Botswana...). Ce sont de sublimes hôtels en bois au milieu de la savane ;
- du palais indien, grand héritage des maharadjahs ;
- du bungalow de luxe aux Caraïbes, véritable appartement avec accès privé à la plage.

La valise idéale : des vêtements décontractés mais élégants pour la journée. Des tenues de soirée pour les cocktails et les dîners toujours très chics. Ne vous ruinez pas en renouvelant votre garde-robe avant de partir. Misez sur les étoles et les bijoux qui rehausseront vos tenues. Les lunettes de soleil sont l'accessoire indispensable. Tout comme le maillot de bain pour lézarder au bord de la piscine et pour vos soins au spa.

• Une lune de miel farniente sous les palmiers

Vous souhaitez enfin apparaître sur l'incontournable carte postale « sable blanc, hamac et cocotiers ». Vous rêvez de cocktails servis au bord de la piscine, vous fantasmez sur l'eau turquoise des Tropiques et l'idée de ne rien faire vous fait monter au 7e ciel ? Alors, n'hésitez pas et embarquez pour les mers chaudes et faites du farniente au soleil votre nouvel art de vivre. Prenez deux billets pour :

- les Maldives et ses îles hôtels, ses extraordinaires fonds marins et la gentillesse des habitants ;
- l'île Maurice et son hôtellerie de très grand luxe, ses plages de sable blanc et sa végétation luxuriante ;
- la Polynésie française et ses paysages qui ont inspiré Gauguin, ont retenu Marlon Brando et pour être au bout du monde !

La valise idéale : maillots de bain, paréo, chapeau, tongs, une ou deux robes habillées, châle, crème solaire à indice élevé, crème anti-moustique, matériel de plongée...

• Une lune de miel culturelle

Les doigts de pied en éventail et ne rien faire ? Non merci ! Vous êtes plutôt le nez constamment en l'air, les yeux écarquillés, à l'affût de la sculpture cachée au fond d'un parc et d'un trésor enfoui sous les caves d'un manoir. Vous arpentez le bitume et les allées des musées sans fatigue et vous n'avez de cesse d'étancher votre soif de connaissances :

- les pays aux nombreux vestiges architecturaux et aux civilisations fascinantes : Égypte, Grèce, Jordanie...
- les villes-musées : Rome, Florence, Londres, New York, Sao Paulo...
- les pays aux richesses culturelles trop souvent ignorées : Éthiopie, Guatemala, Inde, Japon, Russie...

La valise idéale : chaussures confortables, chapeau, lunettes de soleil, jumelles, foulard, châle, guide, vêtements *casual wear*, tenue plus chic, pansements anti-ampoules.

• Une lune de miel écolo-nature

On vous appelle les « amoureux verts », vous pratiquez le tri sélectif avec une minutie digne des plus grands militants écolos et vous vouez un grand respect à Dame nature. Vous fuyez le tourisme de masse, vous recherchez les grands espaces et souhaitez partir à la rencontre des autres. Vous craquerez pour :

- les associations humanitaires ou de défense de la nature qui proposent de les accompagner en mission ;
- les tribus méconnues de la planète ;
- les séjours dans des éco-lodges, en gîtes ruraux, sur une péniche ;
- les fauves fascinants et les oiseaux à protéger...

La valise idéale : chaussures de marche, chaussettes bouclette, veste de pluie, pull en polaire, pantalons et tee-shirts dans des matières naturelles, trousse de secours bien remplie, chapeau, lunettes de soleil...

• Peu de temps et/ou petit budget

Vous ne disposez que de quelques jours... Organisez-vous un week-end prolongé. Le dépaysement vous donnera l'impression d'être partis plus longtemps. Les professionnels du tourisme proposent des forfaits intéressants du jeudi au dimanche.

- Partez à la découverte des villes européennes pour un week-end prolongé : Rome, Venise, Budapest, Bruges...
- Envolez-vous pour le soleil et les richesses artisanales de l'Afrique du Nord : Maroc, Tunisie...
- Offrez-vous la France : nuits dans un château, remake du film *Un Homme et une Femme* sur les plages de Normandie, farniente sur la Côte d'Azur, soirée au coin du feu dans un chalet en montagne, thalassothérapie en Bretagne...

• « On n'arrive pas à choisir »

Vous n'avez pas forcément les mêmes goûts, vous voulez joindre l'utile à l'agréable, vous n'arrivez pas à faire de choix ? Vous pouvez toujours :

- Traverser en voiture un pays ou un continent : changements de paysages et d'ambiances garantis !
- Faire un tour du monde.
- Mélanger culture et farniente en Grèce (visite des sites archéologiques et séances de bronzage sur les îles), en Thaïlande (shopping à Bangkok, visite des temples à Chiang Mai et plage à Phuket).

(Voir Carnet d'adresses en fin de chapitre.)

• Les conseils d'une globe-trotteuse

Vérifier sur le site du ministère des Affaires étrangères la situation politique des destinations. Site : www.diplomatie.gouv.fr

Avant de choisir une destination, vérifier les différentes formalités : passeport/ visa/vaccins/ traitement antipaludéen.

Se renseigner sur la météo de la destination pour éviter de tomber en pleine mousson.

Toujours faire deux photocopies de son passeport. Une qu'on laissera à un proche avant de partir et l'autre qu'on gardera toujours avec soi en voyage. Cela facilite la paperasse en cas de perte dudit document.

Toujours fermer avec un cadenas ou un code ses bagages et mettre son nom sur une étiquette, à l'extérieur. Pour éviter toute confusion au moment de les récupérer, ne pas hésiter à les différencier avec un autocollant, une couleur un peu flash, des rubans attachés à la poignée.

Ne jamais mettre tous ses œufs dans le même panier : garder dans son bagage de cabine une petite trousse de toilette d'urgence, des sous-vêtements de rechange, un tee-shirt propre, ses papiers, ses cartes de crédit. Au cas où votre valise se perdrait, vous saurez vous débrouiller 24 heures.

Ne jamais mettre tout son argent au même endroit et s'en souvenir !

Songer à prendre ses médicaments habituels (toujours avec soi et les ordonnances), ses produits d'hygiène féminine et ses contraceptifs (pas toujours facile d'en trouver partout ou alors à des prix terrifiants !), des pansements gastriques en cas de méchante turista.

Pour ne jamais être prise au dépourvu, prendre l'habitude de glisser dans sa valise : un châle ou un foulard (pour visiter des lieux sacrés ou pour ne pas avoir froid), des petites bougies aromatisées pour créer une ambiance agréable dans n'importe quel boui-boui, un sac vide pour rapporter des souvenirs, une tenue habillée, un coupe-vent ou une veste de pluie.

Dans l'avion, toujours prendre un châle (il fait très froid et il n'est pas rare d'avoir mal à la gorge), boire beaucoup d'eau (on a tendance à se déshydrater en vol), retirer ses lentilles (l'air très sec les assèche), penser à porter des collants de contention ou à se masser les jambes avec un gel pour jambes lourdes (surtout sur les longs courriers), éviter de boire de l'alcool (les effets sont multipliés en altitude), se forcer à faire quelques pas dans les allées, prendre un masque pour les yeux et des bouchons anti-bruit.

Si l'on ne voyage pas en classe business, arriver en avance pour choisir les places. Demander de préférence celles situées près de la sortie de secours ou face aux écrans de cinéma (plus de place pour étendre vos jambes).

En cas de décalage horaire, se mettre dès l'avion à l'heure locale en réglant sa montre. À l'arrivée, il faut respecter ce nouveau rythme en ne se couchant pas en pleine journée, malgré la fatigue. Au contraire, une exposition à la lumière du jour aide le corps à s'adapter. Il faut sortir et prendre ses repas aux horaires locaux.

Une fois à l'hôtel, vérifier la chambre avant de s'y installer.

Éviter d'appeler depuis l'hôtel. Les tarifs sont exorbitants. Préférer les cartes prépayées pour appeler depuis une cabine téléphonique.

SOS lune de miel

Ça peut arriver ! À cause du mauvais temps, d'une tromperie sur la marchandise (entendez par là des prestations pas à la hauteur de leur prix) ou d'engueulades répétées.

En cas de pluie, partez à la découverte des trésors culturels de la ville, profitez-en pour nouer des liens avec les couples de l'hôtel et faites une cure de lecture en attendant un ciel plus clément (d'où l'intérêt de glisser dans la valise au moins trois bouquins et des jeux de société peu encombrants).

Si l'hôtel est vraiment loin de vous satisfaire, exigez de voir le directeur et négociez avec lui des compensations (gratuité des excursions, demi-pension, accès au spa gratuit…).

Quand la mauvaise ambiance est due à un problème d'entente, la seule chose à faire est de prendre votre mal en patience. Prenez l'air, accordez-vous une journée en solo et faites un point très objectif sur ce qui ne colle pas. Vivre ensemble 24 h/24 peut être déstabilisant. Cela nécessite de petits efforts de la part de chacun.

Quel que soit le problème, essayez de positiver. Ces petits soucis seront des anecdotes dont vous rirez plus tard.

CARNET D'ADRESSES

NUIT DE NOCES

Hôtel de Crillon
Un des palaces les plus réputés sur la place de Paris. Un forfait lune de miel a été conçu pour les jeunes mariés incluant une nuit d'exception dans une suite et un petit-déjeuner royal.
10, place de la Concorde, 75008 Paris.
01 44 71 15 01
www.crillon.com

Mandarin Oriental Paris
Depuis que le fameux groupe hôtelier a ouvert une adresse à Paris, les inconditionnels du confort et du design version mandarin sont aux anges. Déco luxueuse et gastronomie aérienne signée Thierry Marx.
www.mandarinoriental.fr

La bastide de Marie
Nuit de noces provençale dans la sublime bastide de Marie, en plein cœur du Lubéron. Le bâtiment, qui date du XVe siècle, est entouré d'hectares de vignes.
64, chemin des Peirelles,
84560 Ménerbes.
04 90 72 30 20
www.labastidedemarie.com

Château de Bagnols
C'est un des joyaux de la campagne du Beaujolais. Tours, fossés, pierre de couleur miel, tout y est pour passer une nuit des plus romantiques. Entre chambres, suites ou appartements, vous aurez l'embarras du choix.
69620 Bagnols.
04 74 71 40 00
www.chateaudebagnols.com

Les Leading Hotels of the World
Le label des hôtels exceptionnels en France et à travers le monde.
www.lhw.com

Les Relais & Châteaux
Pour trouver une demeure de caractère ou un château et y passer une nuit enchantée.
www.relaischateaux.com

Hôtel Amour

Un nom tout trouvé pour votre première nuit de jeunes mariés. Une décoration originale et imaginée dans chaque chambre par les artistes André, Sophie Calle, Pierre Le Tan, etc. On fait un tour dans le très romantique jardin pour y déguster un thé en tête à tête. À prix très doux.
8, rue de Navarin, Paris 70009.
01 48 78 31 80

Collège Hôtel

Au cœur du vieux Lyon, retombez en enfance dans cet établissement à la déco « école rétro ». Surprise aux étages où les chambres design sont d'un blanc immaculé. À vous d'y écrire les pages de votre histoire d'amour.
5, Place Saint-Paul, 69005 Lyon.
04 72 10 05 05
www.college-hotel.com

Château Saint Just

Cachez-vous dans un écrin de verdure, à seulement quelques kilomètres de Paris, pour savourer vos premières nuits de Monsieur et Madame dans un parc de dix-sept hectares ! Vous aimerez le subtil mélange architectural du domaine qui a su traverser les siècles avec romantisme.
0 844 854 2910
www.chateausaintjust.com

VOYAGE DE NOCES

Aventures

La Balaguère

Cette agence s'est donnée pour mission de redorer le blason de la randonnée en imaginant des thèmes originaux pour la France et des itinéraires uniques pour le reste du monde.
05 62 97 46 46
www.balaguere.com

Terres d'Aventure

Le spécialiste de la marche à pied vous réserve des randonnées aux quatre coins de la planète, avec des formules spéciales pour les familles et des forfaits liberté.
0 825 700 825
www.terdav.com

Chemins de sable

Une agence qui a fait du désert sa spécialité et maîtrise les dunes d'Afrique occidentale, australe ou orientale. Leur dernière conquête est l'Amérique du Sud. Hors des sentiers battus.
01 55 28 39 99
www.cheminsdesable.com

Atalante

Des amoureux de toutes les montagnes : celles de Jordanie, d'Inde, de Chine, de Mongolie… Des parcours hors du commun, élaborés par une équipe de professionnels. À choisir les yeux fermés.
Agences à Lyon, à Paris et en Belgique.
www.atalante.fr

Vacances Transat

Un tour opérateur spécialiste des destinations du grand Nord (Laponie, Finlande, Groenland, Scandinavie…) mais aussi des États de la « Nouvelle Europe » : les États Baltes, la Hongrie, la Roumanie, la Pologne… Sans oublier la Grande-Bretagne avec la mystérieuse et chaleureuse Écosse.
01 45 15 15 06
www.vacancestransat.fr

Superfast Ferries
Si vous avez choisi de découvrir l'Europe en bateau, vous saurez apprécier le confort de ces navires, quelle que soit la durée du voyage. Vous traverserez la mer du Nord ou l'Adriatique en toute tranquillité avant de reprendre votre voiture pour continuer l'aventure !
www.superfast.com

Grand luxe

Mandarin Oriental
Ce groupe hôtelier est l'ambassadeur du luxe asiatique aux quatre coins du monde : Europe, États-Unis, Amérique latine et Asie. Les hôtels rivalisent de raffinement et sont dotés d'un spa qui vaut à lui seul le détour. Sans parler d'une gastronomie fine aux parfums d'Asie.
www.mandarinoriental.com

Hôtels Oberoi
Neuf des hôtels Oberoi font partie du très select club du *Leading Small Hotels of the world*. Une marque de distinction qui les classe parmi ceux ayant le plus haut niveau de confort et de service au monde. Une note spéciale pour les hôtels Oberoi établis en Inde, à l'architecture et à la décoration époustouflantes.
www.oberoihotels.com

Venice Simplon-Orient-Express
Quoi de plus romantique et de plus luxueux qu'un train Orient-Express ? Embarquez pour le plus mythique d'entre tous : le Venice Simplon-Orient-Express. Une balade qui vous mènera de Paris à Venise, en passant par la Suisse et l'Autriche. Dîner gastronomique à bord.
01 55 62 18 00
www.vsoe.fr

Banyan Tree Hotels & Resorts
Séjourner dans un des hôtels du groupe Banyan Tree, c'est vivre un éveil des sens. Une remise à plat du corps et de l'esprit grâce à des spa somptueux où l'on reçoit des soins dynamisants ou reposants. Vous vivrez une expérience particulière au Banyan Tree Phuket. Le spa (un des plus grands d'Asie) y est installé en plein air, au cœur d'un jardin tropical.
www.banyantree.com

Kuoni Émotions
L'agence centenaire propose une déclinaison très luxueuse de ses destinations : accueil VIP, palaces à l'autre bout de la terre, contrées rares… L'art de voyager avec émotion.
www.kuoni-emotions.com

Farniente

Cap Juluca à Anguilla
À quelques encablures de Saint-Martin, sur une chic et très discrète île se cache un hôtel pas tout à fait comme les autres. En plus de prestations dignes d'un palace, d'une plage privée et immaculée, vous profiterez des services d'un chamane, d'un astrologue et d'une « accoucheuse de l'esprit ». Une expérience hors du commun !
+ 1-264 497-6666 ou réservez auprès de Leading Hotels of the World : 0 800 10 10 11 11
www.capjuluca.com

The Residence à Maurice

Un vrai coup de foudre pour cette maison aux allures coloniales qui décline la sophistication avec une élégante simplicité. Vous connaîtrez la béatitude grâce à l'attention du personnel (service d'un majordome par personne), aux soins zen prodigués au Sanctuary, à la qualité de la cuisine et face au turquoise de l'eau.
01 47 70 74 20 ou + (230) 401 86 14
www.theresidence.com

Six Senses Resorts & Spas

Le bien-être absolu dans des endroits exceptionnels. Une chambre sur pilotis, aux Maldives, une villa avec piscine privée en Thaïlande, une cabane de luxe sur la plage au Vietnam et toujours des soins dans les plus beaux spas de la planète.
www.sixsenses.com

Le Toiny

Envolez-vous pour Saint-Barth et savourez le service 5 étoiles d'un établissement au luxe authentique et à l'accueil chaleureux. Conscient de l'évolution des mœurs, Le Toiny propose des forfaits Lune de miel pour trois. Eh oui, vous allez pouvoir embarquer votre bébé lors de votre *honey moon* sans perdre une miette du cadre romantique. Une offre suffisamment rare pour être soulignée.
www.letoiny.com

Masserias Maizza et Coccaro

Succombez aux charmes de ces deux anciennes fermes fortifiées du XVIe siècle, nichées dans une oliveraie d'arbres millénaires, au cœur des Pouilles. Vos hôtes se nomment luxe, calme, volupté et surtout Dame Nature. Dégustez et appréciez les menus et les soins tout droit sortis du jardin et du verger... Le paradis *made in* Italie !
www.apuliacollection.com

Culture

Voyages Clio

Le spécialiste du voyage culturel propose des voyages/conférences : croisières en Égypte, sur le Danube, des festivals musicaux à travers le monde, les expositions européennes...
01 53 68 82 82
www.clio.fr

Continents insolites

Partez avec des spécialistes à la découverte de la gastronomie asiatique au Vietnam, admirez les aurores boréales en Laponie et l'odyssée éolienne en Italie.
04 72 53 24 90
www.continents-insolites.com

Arts et vie

Une association qui propose des périples à quelques kilomètres de chez vous ou à l'autre bout du monde pour élargir votre éventail de connaissances. Nombreuses agences en province.
01 40 43 20 21
www.artsetvie.com

Terres de charme & Îles du monde

Pour partir à la découverte de contrées lointaines et cachées. Une bonne manière d'allier culture et charme : cachettes grecques, palais du Rajasthan, spectacles naturels en Patagonie...
01 55 42 74 10
www.terresdecharme.com

Comptoir
Les châteaux en Écosse, l'héritage des cités impériales marocaines... Voici quelques exemples des séjours à thème à fort caractère culturel que propose l'agence de voyage Comptoir. De quoi nourrir son esprit.
www.comptoir.fr

Nature

Croq'Nature
Partez au Niger pour partager le quotidien des Touaregs ou visitez des écoles maliennes, apprenez à dénicher des termitières... Le tourisme solidaire par excellence.
05 62 97 01 00
www.croqnature.com

Fleuves du monde
Au fil de l'eau, laissez le Mékong, l'Amazonie ou encore le Nil vous dévoiler les secrets de leurs populations, leurs légendes et leur quotidien... Laissez-vous bercer par le savoir-faire de l'équipage et adoptez leur respect de l'environnement.
www.fleuves-du-monde.com

Pour les indécis

American Motors Travel
Traversez l'Amérique en Chevrolet ou sur une Harley-Davidson ! Les cheveux au vent, offrez-vous l'*American Dream.*
01 47 46 09 58
www.american-motors-travel.com

Australie Tours
À vous le pays des kangourous, la magie de Sydney, les gigantesques vagues si chères aux surfeurs. Apprivoisez l'Australie.
01 53 70 23 45
www.australietours.com

Voyageurs du monde
Une agence spécialisée et habituée à monter des tours du monde sur mesure et adaptés aux envies de chacun. Plusieurs agences en province.
www.vdm.com

PEU DE TEMPS ET/OU PETIT BUDGET

Airbnb
Est-il encore nécessaire de présenter cette société qui met en relation des particuliers qui proposent à la location un lit, une chambre, un appartement ou une maison... Et dans le monde entier ! C'est archi simple d'utilisation et on déniche de vraies perles à des tarifs très intéressants.
www.airbnb.fr

Montozarbres
Passez la nuit dans une cabane perchée dans les arbres, en Languedoc-Roussillon.
www.parc-montozarbres.com

Yourte and breakfast
Dormez dans une yourte mongole (petit-déjeuner compris !) au cœur de la campagne hexagonale.
06 68 10 70 80
www.yourteandbreakfast.com

Péniche Provence
Faites de beaux rêves à bord d'une péniche sur le Canal du Midi.
04 68 46 37 98.

Échange de maison
Un bon plan auquel on ne pense pas assez souvent. Échangez en toute

sécurité votre trois pièces en centre-ville contre une villa de rêve en Toscane, un bungalow aux Antilles, un loft new-yorkais. Frais d'agence à prévoir.
www.echangeimmo.com
www.echangedemaison.com
www.homeforexchange.com

Voyage privé
Un club privé qui fonctionne sous forme de parrainage. Accédez ainsi à des offres de voyages haut de gamme et aux grandes marques à prix privilégiés : de 30 % à 70 % du marché ! Vous, chère lectrice, faites déjà partie du club : nous sommes vos marraines !
www.voyageprive.com

Sites spécialisés
Consultez les sites de séjours dégriffés.
www.lastminute.com
www.weekendesk.fr
www.partirpascher.com
www.opodo.fr

Le Club Med
Les séjours invendus à prix défiant toute concurrence sont consultables le vendredi matin mais on ne peut les réserver que le lundi, à partir de 9 heures.
Renseignements : 08 200 200 08
www.clubmed.fr

Nouvelles Frontières
Attention, départ à prévoir dans les dix jours pour des réductions pouvant aller jusqu'à 40 % ! À savoir : système d'enchères pour bénéficier aussi d'une ristourne de - 75 % sur un séjour.
0 825 000 747
www.nouvelles-frontieres.com

Liligo
Pour comparer tous les tarifs des différentes compagnies aériennes en temps réel.
www.liligo.fr

Spécial petit budget

1. Si vous avez déjà tout, inscrivez sur votre liste de mariage votre destination de voyage de noces. Vos invités vous offriront le financement de votre périple.

2. Ne négligez pas les très attractives offres de séjours ou de locations de maisons que propose votre comité d'entreprise.

3. Privilégiez les agences de voyages qui offrent des avantages aux jeunes mariés. Il est ainsi possible de payer moitié prix pour Madame, de loger dans une suite nuptiale pour le prix d'une chambre standard, d'avoir une réduction en cas de prolongation du séjour et de bénéficier gratuitement de certaines excursions.

4. Un long week-end de trois jours en amoureux dans une capitale européenne peut être aussi dépaysant qu'une semaine à l'autre bout de la Terre.

5. Votre portefeuille n'est vraiment pas à la fête ? Offrez-vous une escapade en duo dans un hôtel de charme de votre ville et flânez comme si vous étiez des touristes !

6. Lancez-vous dans l'aventure avec l'échange de maisons. Troquez votre deux pièces citadin contre une villa les pieds dans l'eau en Grèce ou en Californie. Vous n'aurez qu'à payer le prix du vol !

7. Vous n'avez pas d'idée préconçue sur une destination en particulier ? Alors traquez sur Internet la promotion de dernière minute et envolez-vous vers une terre inconnue à moindre coût !

8. Surtout, ne partez pas pendant les vacances scolaires ou les week-ends fériés. À cette période, les prix s'envolent et vous risquez de rester sur le tarmac.

9. Avant de prendre votre carte d'embarquement, signalez à l'hôtesse que vous êtes en lune de miel, livret de famille à l'appui : elle pourrait vous surclasser et vous faire voyager en business !

10. La plupart des voyagistes et des hôteliers proposent des tarifs plus intéressants à condition que les clients passent la nuit du samedi sur place, histoire de remplir leurs chambres souvent désertées le week-end par leur clientèle d'affaires.

CHAPITRE 15

SE MARIER AUTREMENT

Le mariage n'est pas forcément synonyme de crinoline et de petits fours. Vous êtes libre de vous marier en paréo sur une plage à l'autre bout du monde ou de sauter d'une falaise pour échanger vos vœux, dans la limite de votre budget, et si possible en limitant la casse. Marquez votre différence en laissant libre cours à votre imagination… Elle ne connaîtra que deux limites : l'obligation de célébrer le mariage à la mairie avant de le fêter sous une forme plus insolite et le respect indispensable des formalités pour se marier à l'étranger.

Se marier à l'étranger

J-2 mois

Vous êtes nombreux à en rêver : prendre la poudre d'escampette pour célébrer votre mariage à l'étranger. Si vous avez encore des états d'âme, rassurez-vous ! Ce choix est entré dans les mœurs depuis belle lurette. La nouveauté est que l'on ne part plus seulement par besoin d'intimité (en clair, pour fuir une famille envahissante). On largue aussi les amarres pour vivre un mariage insolite, ethnique ou très chic dans un hôtel de luxe.

Elle est passée par là

« Je suis d'origine congolaise. En plus du mariage civil, nous avons organisé un mariage traditionnel, tel qu'il se déroule au pays. Mon mari français a joué le jeu. Durant toute une journée, le lien entre nos deux familles a été célébré. Pour respecter la coutume, je suis restée cachée des regards pendant plusieurs heures avant d'apparaître enfin dans un ensemble en pagne pour célébrer l'union. Puis ce fut place à la fête ! Un moment très chaleureux qui souligna la rencontre de nos deux cultures. »

KIMIA

• Se marier à Las Vegas

Kitch pour certains, glamour pour d'autres. Les avis sur le mariage à Las Vegas sont partagés. Une seule chose est sûre : il continue à faire fantasmer de nombreux couples attirés par sa rapidité et son côté décalé. À votre tour, marchez sur les pas de célèbres stars et de milliers d'inconnus qui se sont dit oui pour la vie. Dans le meilleur des cas...

Les formalités : elles feraient rougir l'administration française, tellement elles sont simplifiées. À tort ou à raison !

Avant la cérémonie civile ou religieuse, vous devez vous procurer une licence de mariage au County Court House de Los Angeles. Pas besoin de rendez-vous, les horaires sont très souples. Munissez-vous de votre passeport et d'un acte de naissance afin de prouver votre majorité. En présentant ce permis de mariage, tout officiant de l'État du Nevada peut célébrer votre mariage le jour même. Un témoin est nécessaire. Si vous n'en avez pas, la chapelle vous en procurera un. Témoin classique (monsieur et madame tout le monde) ou sosie de célébrité, à vous de choisir. À la fin du mariage, on vous remet contre règlement un certificat de mariage, le *marriage certificate*. À cet instant, vous pouvez vous considérer comme mari et femme. Le tout, formalités comprises, vous prendra 24 heures !

COMBIEN ÇA COÛTE ?	
La licence de mariage	55 $[1]
Le *marriage certificate*	4 $
La copie certifiée de l'acte de mariage	10 $
La cérémonie civile classique	50 $ (à partir de)
Total	**± 119 $**

La validation du mariage en France : demandez au Clark County Recorder une copie certifiée du certificat de mariage, le *certified abstract of marriage.* Renseignez-vous car certains pays exigent, en plus d'un acte certifié, une apostille. Communiquez le certificat au consulat de France à Los Angeles, accompagné d'un acte de naissance, d'une pièce d'identité et d'un acte de divorce s'il y a lieu. Le consulat se chargera de l'enregistrement du mariage en France. Comptez trois à six mois pour obtenir votre livret de famille.

1 Au moment de l'impression 1 € : 1,35 $.

En France, la publication des bans est normalement obligatoire avant tout mariage. Cependant, bon nombre de couples « l'oublient » car l'État français est obligé de transcrire le mariage célébré à l'étranger, même en l'absence de bans.

(Voir Carnet d'adresses en fin de chapitre.)

REPÈRES

Les mariages originaux

Les chapelles ne sont pas le seul endroit où vous pourrez célébrer votre mariage à Las Vegas. Le choix est vaste : cérémonie dans les studios d'Universal Studio à Hollywood, en montgolfière, sur un bateau pirate, dans le vaisseau spatial de Star Strek, etc.

Découvrez tous les délires californiens sur :
www.voyage-magazine.com/reportages/vegas-mariage.shtml

• Se marier à l'Île Maurice

Les pieds dans l'eau, les cheveux au vent, le soleil et la mer pour témoins et l'odeur de l'ylang-ylang pour bénir votre union sur l'une des plus belles îles de la terre. Le rêve devient réalité à Maurice où l'incroyable infrastructure hôtelière, la compétence des autorités locales, l'habitude des cérémonies et la fréquence des liaisons aériennes vous facilitent l'organisation de ce grand jour.

REPÈRES

Le saviez-vous ?

À l'île Maurice, on ne célèbre pas les mariages les samedis, dimanches et jours fériés.

Les formalités : rendez-vous service et choisissez des agences (très nombreuses) qui s'occupent de tout ou presque !

Soixante jours avant votre arrivée sur l'île, faites parvenir à l'administration concernée les documents nécessaires (en trois exemplaires et avec copies certifiées conformes) à l'organisation du mariage :

- acte de naissance de chacun datant de moins de trois mois au jour du mariage ;
- justificatif en cas d'adoption ;
- les trois premières pages du passeport de chacun ;
- justificatif de domicile de chacun ;
- éventuel justificatif de changement de nom ;
- déclaration sur l'honneur de la profession de chacun ;
- éventuel jugement de divorce ou de veuvage ;
- éventuel ancien nom de femme mariée de madame si elle a divorcé. Vous devrez attendre 300 jours après la date d'obtention du divorce ou du décès de son ex-mari pour pouvoir vous marier. Délai indispensable au cas où madame serait enceinte.

- une lettre de chacun de vous attestant votre souhait de vous marier à Maurice ainsi que la date choisie.

Une fois, le dossier complet réceptionné, il sera validé par le bureau de l'état civil et les autorités locales.

À votre arrivée, vous serez conduits au bureau d'état civil de Port-Louis, la capitale, puis à la Cour suprême où vous devrez jurer l'Affidavit, certificat qui prouve que vous avez bien le droit de vous marier. Encore un petit saut au bureau d'état civil de la localité où vous souhaitez vous marier afin de publier les bans. Si vous le souhaitez, vous pourrez vous unir officiellement 24 heures plus tard.

Le jour de la cérémonie, l'officier de l'état civil vous retrouvera à l'endroit que vous avez choisi : hôtel, plage, piscine, ponton, etc. Tout est possible !

Pour que votre union soit reconnue en France, vous serez conduits au bureau du Premier ministre et à l'ambassade de France, où vos certificats de mariage seront validés.

Combien ça coûte ? Pour être pris en charge par une agence spécialisée (hors frais avion/hôtel...), comptez environ 625 €.

Où ? Sur une plage, à skis nautiques, dans un restaurant, sur une jetée ou dans l'un des nombreux hôtels étoilés de l'île. Leur réputation n'est plus à faire. Maurice abrite de très beaux palaces.

(Voir Carnet d'adresses en fin de chapitre.)

• À savoir avant de se marier à l'étranger

C'est une solution idéale pour les mariages intimes ou pour les remariages. Mais tous vos invités ne pourront peut-être pas faire le déplacement pour des raisons financières, de disponibilité ou de phobie des transports aériens... Ce choix peut s'avérer coûteux si vous décidez d'y faire quelques voyages de reconnaissance pour tout mettre en place. La paperasse est un peu plus lourde que pour une union célébrée dans votre lieu habituel de résidence.

Les formalités pour que le mariage soit reconnu en France

Il est impératif de faire publier les bans (article 63 du Code civil) et de remplir les conditions de mariage prévues par l'article 170 du même code.

Vous devrez envoyer, deux mois avant la date du mariage à l'étranger, un courrier à l'ambassade ou au consulat de France du pays où sera célébrée votre union. Cette autorité procèdera à la publication des bans, qui sera faite à la mairie du lieu d'habitation du couple. Vous obtiendrez ainsi le certificat de publication et de non-opposition au mariage.

Après votre mariage, vous devrez demander auprès de l'ambassade ou du consulat la transcription de l'acte de votre mariage sur l'état civil français. Cela vous permettra d'obtenir votre Livret de famille et des copies certifiées conformes de votre acte de mariage. Comptez un délai de 40 jours à 3 mois pour obtenir ces documents.

Si le mariage a été célébré par les autorités locales et afin d'obtenir sa transcription sur les registres de l'état civil français, vous devrez fournir un certificat de nationalité française ainsi qu'une copie certifiée conforme de l'acte de mariage traduit par un traducteur assermenté (les autorités françaises vous fourniront une liste).

Mariages insolites

Sur une plage, dans les airs, sous l'eau ou sous la terre, le mariage se conjugue à l'infini. Choisissez la formule qui vous convient le mieux en faisant un clin d'œil à vos passions respectives. Retenez juste une chose : chacune de ces cérémonies doit être précédée d'un mariage civil, seul reconnu par la loi française.

• Sous l'eau

Jetez-vous à l'eau ! Les mariages sous-marins séduisent les mordus de la Grande Bleue mais aussi toutes les personnes à la recherche d'une façon originale de célébrer leur union. Vous partagerez ce moment spécial avec des invités de marque : de multiples poissons. Et en toile de fond, les plus chanceux auront de sublimes coraux. À vous de pousser ou non le concept jusqu'au bout en passant des tenues de mariage (symboliques !) par-dessus vos ensembles de plongée.

• Dans les airs

L'amour vous fait grimper au 7e ciel et vous souhaitez vous unir symboliquement dans les airs, votre élément préféré. Victimes de vertige s'abstenir… Une fois de plus, en France, ce genre de cérémonie n'a rien d'officiel, elle est juste un clin d'œil à l'une de vos passions. Si vous souhaitez avoir à vos côtés un représentant de l'état civil, il vous faudra prendre un billet d'avion pour un autre pays !

En montgolfière

Une chapelle dans les airs rien que pour vous ! Une limousine vous conduira jusqu'à l'embarcadère, au cœur du désert du Nevada, vous grimperez à bord d'une montgolfière décorée pour l'occasion et où votre union sera officiellement célébrée. Une croisière dans les airs où vous aurez la possibilité de convier quelques amis. Comptez 1 000 $.

En hélicoptère

Survolez les grands espaces et vivez un moment d'émotion intense en survolant en hélicoptère ou en petit avion le Grand Canyon ! Et c'est au-dessus de cette immensité que le célébrant vous demandera d'échanger vos consentements ! Inoubliable…

Un saut à l'élastique

Donnez raison à ceux qui pensent que : « se marier, c'est un peu comme de se jeter dans le vide » ! Vêtus de votre belle robe blanche et de votre costume trois pièces mais bien accrochés à un élastique, hurlez un grand « oui » en sautant du haut du Pont de la Mariée, dans les gorges de la Daluis. Un plongeon de 80 mètres avec une vue superbe (mais très rapide !) sur le Mercantour !

(Voir Carnet d'adresses en fin de chapitre.)

• Selon le rite…

Touareg

Azjar Tour propose d'organiser une cérémonie nuptiale selon le rite touareg. Lors d'un trekking à travers l'un des plus beaux déserts du monde, dites-vous oui sous la voûte céleste et laissez-vous bercer par les chants locaux…
www.azjar.com

Hindou

En Inde, les sublimes hôtels Taj vous feront vivre un mariage haut en couleurs dans la plus pure tradition hindoue. Procession à dos d'éléphant, chants et danses indiens…
www.tajhotels.com

Polynésien

L'agence de voyages Un Monde à Deux organise, dans un village polynésien, des cérémonies de mariages typiques. Trois formules au choix.
01 70 38 22 21
www.unmondeadeux.com

Marocain

L'hôtel Palmeraie Golf Palace, à Marrakech, vous réserve un mariage de Shéhérazade avec au programme cérémonie du henné, repas et fête marocaine.
Royal Tours.
01 41 06 06 80 et (+212) 44 30 10 10 10
www.pgp.ma

CARNET D'ADRESSES

SE MARIER AUTREMENT

À Las Vegas[1]

County Court House
201 Clark Avenue,
Las Vegas, NV 89155-1603.

Clark County Recorder
500 South Grand Central Parkway,
Las Vegas,
NV 89155-1510.
www.clarkcounty.nv.gov

Consulat de France
10390 Santa Monica Boulevard,
suite 410,
Los Angeles Ca 90025.

Little White Chapel
www.littlewhitechapel.com

The Elvis Chapel
www.elvischapel.com

À l'Île Maurice

Office de tourisme de Maurice
Pour toute information pratique :
www.tourism-mauritius.mu

Air Mauritius
La compagnie aérienne nationale offre un grand confort en toutes classes.
Réservation : 0890 710 315
www.airmauritius.fr

La Pirogue
Remettez-vous les yeux fermés entre les mains de cet hôtel 4 étoiles très réputé à l'Île Maurice. L'établissement détient une grande expérience dans l'organisation des mariages. Cérémonie dans les jardins tropicaux face à l'océan indien, que demander de mieux ?
www.lapirogue.com

1 Depuis peu, les bureaux d'état-civil sont fermés entre minuit et 8 heures du matin.

Dans les plus beaux hôtels du monde

Anassa, Chypre
À l'image d'un village chypriote, entre l'azur du ciel et de la mer, l'établissement décline un luxe raffiné. Un maître de cérémonie organisera le mariage dans la chapelle blanchie à la chaux et réservera pour vous la suite avec piscine privée et en terrasse.
(+357) 26 888 000
www.anassa.cy
anassa@thanoshotels.com

Ana Mandara Resort, Vietnam
L'hospitalité asiatique pour témoin, le charme de l'architecture boisée pour autel et la beauté du paysage en guise de promesse d'amour éternel. Mariez-vous dans cet hôtel, habitué à organiser des réceptions de A à Z : croisière, massages, pluie d'orchidées...
www.anamandara-resort.com

The Royal Livingstone, Zambie
Scellez votre amour sur les rives du Zambèze. Survolez en hélicoptère les chutes Victoria, partez en safari sur les traces des éléphants et attendez que le personnel du palace « pas tout à fait comme les autres » mette en place une réception inoubliable.
www.livingstone-hotel.com

MARIAGES INSOLITES

Sous l'eau

Le club Aseb de Quimper
Le club est avant tout un centre de plongée ! Mais depuis que des animateurs y ont célébré leur mariage, le club s'est pris au jeu et organise à la demande de ses adhérents une cérémonie symbolique sous l'eau.
www.aseb-plongee.net

L'hôtel Banyan Tree aux Seychelles
Après un échange d'alliances sous l'eau, le couple refait surface pour déguster dans l'intimité un repas de noce gastronomique et découvrir les cadeaux offerts par l'hôtel.
www.banyantree.com

L'île de Koh Kradan en Thaïlande
Cette île est réputée pour organiser chaque année, au moment de la Saint-Valentin, une cérémonie de mariage commune pour une dizaine de couples. Avant de plonger à 40 pieds sous l'eau, vous suivrez le rituel des mariages thaï.
Office national du tourisme de Thaïlande :
90, avenue des Champs-Élysées,
75008 Paris.
01 53 53 40 00
www.tourismethaifr.com

Le Divescope de Nouvelle-Calédonie
L'observatoire sous-marin sert aussi de chapelle aux futurs mariés ! Vous aurez les avantages (cérémonie sous l'eau) sans les inconvénients (habits mouillés).
Renseignements : www.nouvellecale-donietourisme-sud.com

En montgolfière

Art Montgolfières
S'envoler dans les airs juste après ses vœux, en voilà une belle idée pour sceller sa nouvelle vie de jeunes mariés ! Vous côtoierez les nuages

pendant trois heures. Idéal pour rester dans votre bulle de bonheur.
02 54 32 08 11
www.art-montgolfieres.fr

Air Show
En version clin d'œil, sans monsieur le maire, vous pouvez aussi grimper dans une montgolfière en robe de mariée et en France ! Un vol d'une heure trente au-dessus des plus beaux sites avec petite collation à bord.
01 53 24 95 47
www.airshow.fr

En hélicoptère

Little Chapel of the Flowers
Une adresse qui prend en charge votre vol et les transferts jusqu'à l'aérodrome ou l'héliport. Aux États-Unis.
www.littlechapel.com

Saut à l'élastique

Sport découverte
Un spécialiste des sports extrêmes qui organisera votre saut en toute sécurité.
0 892 230 363
www.sport-decouverte.com

CHAPITRE 16

UN MARIAGE VERT

Et si pour le bien de la planète vous ne vous contentiez pas, le jour J de voir la vie en rose mais aussi en vert ? Dites « oui » à votre amour tout en déclarant votre flamme à Dame Nature ! Aujourd'hui la terre a besoin de nos efforts pour la protéger et lorsqu'on sait qu'une réception de mariage équivaut, en moyenne, à la production de CO_2 d'une personne pendant un an, cela fait réfléchir... Profitez de cette journée pas comme les autres pour donner à votre entourage l'espoir d'un avenir meilleur, d'un environnement préservé en leur offrant une fête qui respecte vos valeurs écologiques et éthiques. De la robe à la destination de votre lune de miel en passant par les invitations et le menu, découvrez nos quarante astuces pour faire les bons choix et pour développer un mariage très, très durable ! En plus, le *green wedding*, c'est archi-tendance !

La salle de réception

Sans pour autant vous unir dans une hutte en torchis et sans électricité et tout en respectant les critères indispensables à la réussite de votre réception, il est possible de dénicher la salle parfaite qui répond à vos valeurs écologiques.

1. On pense à louer un grand gîte, une ferme, un manoir dont les propriétaires ont une philosophie verte : matériaux écologiques, produits biodégradables, potager bio, tri des déchets, récupération des eaux de pluie...

2. On privatise un hôtel labellisé écolo et habitué à organiser des réceptions de mariage. Certains palaces ont opté depuis longtemps pour une approche *green friendly.*

3. Privilégiez les lieux dans votre région ou dans celle dont est originaire le maximum de convives. Cette solution engendrera moins de transports et donc moins d'émission de CO_2 !

4. Et pourquoi pas un décor naturel ? Dans une forêt, une clairière, une grotte, au bord d'un fleuve, dans un jardin public, un champ... Bien évidemment, vous aurez pris soin de contacter les autorités compétentes pour les prévenir de vos intentions.

5. Si vous recevez à la maison, adoptez des réflexes verts : ampoules basse consommation, poubelles pour le tri sélectif, papier toilette recyclé, vaisselle, chaises et tables empruntées, toilettes écologiques... Et zappez tout ce qui est « jetable » comme le polystyrène et le plastique (couverts, gobelets...) ; ils peuvent mettre de cent à mille ans pour se dégrader dans la nature.

Côté traiteur

De sa production au traitement de ses déchets, en passant par le transport qu'il a pu nécessiter, le repas d'un Français représenterait 3 kg de carbone rejeté (d'après l'Agence de l'environnement et de la maîtrise de l'énergie). Alors imaginez pour un banquet de noces... Là aussi il est possible de réduire la facture écologique !

6. La version la plus efficace : faire appel à un traiteur bio ! Aujourd'hui de nombreuses sociétés proposent des formules à la fois imaginatives, savoureuses et à base de produits issus de l'agriculture biologique ou du commerce équitable.

7. Il est également judicieux de miser sur des prestataires travaillant dans la région de votre mariage afin de réduire les temps de transports entre leurs entrepôts et votre lieu de réception. Ainsi vous réduisez les émissions de CO_2 et participez au développement de l'économie locale.

8. Oubliez les menus exotiques à base de produits venus de loin et proposez des mets de saison et locaux. C'est tout aussi bon et meilleur pour la terre !

9. On fait également la chasse au gâchis en ne surestimant pas les proportions qui ne seront pas forcément consommées et finiront à la poubelle.

Les tenues du jour J

L'idée, c'est de choisir une robe conçue dans une matière non polluante... pour la planète et nos valeurs ! Rassurez-vous, on peut être belle, *trendy* et verte ! Vive l'éco-couture !

10. Le premier réflexe serait de choisir votre robe de princesse dans des matières bios, cultivées sans engrais ni pesticides. Et quelle bonne idée ! En effet, nombreux sont les créateurs qui proposent désormais de splendides modèles conçus dans des tissus à la fois beaux et respectueux de l'environnement. À vous les créations en coton, chanvre, bambou, soie, fibres de lait, d'ananas, de maïs, de bananier...

11. Renseignez-vous également quant à la provenance des matières et des produits finis et privilégiez les fabricants locaux ou ceux qui respectent une politique de travail éthique.

12. Être vintage, c'est aussi avoir l'esprit vert ! Eh oui, vous recyclez la mode et ainsi vous ne cédez pas aux sirènes de la surconsommation. Faites un tour dans les boutiques rétro, les dépôts-ventes ou sur les sites spécialisés et dénichez la perle rare et à moindre coût : une robe haute couture, un accessoire des Sixties, un voile porté par une star de cinéma...

13. Ayez le réflexe « location » ! De la robe de vos rêves aux parures de grands joailliers en passant par des souliers et des sacs griffés, il est possible de les louer juste pour le grand jour. Alors n'hésitez pas.

14. Et pourquoi ne pas mettre à vos mesures la robe de mariée de votre maman ou de votre grand-mère ? Vous pouvez également demander à une couturière de modifier la forme initiale afin de l'actualiser davantage. Recyclage et customisation... ça, c'est avoir l'esprit vert !

15. Concernant vos accessoires, empruntez à droite et à gauche ce qui vous permettra de parfaire votre tenue : les gants blancs de votre meilleure amie, le jupon de votre témoin, le voile de votre tante, le collier de perles de votre grande sœur...

Les invitations

Dès leur envoi, vos faire-part vont annoncer la couleur que vous souhaitez donner à votre grand jour... Le vert ! La fabrication d'invitations traditionnelles exige une grosse consommation de papier, d'énergie et d'eau ; ce qui entraîne des conséquences nocives pour notre planète. Heureusement, il existe d'autres solutions !

16. Optez pour une version en papier recyclé. Il doit comprendre au moins 50 % de fibres provenant de déchets de papier. Recherchez la garantie du logo APUR (Association des producteurs et utilisateurs de papier-cartons recyclés).

17. Bluffez vos invités en leur faisant parvenir un carton à base de matières naturelles et cultivées sans pesticide, fongicide ou autres produits chimiques.

Vive les invit' en fibres de kénaf, lin, abaca et chanvre. Sans oublier le bambou qui pousse à vitesse grand V et qui offre six fois plus de cellulose que le bois.

18. Privilégiez les encres à base végétale, souvent à base d'huiles de colza, soja, lin, tournesol et de pigments végétaux. Elles sont nettement moins nocives que celles à base d'huile minérale.

19. Faites des économies d'énergie et d'argent en procédant à des envois groupés (une invitation pour une même famille, par exemple, même quand les enfants ont quitté depuis longtemps le nid !) quand c'est possible ou en remettant les invitations en mains propres.

20. Utilisez la technologie pour annoncer la grande nouvelle ! *Via* Facebook®, sur un blog uniquement accessible via un code, une e-invitation envoyée par mail... Vous n'aurez que l'embarras du choix !

La décoration et l'animation

Vous avez trouvé la salle de vos rêves ? Bravo ! Maintenant, il ne vous reste plus qu'à la personnaliser en apportant quelques touches de déco. Green, évidemment ! De nombreuses astuces existent pour obtenir un décor fidèle à vos convictions. N'oubliez pas de penser aux animations qui vont égayer la soirée et la rendre in-ou-bli-able !

21. Incontournables, les fleurs donnent du cachet à toutes les réceptions. Un impératif : les choisir bio, produites localement ou issues du commerce équitable. Et, bien sûr, de saison !

22. L'idée d'acheter une grosse quantité de fleurs pour une seule occasion vous déprime ? Alors, louez ! Vous décorerez la salle avec des plantes en pot, des palmiers, des oliviers, des orangers... Autres alternatives : faire sécher des bouquets achetés des mois avant le jour J, réaliser des fleurs artificielles en papier crépon bio, troquer les fleurs contre des fruits, des pommes de pin ou des feuilles mortes ramassées dans les bois. De quoi réaliser des centres de table originaux !

23. Côté meubles : n'achetez rien ! Louez ou empruntez à votre entourage. Si la salle manque de cachet, rusez en recyclant au maximum des objets persos : coussins, rideaux et cadres photos. Ne négligez pas la lumière qui donne une atmosphère particulière à la salle. Out les ampoules à incandescence ! Misez sur des ampoules fluocompactes ou Led qui consomment cinq fois moins d'électricité et durent plus longtemps. Usez et abusez des bougies ; mais attention, choisissez-les sans paraffine. Préférez les bougies en cire d'abeille ou végétale.

24. Décorez vos tables avec malice ! Donnez une seconde vie aux boules de Noël en les mettant dans des grands vases transparents. Conservez toutes les petites bouteilles en verre (bière, soda etc.) pour en faire une rangée de soliflores sur les tables.

Elle est passée par là

« Luc et moi ne sommes pas des écolos chevronnés mais notre conscience s'éveille. Nous nous sommes lancé un pari : faire une réception avec des objets 100 % recyclés. Nos armes : une solide organisation et une sollicitation sans relâche de nos proches. Portes dégondées en guise de tables, rideaux à la place des nappes, pots de yaourt en lieu et place de photophores... Au final, nous avons réussi à détourner beaucoup d'objets et le résultat fut très réussi. La preuve que l'on peut réaliser une grande fête sans gaspiller ! »

CHARLOTTE

25. Ne gaspillez pas de papier et limitez le nombre de menus à deux par table (en papier recyclé, c'est encore mieux !). *Idem* pour les marque-places individuels : troquez-les contre des ardoises à placer au centre de la table par exemple. Le mot d'ordre, c'est de grouper !

26. Animer son mariage de manière « *green* », est-ce vraiment possible ? Affirmatif ! De simples gestes contribuent à limiter l'impact de la fête sur l'environnement. À commencer par le choix de l'animation musicale. Avec un groupe acoustique, on diminue à coup sûr la consommation d'énergie. *Idem* si on choisit avec précaution le DJ : résidant près du lieu de réception pour limiter la production de CO_2 et doté d'un matériel « *light* », pas trop gourmand en énergie. Si la fête se déroule en plein air, pensez à installer une piste de danse amovible pour protéger le gazon.

27. Vous avez envie de distraire vos invités durant la réception ? C'est bien normal ! En revanche il existe des animations à zapper d'office car elles sont tout sauf écolos. On pense au fameux lâcher de papillons qui est mauvais pour l'écosystème et concerne souvent des espèces étrangères transportées en France dans des conditions déplorables. On fait aussi une croix sur les feux d'artifice qui sont certes spectaculaires mais entraînent surtout des déchets très nocifs pour la planète. Faites-vous plaisir avec des interventions type discours, danse, chansons interprétées par les proches...

28. Pour immortaliser tous ces beaux moments, engagez un photographe doué qui travaille en numérique. Vous ferez l'impasse sur les pellicules (nocives) et le développement des tirages (plus polluant avec l'argentique). Résistez à la tentation de fournir des appareils jetables à vos invités pour qu'ils prennent leurs propres clichés. Ils cumulent les mauvais points : emballage non recyclable et développement à base de produits toxiques.

29. Après le mariage, faites profiter vos proches de vos jolis clichés de manière écolo. Vous éviterez les nombreux tirages en les mettant en ligne sur votre blog de mariage si vous en avez créé un ou sur un réseau social comme Facebook®.

Les invités

Tous les mariés le reconnaissent : la présence des proches fait partie des aspects les plus touchants du mariage. Vous aurez particulièrement envie de les chouchouter le jour J. Des idées toutes simples vous y aideront. Découvrez aussi quelques règles pour limiter l'impact des invités sur l'environnement, qu'ils viennent en nombre ou en petit comité.

30. S'il ne devait y avoir qu'un seul conseil à retenir, ce serait celui-là : privilégier les transports les plus verts. On sait que le trafic routier est un des plus gros responsables de l'émission de CO_2. Même s'il est hors de question d'interdire l'usage de la voiture à vos invités, vous pouvez leur suggérer quelques idées comme le covoiturage ou la location de voitures à moteurs hybrides qui rejettent jusqu'à 40 % de CO_2 en moins.

31. Soyez « moteur » en louant un grand car qui assurera le déplacement de vos invités du lieu de cérémonie à la salle de réception, voire assurera leur retour. Vous réduirez d'office leur empreinte écologique en les groupant ! Et pour vous éviter tout remords, vous pourrez compenser les émissions de CO_2 engendrées par le mariage (voir le site www.goodplanet.org).

32. Pour héberger vos invités, privilégiez les gîtes ruraux (vous soutiendrez ainsi l'économie locale) ou des établissements affichant l'écolabel européen. Vous aurez la garantie qu'ils font un usage économe de l'eau, de l'énergie et qu'ils réduisent leurs déchets.

33. Pour les incontournables cadeaux d'invités, si votre budget vous le permet, faites plaisir avec des produits bio ou issus du commerce équitable. Vous pouvez aussi choisir de soutenir les producteurs de la région dans laquelle vous vous mariez en offrant une bouteille de cidre, des calissons, des caramels au beurre salé...

34. Les invités chercheront aussi à vous faire plaisir avec des cadeaux. Si comme la majorité des couples vous êtes déjà en ménage et que vous ne manquez de rien, pourquoi ne pas opter pour une liste de mariage utile ? Dressez une liste d'associations caritatives et incitez vos invités à y faire un don.

35. Autre idée : si vous avez envie de rafraîchir votre intérieur, faites le don des pièces dont vous souhaitez vous séparer et dressez une liste de mariage 100 % *green.*

La lune de miel

Après des mois de stress et une journée intense en émotions, vous allez enfin pouvoir souffler ! À vous les plages paradisiaques ou les cités pleines d'animation. Les voyages et les établissements écologiques s'étant largement développés, vous aurez l'embarras du choix pour réussir une lune de miel responsable.

36. Une fois de plus, vous devrez réfléchir au transport le plus *green*. Ceci étant dit, il est inutile de faire une croix sur les destinations lointaines qui vous font rêver. Personne ne vous demande de vous sacrifier ! L'avion étant le moyen de transport le plus polluant, vous avez la possibilité de compenser l'émission de votre voyage. Plusieurs agences et tour-opérateurs proposent ce service.

37. Sinon, si la destination choisie le permet, choisissez le train ! C'est le moyen le plus vert pour se déplacer. Évadez-vous avec des trains mythiques comme l'Orient-Express. Ultra-chic !

38. Adeptes des « road-trip », ne boudez pas votre plaisir mais faites un effort en pratiquant le covoiturage ou en louant une voiture *green.*

39. Sur place, privilégiez les établissements verts (gîtes Panda, hôtels labellisés La Clef Verte ou écolodges si vous êtes en pleine nature) qui multiplient les gestes écologiques et sont éco-construits.

40. Si vous snobez le farniente et êtes adeptes des voyages utiles, profitez de votre lune de miel pour participer à des projets bénévoles : protection des animaux, construction d'école ou de puits, etc.

CARNET D'ADRESSES

SALLES DE RÉCEPTION

Écolabel européen
Pour trouver un établissement vert qui pourra accueillir votre réception.
www.ecolabels.fr

Gîtes Panda
Des hébergements Gîtes de France, labellisés par le WWF, qui sont situés dans des parcs naturels et sont soucieux de la préservation de l'environnement.
www.gites-panda.com

Les Orangeries
Au cœur du Poitou, c'est le premier hôtel-restaurant à avoir été labellisé « écolabel européen » en France. Il a été rénové avec des matériaux écolos, a une gestion attentive de l'eau et de l'énergie, propose des produits équitables... Très joli cadre pour un mariage.
www.lesorangeries.fr

La Cabane de Lyon
Perchée à 8 mètres du sol et écologiquement conçue, cette gigantesque cabane en bois est située dans la forêt centenaire de Sainte-Foy-Lès-Lyon (69) et peut recevoir jusqu'à 120 personnes.
www.la-cabane-de-lyon.fr

MATÉRIEL

Favry Emballages
Pour dénicher tout ce qu'il faut pour dresser une table verte : assiettes, couverts, gobelets, plats... Avec la possibilité de personnaliser le tout (initiales, logo, date).
www.favry.fr

Biosylva
Pour un art de la table chic, à usage unique et 100 % compostable !
www.biosylva.fr

CÔTÉ TRAITEUR

Grain de vie
Des hors-d'œuvre à la pièce montée, ce pâtissier traiteur n'utilise que des produits issus de l'agriculture bio et

propose des menus sur mesure : végétarien, végétalien, sans gluten, sans produit laitier...
www.graindevie.fr

Éthique et Toques
Un prestataire très haut de gamme qui travaille avec des produits issus du commerce équitable et qui reverse une partie de son chiffre d'affaires à des organismes qui favorisent le développement durable. On aime beaucoup !
www.ethique-et-toques.com

La table de Cana
L'association favorise l'insertion des personnes sans emploi et des exclus tout en offrant un service de grande qualité. À découvrir !
www.tabledecana.com

Té
Une approche solidaire et respectueuse de la planète et une envie de faire rimer éthique avec gastronomique. À contacter d'urgence pour en savoir plus !
www.traiteur-ethique.com

Intelligence Verte
Suivez un stage de cuisine bio le temps d'un week-end pour pouvoir épater les papilles et les pupilles de vos convives le jour J si vous avez décidé d'organiser un mariage en petit comité.
www.intelligenceverte.org

LES TENUES

Aranel
Cette créatrice globe-trotteuse se déplace pour vous présenter sa collection ou imaginer du sur-mesure avec vous. Avec Caroline Lindenlaub, vous craquerez pour des modèles en tissus écologiques et éthiques. *Idem* pour les costumes pour hommes. Vous allez adorer !
www.aranel-creation.com

Tougani Virginie
Derrière cette marque, deux créatrices qui conçoivent le vêtement comme une sculpture et s'amusent à transformer les matières en tissus bio et en fibres naturelles.
www.tougani.com

Deborah Lindquist
Elle habille les stars qui foulent le *red carpet* et milite pour une mode engagée et très féminine. Coton bio, soie, chanvre et cachemire recyclés s'invitent sur ses créations.
www.deborahlindquist.com

Alter Mundi Mode
C'est la référence en matière de produits issus du commerce équitable. Découvrez son concept store parisien où vous trouverez forcément votre bonheur pour le jour J.
www.altermundi.com/mode

Sakina'Msa
Son énergie est contagieuse et son grand cœur donne l'exemple. Cette créatrice a monté un atelier d'insertion pour faire travailler des couturières en rupture d'activité. On apprécie l'esprit couture du résultat !
www.sakinamsa.com

LES INVITATIONS

L'Arbre aux papiers
De nombreuses sortes de papier recyclé sont proposées chez cet artisan. On aime les différents aspects des

matières (rustique, confetti, granit...) et les invitations à colorier soi-même.
www.larbreauxpapiers.com

Kardamome
Un vrai coup de cœur pour ces créations originales et acidulées. Le papier utilisé est 100 % recyclé : il est blanchi de manière écologique sans azurant optique, ni agent chloré.
www.kardamome.fr

Loupiots Design
Des créations graphiques sur mesure ou à choisir parmi les invitations imaginées par Sophie Otrage et réalisées bien évidemment sur du papier recyclé.
www.loupiots-design.com

Cybercartes
Un esprit cartoon pour ces cartes d'invitations virtuelles qui seront envoyées gratuitement à vos proches. Vous pouvez même sélectionner un timbre pour un effet plus vrai !
www.cybercartes.com

Hallmark
Le grand nom de « toutes les occasions » s'est lancé dans l'envoi gratuit de e-cartes dont plusieurs modèles pour votre mariage. On y jette un œil !
www.hallmark.com

LA DÉCORATION ET L'ANIMATION

Les fleurs

Concept floral
Des plantes à louer pour une réception très nature : cactus, palmiers, oliviers, arbres fruitiers.
www.conceptfloral.advertory.fr

Chapeau de Paille
Soutenez les fermes qui travaillent au développement et à l'application des techniques culturales respectueuses de la terre. Vous pourrez y cueillir directement vos fleurs !
www.chapeaudepaille.fr

AMAP
Certaines antennes de l'Association pour le maintien d'une agriculture paysanne se sont lancées dans la production et distribution de fleurs cultivées sans pesticides et sans engrais chimiques de synthèse.
www.reseau-amap.org

Déco Fleurs
Des idées comme s'il en pleuvait pour réaliser de jolies compositions florales. À vos bouquets !
www.deco-fleurs.com

La décoration

Bleu Nature
En matières intelligentes qui n'épuisent pas les ressources de la terre (bois flotté, galet, etc.), des objets déco irrésistibles pour habiller les tables et la salle de réception.
www.bleunature.com

Eco-Sapiens
Le guide d'achat éthique propose, en plus de ses conseils, une boutique en ligne : bougies, parfums d'ambiance, encens, guirlandes solaires...
www.eco-sapiens.com

Déco Durable
Un carré design de verdure à poser en centre de table, un tableau végétal ou des stickers bio pour habiller les murs, des mini-ardoises naturelles à

suspendre en guise de plan de table... Vous trouverez un tas d'idées naturelles et éthiques pour décorer votre salle.
www.decodurable.com

PHOTOS ET VIDÉOS

People Box Wedding
Votre grand jour est couvert par un reportage photo numérique. Les clichés numérisés peuvent être consultés tout au long de la journée sur une borne interactive. Il suffit de sélectionner les clichés de son choix pour les imprimer instantanément.
www.peoplebox.fr

Smart Photo
Le spécialiste du tirage numérique. Prix dégressifs et différents formats au choix. D'autres produits sont proposés comme les livres photos, les cartes et les calendriers à votre effigie !
www.smartphoto.fr

Videoson
Pour louer du matériel de grande qualité : appareils photo, caméscopes, éclairages, rétroprojecteurs...
www.videoson.com

LES INVITÉS

TRANSPORTS

123 en voiture
Un site dédié au covoiturage qui met en relation les personnes qui souhaitent effectuer un trajet en commun.
www.123envoiture.com

AGL services
Voitures individuelles et vertes partout en France.
0 820 007 700
www.agl-services.com

Autolib'
Les Parisiens et les Franciliens peuvent profiter d'un service de location de voitures électriques en libre accès. Une petite révolution !
www.autolib.eu

Drivy
Très avantageux au niveau financier, le concept de cette société permet de mettre en relation des particuliers souhaitant louer leur véhicule personnel.
www.drivy.com

BlaBlaCar
Fini le covoiturage hasardeux ! Désormais il est possible de s'organiser en toute confiance pour partager les frais et son trajet avec d'autres personnes inscrites sur le site.
www.blablacar.fr

Bus mariage
Une très bonne initiative de la ville de Troyes et de la TCAT (Transports en commun de l'agglomération troyenne) ! Un bus privatisé et aux couleurs de l'amour pour votre grand jour et vos invités. À vous de définir les trajets qui vous conviennent le mieux. À partir de 160 € pour 80 personnes.
03 25 70 49 10
www.tcat.fr

CADEAUX

Confiserie biologique
Chewing-gums, pâtes de fruits, chocolats, dragées, bonbons au miel ou

fourrés : des douceurs bio qui raviront les petits comme les grands !
www.confiserie-biologique.com

Good gifts
Comme son nom l'indique, cet organisme se charge de faire des « cadeaux bons et généreux ». La somme d'argent versée par vos invités servira à payer la note d'électricité d'une famille modeste, d'assainir l'eau dans un pays en voie de développement ou de financer la scolarité d'un enfant.
www.goodgifts.org

Tree nation
Une association qui a pour but de planter huit millions d'arbres au Niger pour lutter contre la désertification et défend d'autres projets. Chaque invité pourra acheter un arbre en votre nom.
www.tree-nation.com

Climat Mundi
Faites-vous offrir le très judicieux pack « *Just married* ». Il compense les émissions de CO_2 d'une soirée de 150 personnes et de deux billets d'avion long-courrier pour les jeunes mariés, avec quelques excursions locales quand ils seront sur place.
www.climatmundi.fr

LUNE DE MIEL

ATR
L'association regroupe les opérateurs de tourisme responsable. Elle a mis au point un label « Tourisme responsable » qui permet de vérifier que le voyagiste avec lequel on part s'engage à respecter certaines conditions. En sont membres : Chamina, Sans Frontières, Tirawa, Atalante, Allibert, La Balaguère...
www.tourisme-responsable.org

Association française d'écotourisme
Elle a créé un réseau d'opérateurs qui pratiquent l'écotourisme en France. On retrouve sur son site les noms de différents établissements verts. Pratique pour trouver l'hôtel idéal pour sa lune de miel.
www.ecotourisme.info

Atalante
Faites confiance à cette agence pionnière pour vous amener dans les plus belles contrées. Elle a créé la charte éthique du voyageur et est membre de l'ATR.
04 72 53 24 80
www.atalante.fr

La Balaguère
Un spécialiste de la randonnée qui s'engage à respecter la nature, les cultures et à une juste rémunération de tous les acteurs du voyage. Spécialiste entre autres des Pyrénées, du Mali et du Maroc.
05 62 97 46 46
www.labalaguere.com

Luxethika
Envie de luxe intelligent ? Foncez chez cette agence, la première à s'être spécialisée dans les voyages de luxe éthiques. Cerise sur le gâteau, ils sont réalisés sur mesure pour coller à vos envies. L'assurance de voyager dans des lieux uniques, respectueux de l'homme et de l'environnement.
www.luxethika.com

À pas de loup
Des chantiers et des missions d'éco-volontariat proposés en France mais aussi à l'étranger. Entre autres : protection des vautours fauves en Croatie, des tortues marines en Grèce...
09 81 05 05 25
www.apasdeloup.org

ON RÉCAPITULE

Check-list de dernière minute

Tout ce que vous devez vérifier le jour J :

- Les alliances
- La livraison des fleurs, du gâteau de mariage, de la boisson…
- La confirmation de l'heure d'arrivée des différents prestataires
- Une trousse de maquillage
- Un châle
- Des épingles
- Une trousse de secours
- Un spray anti-taches
- Des mouchoirs en papier
- De la laque pour cheveux
- Une paire de bas supplémentaire
- Du gros scotch et des rallonges électriques
- Les passeports, les billets d'avion et la valise, si vous partez le soir même en lune de miel
- Les clés de la maison
- Les itinéraires à distribuer à vos invités
- Le chargeur du téléphone portable
- De l'argent liquide
- Le règlement de certains prestataires (baby-sitter, DJ…)

Les anniversaires de mariage

1 an	Coton	20 ans	Porcelaine	39 ans	Crêpe
2 ans	Cuir	21 ans	Opale	40 ans	Émeraude
3 ans	Froment	22 ans	Bronze	41 ans	Fer
4 ans	Cire	23 ans	Béryl	42 ans	Nacre
5 ans	Bois	24 ans	Satin	43 ans	Flanelle
6 ans	Chypre	25 ans	Argent	44 ans	Topaze
7 ans	Laine	26 ans	Jade	45 ans	Vermeil
8 ans	Coquelicot	27 ans	Acajou	46 ans	Lavande
9 ans	Faïence	28 ans	Nickel	47 ans	Cachemire
10 ans	Étain	29 ans	Velours	48 ans	Améthyste
11 ans	Corail	30 ans	Perle	49 ans	Cèdre
12 ans	Soie	31 ans	Basane	50 ans	Or
13 ans	Muguet	32 ans	Cuivre	55 ans	Orchidée
14 ans	Plomb	33 ans	Porphyre	60 ans	Diamant
15 ans	Cristal	34 ans	Ambre	70 ans	Platine
16 ans	Saphir	35 ans	Rubis	75 ans	Albâtre
17 ans	Rose	36 ans	Mousseline	80 ans	Chêne
18 ans	Turquoise	37 ans	Papier		
19 ans	Cretonne	38 ans	Mercure		

La presse spécialisée

Quatre titres trimestriels accompagnent la mariée tout au long des préparatifs. De nombreuses adresses pratiques et surtout une présentation des dernières collections des robes de mariée. L'idéal pour choisir sa tenue.

Magazines : Mariée Magazine ; Marions-Nous ; Oui ; Mariages.

Les salons du mariage

De nombreux stands pour organiser votre mariage et rencontrer les différents prestataires (location de salle, animateur, traiteur...). Ces manifestations ont souvent lieu en automne-hiver.

Le Salon du mariage et du Pacs à l'Espace Champerret.
www.salonmariagefete.com

Le Grand salon du mariage de Paris au Parc Floral
www.legrandsalondumariage.fr

Les coulisses du Mariage à Paris et à Lyon.
0 892 23 1001et www.lescoulissesdumariage.com

Salon du mariage au Carrousel du Louvre.
www.mariagecarrousel.com

Salon Mariagora à Marseille au Parc Chanot.
04 42 91 58 20 et www.mariagora.com

Paris Bridal Fair.
www.parisbridalfair.com

Andy Festival.
www.andyfestival.com

Et sur Internet

Les sites spécialisés

www.mylittlewedding.com
www.i-mariage.com
www.mariee.fr
www.cortege.com
www.lesitedumariage.com
www.le-mariage.com
www.aufeminin.com
www.mon-mariage.com

Quelques blogs qui nous inspirent… en VF et en VO

www.stylemepretty.com
www.unbeaujour.fr
www.weddingchicks.com
www.lamarieeencolere.com
www.bridalmusings.com
www.lamarieeauxpiedsnus.com
www.kissthegroom.com
www.theperfectpalette.com

FAITES-LE VOUS-MÊME (DIY)

Le DIY (Do It Yourself), trois lettres qui signifient aujourd'hui beaucoup ! Entre les émissions de télé, les tutoriels sur le Web et les ateliers qui se développent à vitesse grand V, ceux et celles qui aiment utiliser leurs dix petits doigts pour les mettre au service de la créativité sont servis. On a donc pensé à vous, les déjà convertis et les novices qui voudraient se lancer. Les DIY que nous avons sélectionnés pour votre grand jour sont faciles, originaux, piles dans la tendance ou incontournables. Grâce à eux et à notre application, vous allez apprendre à décorer votre salle, créer des faire-part, transformer une table banale, composer des bouquets, fabriquer des petits cadeaux ou encore vous maquiller et vous coiffer. Des idées à tester pour votre mariage et à décliner tout au long de l'année !

Vous trouverez ci-après une brève présentation des réalisations à faire vous-mêmes. Les explications détaillées et les pas-à-pas sont à retrouver dans l'application offerte.

REPÈRES

Télécharger l'application

Pour télécharger gratuitement, rendez-vous sur l'AppStore ou sur Google Play et tapez « Le Grand Livre du mariage ». Un mot de passe vous sera demandé pour accéder à la totalité de l'application. Vous le trouverez dans ce livre en vous rendant au chapitre indiqué.

En cas de difficulté, n'hésitez pas à nous écrire : numerique@eyrolles.com

DES IDÉES DE FAIRE-PART

Enveloppe pétale

Dans son livre, *Créations en papier*[1], Frédérique Le Drogo vous propose de réaliser une jolie enveloppe en papier en forme de pétale.

Matériel : une feuille en papier, des ciseaux et de la colle.

Faire-part rétro-dentelle

Ce tutoriel est en anglais mais il très simple à comprendre. Laydey Katabella propose d'agrémenter la présentation d'un faire-part avec un effet dentelle rétro.

Matériel : votre carton d'invitation, des ciseaux, du ruban, du ruban adhésif double-face et un napperon en papier.

1 Frédérique Le Drogo, *Créations en papier*, Eyrolles, 2014.

DES IDÉES POUR DÉCORER VOTRE SALLE

Bouquets suspendus

Nessa Buonomo connaît parfaitement les plantes et propose de magnifiques réalisations dans son livre *Inspirations fleuries*[1]. Nous avons sélectionné pour vous des bouquets suspendus tout en finesse.

Matériel : des fleurs et feuillages (ici, graminées, renoncules et eucalyptus), des mini-bouteilles et flacons, de la ficelle et un sécateur.

Pivoines de dentelles

Habillez le décor de votre réception de romantisme avec ces pivoines en dentelles à retrouver dans le livre *Pop ta party*[2].

Matériel : une boule chinoise de 30 cm de diamètre, cinquante napperons en papier format moyen, un pistolet à colle chaude, une règle, des ciseaux et du fil pour la suspension.

Lanterne esprit bohème

Pour donner une ambiance champêtre à vos tables d'été, Frédérique Le Drogo[3] vous propose de réaliser une ou plusieurs lanternes à l'esprit bohème. À la nuit tombée, elles diffuseront une lumière douce grâce aux bougies LED placées à l'intérieur.

Matériel : du papier, une bougie LED (à ne remplacer en aucun cas par une vraie bougie), de la colle en bâton, un plioir, une règle, des ciseaux et un cutter.

---

1 Nessa Buonomo, *Inspirations fleuries*, Eyrolles, 2014.

2 Ananas Des Bananas et Alice Sur Le Gâteau, *Pop ta party*, Eyrolles, 2014.

3 Frédérique Le Drogo, *Créations en papier, op. cit.*

DES IDÉES POUR DÉCORER LES TABLES

Ronds de serviette

Parce que l'on peut imaginer les fleurs sous toutes leurs formes sur une table, présentez vos serviettes dans de jolis ronds fleuris. Et pourquoi ne pas y ajouter un petit message personnalisé pour vos invités ? Nessa Buonomo[1] vous montre comment faire.

Matériel : des fleurs et feuillages (ici, renoncules, matricaires, craspédia et euphorbe), du fil à tiger, floratape et du ruban adhésif floral.

Photophore cube étoilé

Le photophore délicat proposé par FrédériqueLe Drogo[2] apportera une note de poésie à votre décoration.

Matériel : du papier, une bougie LED (à ne remplacer en aucun cas par une vraie bougie), de la colle en bâton, un plioir, une règle, un cutter de précision et des ciseaux.

Coupe fleurie

Le bouquet de fête proposé par Nessa Buonomo[3] sera un parfait centre de table de votre table de mariés.

Matériel : des fleurs et feuillages (ici, hortensia, renoncules, astrances, véroniques, chardons blancs et spirée), une coupe, de la mousse florale et un sécateur.

---

1 Nessa Buonomo, *Inspirations fleuries, op. cit.*
2 Frédérique Le Drogo, *Créations en papier, op. cit.*
3 Nessa Buonomo, *Inspirations fleuries, op. cit.*

DES IDÉES POUR REMERCIER VOS INVITÉS

Pièce montée en origami

Frédérique Le Drogo[1] vous apprend comment réaliser une pièce montée originale en origami. Vous ravirez vos invités en disposant des friandises à l'intérieur des trois boîtes qui la composent.

Matériel : du papier, du ruban, une règle et un crayon de papier.

Boîte à bijoux

Pour un écrin personnalisé, réalisez cette boîte à bijoux au style moderne et graphique[2]. Et pourquoi ne pas la détourner en la garnissant de dragées et autres douceurs.

Matériel : du papier, de la colle en bâton, une règle, un plioir, des ciseaux et un cutter de précision.

Écrin surprise

Frédérique Le Drogo[3] continue de nous proposer de jolis contenants avec cet écrin raffiné, élégamment fermé par un ruban de papier. Simple et délicat, il peut accueillir aussi bien un bijou précieux que de simples friandises.

Matériel : du papier, de la colle en bâton, une règle, un plioir, des ciseaux et un cutter de précision.

---

1 Frédérique Le Drogo, *Créations en papier, op. cit.*
2 *Ibid.*
3 *Ibid.*

DES IDÉES POUR ACCESSOIRISER VOTRE TENUE

Ceinture fleurie

Ceinture, accessoire de tête ou bracelet, le pas-à-pas de Nessa Buonomo[1] vous aidera à réaliser tout un tas de jolis accessoires fleuris, pour vous ou vos demoiselles d'honneur, par exemple.

Matériel : des fleurs et feuillages (ici, renoncules, jasmin, eucalyptus, pois de senteur et hypéricum), du fil à tiger, du floratape, du ruban et un sécateur.

Boutonnière

Monsieur ne sera pas en reste avec cette boutonnière assortie au bouquet de sa belle. Déclinez cet accessoire fleuri proposé par Nessa Buonomo[2] pour les témoins, papas et autres hommes de la famille. Une petite attention qui leur fera plaisir à coup sûr !

Matériel : des fleurs et feuillages (ici, renoncules, jasmin, eucalyptus, pois de senteur et hypéricum), un support de boutonnière (ou épingle à nourrice), du floratape, un ruban et un sécateur.

Couronne de fleurs

À porter sur la tête, à disposer sur une table, ou à suspendre à une porte. Nessa Buonomo[3] adore réaliser des couronnes de fleurs, et ça se voit. Et c'est plus facile qu'on pourrait le penser.

---

1 Nessa Buonomo, *Inspirations fleuries, op. cit.*
2 *Ibid.*
3 *Ibid.*

Matériel : des fleurs (ici, nigelle, oreilles d'ours, santoline, hellébore, spirée), du fil à tiger, du floratape et un sécateur.

Épingle à cheveu fleur

Nessa Buonomo[1] vous montre comment confectionner l'accessoire parfait en seulement quelques minutes : une épingle fleurie piqué dans votre tresse, ou dans un joli chignon, et le tour est joué !

Matériel : des fleurs et feuillages (ici, muscari, anémones, clématite), du fil à tiger, du floratape et un sécateur.

Casque fleuri

Pour les plus audacieuses et les plus extraverties, Nessa Buonomo décline la couronne en un joli casque fleuri, *so* vintage.

Matériel : des fleurs et feuillages (ici, eucalyptus, renoncules, pavot, pois de senteur, astrance, lisianthus et jasmin), du fil à tiger, du floratape, du ruban et un sécateur.

Haut-de-forme vintage

Monsieur est rétro mais pas trop, viril et romantique, fantasque et fantastique. Ananas Des Bananas et Alice Sur Le Gâteau[2] ont trouvé le couvre-chef qu'il lui faut : un haut-de-forme fleuri, où une touche pastel de rose poudré et d'ivoire vient illuminer le noir profond.

Matériel : un chapeau haut-de-forme, des rubans, de la mousse florale, du papier cristal, du ruban adhésif de fleuriste vert, du fil de fer vert, un sécateur, des ciseaux, un couteau sans dents, une jolie rose et de petits végétaux.

---

1 *Ibid.*

2 Ananas Des Bananas et Alice Sur Le Gâteau, *Pop ta party, op. cit.*

DES IDÉES POUR LA COIFFURE DE LA MARIÉE

Chignon romantique à base de boucles

Sur sa chaîne YouTube, Art Vintage Gallery, Floriane vous présente un chignon romantique réalisé à base de boucles.

Matériel : des pinces plates, un élastique, une brosse, un fer à boucler.

Chignon romantique

Belma explique dans cette vidéo deux façons de réaliser un chignon romantique facilement. Allez voir sa chaîne, Belmacoiff Etcuisine ; elle propose régulièrement des vidéos.

Matériel : des pinces plates et épingles à chignon, un bun, un élastique, une brosse, de la laque.

Variantes de nattes pour mariée champêtre ou ethnique

Lucie montre quatre idées coiffure à base de nattes : en épi, africaines, en relief... Des explications très claires pour des coiffures qui sortent de l'ordinaire.

Matériel : des pinces plates et épingles à chignon, un élastique, une brosse, de la laque.

Coiffure bohème

Une coiffure bohème, sophistiquée mais facile à faire soi-même qui ravira de nombreuses futures mariées.

Matériel : des pinces plates et épingles à chignon, un *headband*, un élastique, une brosse, de la laque, un fer à boucler.

Chignon pour cheveux afro-naturels

Olivia Rose, coiffeuse spécialiste du cheveu afro, vous montre comment réaliser un chignon avec une couronne de fleurs. Retrouvez tous ses conseils avisés sur sa chaîne YouTube.

Matériel : du gel, de la cire à cheveux, des barrettes, une brosse, un peigne, un élastique, une couronne de fleurs.

DES IDÉES POUR MAQUILLER LA MARIÉE

Corriger les cernes autour des yeux

Il existe de nombreuses astuces pour corriger les cernes. Dans son livre[1], Georges Demichelis vous les dévoile et vous apprend, photos à l'appui, à appliquer un correcteur de cernes.

Choisir un fard à paupières

Avec les conseils de Georges Demichelis[2], vous saurez comment choisir et appliquer un fard à paupière adapté à votre peau.

Maquillage naturel

Sur sa chaîne YouTube de maquillage et beauté, Cynthia Dulude vous propose une vidéo pour réaliser un maquillage complet de mariée pour les débutantes. Elle montre et explique étape par étape le look, suggère des produits long-tenue et donne de nombreux conseils pour un maquillage féminin, intemporel, doux et lumineux.

1 Georges Demichelis, *Maquillage facile*, Eyrolles, 2011.
2 *Ibid.*

Maquillage smokey marron

Soraya propose un tutoriel en musique pour vous montrer comment réaliser un léger smokey eye avec des couleurs neutres.

La liste complète du matériel utilisé est précisée sous la vidéo.

Maquillage nude pour peau noire

Pour peaux noires, Nounette est pleine de bons conseils, tant pour le choix des produits que pour les gestes à reproduire.

REMERCIEMENTS

Inès et Marina

Des vœux de bonheur à tous les amoureux qui nous ont confié leurs petits secrets de préparatifs et leurs souvenirs d'invités.

Marina

Un grand « Thank you » à Benjamin, Charles, Raphaëlle et Aude et à tous mes proches qui ont pardonné mes retards, mes sautes d'humeur, mes annulations de dernière minute pour pouvoir écrire cet ouvrage.

Et *last but not least* : une grande déclaration d'amitié à Inès qui transforme, depuis des années, le travail en une aventure teintée d'humour et de créativité sans restriction.

Inès

À mes parents, éternelle source d'inspiration.

Aux amis des premières heures et à tous ceux qui ont croisé un jour ma route pour ne plus la quitter.

À Marina, amie « chic » et collaboratrice « choc » aux idées novatrices et à l'imagination sans limites. Comme on dit là d'où l'on vient, c'est « rien que du bonheur » de travailler avec toi !

TABLE DES MATIÈRES

Annexes